U0070607

八字流年與修行人生

八字流年與修行人生

八字流年與修行人生

謨言居士 著

目錄

第三部　改造命運　249

前言

自古以來八字學問經數百年的發展，有些原則漸漸成為共識，有些應用方式由於後人的深入研究探討，發展趨向多元，如唐朝以年為主來代表命主，現在則一律以日干代表命主，並以月令為決定命局強弱的參考點，應用上有的看格局有的不看，有的講變格有的一律用正格解，有的講命主八字強弱，有的只看五行生剋……，不一而足，看法很多，這些看法都能在市場上流行一定有他們的準確度，找人算命重點也是在準不準，而不在乎相士用的是那一門派的方法。若是有興趣自己研習，最好是基礎先學好，再進入各門各派的理論學習。

在研讀古書或近人的大作時，常會發現，同一本書本身理論上有矛盾，最常見的是不同書、不同作者、不同派門間矛盾更是多。這些對或錯初學者並無法分辨，就連一致認為存在的三合、五合、六合……等，也有不同的認定法，什麼條件下會合化，什麼條件下只合不化？對於近一代先進的獨見創獲，我們都給予高度肯定，能在八字命理上鑽研之後提出自己的看法又能應用準確，真的不容易。但我們學習者除非能真正習得他們的心法，才能真正應用；若只習得表象，應用上會卡卡的，東學一點西學一點摻雜在一起，會漏洞百出，無法做出正確的論斷。所以從自古來一貫脈絡的基礎研習起，將邏輯建立起來，對古籍中無法自圓其說、自相予盾的部分，不要全盤接受，去蕪存菁建立自己的觀念，用自己與自己親近的人試著論斷，多些已知道答案的實例研習，才知道準不準，邏輯對不對。真正熟悉無礙，再去研究近代先進的大作，探討他們的心法為何，如何應用。有人喜歡用紫微斗數算命，若你兩門學問都有鑽研，你會發現，八字與紫微斗數算出來的結論與行運差不多相同。學問這麼多，不要貪，只要一門精通就夠用了。

講到因果論與八字的關係，因沒有人可以現身說法，這部分信者恆信，不信者恆不信，若信者多，社會一定一片祥和，夜不閉戶，路不拾遺，沒人敢也沒人想為惡，可惜目前的社會不是。很多事你不相信、不承認，但不代表不存在，等你確認相信了，已無彌補改正的機會了。可以參考的有，佛說善惡因果經，寺廟可拿得到的玉曆寶鈔、地獄遊記……等，描述因果及為惡之人在地獄中如何受苦之狀，勸人為善。有心學八字的人，應該相信因果者佔多數，且不排斥修行，甚至喜歡修行。修行是修心與修身，是一條漫長的路，當一步一步突破之時心中之喜無可言諭，而且也一步一步改變了人生。算命上有出家、修行人不算之說，因真正進入修行之後，八字已不照原路行進，算不準的。

八字易學難精，八字門派甚多，古籍如滴天髓、窮通寶鑑、子平……等，書中諸多不合邏輯，自相矛盾內容，愈學愈混亂，無所適從。因為有很多是「先賢沒講的事」。每一種剋應必有其背景，只說結論不講原因及須具備的條件，後人套著用出錯的機率就很高了。如此難精是必然，但一定易學嗎？未必吧！我們學中文從ㄅ、ㄉ、ㄇ開始，國小到國中才開始教古文，數學也是從 1234、加減乘除，到三角函數，聯立方程式，微積分，都是一步一步來，才能進入狀況。那八字的學習步驟呢？本書用生活化的理解方式來呈現，重點擺在「格局」判定與應用、「用神」之取用及「大運流年」與命局八字之相互影響（這些是屬於命局八字所帶的訊息）。格局中變格之分辨（變格的需求與正格不同，未分辨清楚會造成人生的遺憾）與針對變格之特殊性的行運與應對模式及適合之職業提出看法。八字學會了最重要的就是應用在流年的判斷，這是本書的重點篇幅。流年判斷中有些固定模式也有更細緻的判斷法，讀者可依自己所需及所學的深度取用。並針對八字之不足，加入先天命卦之應用來做為職業、陽宅選擇之用。讓有興趣於八字的人不會一直撞牆，到處碰到瓶頸，能從容學習到八字的基本架構。並進一步探討，如何面對自己的八字、應用八字，甚至命不好的如何改善。

所謂「落土時、八字命」，今世的八字是累世我們的功過，部分顯露在這世。「六方法界」之大，「十方眾生」之多，我們所處的南贍部洲在須彌山下只滄海一粟，太陽系在南贍部洲中的大小，如你用放大鏡看碗（代表南瞻部洲）中，一粒微塵大小都不到。美國 NASA 再努力，花再多預算，所能研究到的空間相較於大宇宙真的不值一哂，人類數十年生命，最多百年，活動範圍只限地球上，甚至只局限在一個國家、一個縣市，以時間、空間來說在自然界裡是微不足道。眼光放遠，心態放寬一點；日常生活上沒什麼好與人爭的，還有什麼看不開的！著眼於眼前的事物或著眼於未來的事物，或把自己放在大宇宙中的位置時間及空間），是格局的問題。格局會決定一個人的行為、思想、意識、成就及一生、累世人格的形成。

「六道」中的眾生以惡鬼道、地嶽道為數最多，都在受苦算日子等著脫離；畜牲道無智慧可修行改變；天道的天人，沉於享福流於逸樂，根本不會想修行，只好等著福盡進入輪迴；阿修羅道忙於鬥爭；只有身處人道好修行，所謂「人生難得今已得，此身不向今生渡，更向何生渡此身？」今世為人，就是讓我們有機會對累世所行的惡業懺悔，有的累世積善大於為惡者，可得富貴。有的為惡大者，還能為人身的也是貧窮病痛一世，上天給予富、貴、貧、賤、病痛，就會顯現在八字中。懂得懺悔行善者就是修行者，就算還不到成仙成佛程度，至少仍能輪迴為人，下輩子能享富貴，能富貴的修行，比窮苦修行快樂多了。但有一點要清楚，善惡都有報，功不能抵過，善不得抵惡，夫妻是共業，當行善得來的福享完，為惡的業報也一定會到。「八字」是告知你這世的狀況，只有行善積福，才有機會讓重業輕報，來世還能再享福報。

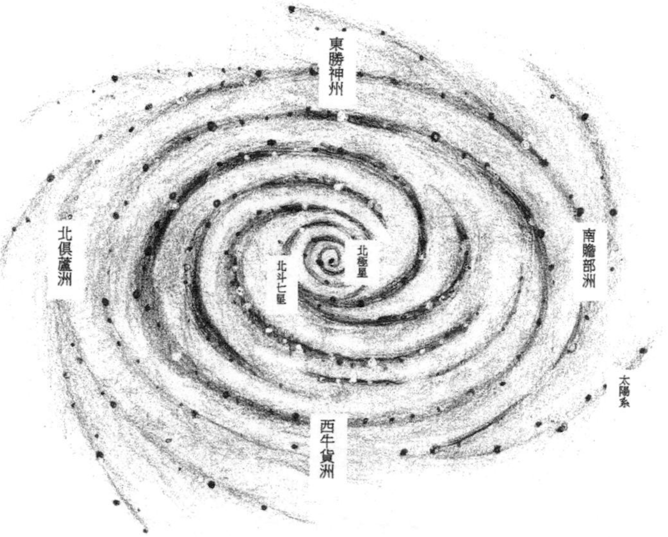

大宇宙圖

大宇宙以北極星為中心順時針旋轉（北斗七星在北極星旁繞），整個大宇宙有幾十億個太陽系，可以分成四大部洲，太陽系在大宇宙邊邊的南贍部洲，太陽系繞北極星一周要十二萬年，大宇宙如碗口大的話，太陽系要用顯微鏡才看得出來。

（梁鈺嫻恭繪、梁宜欣繕打編排）

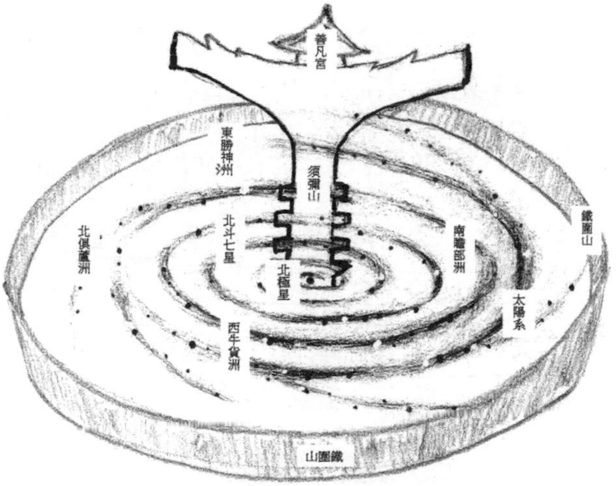

大宇宙與須彌山關係圖

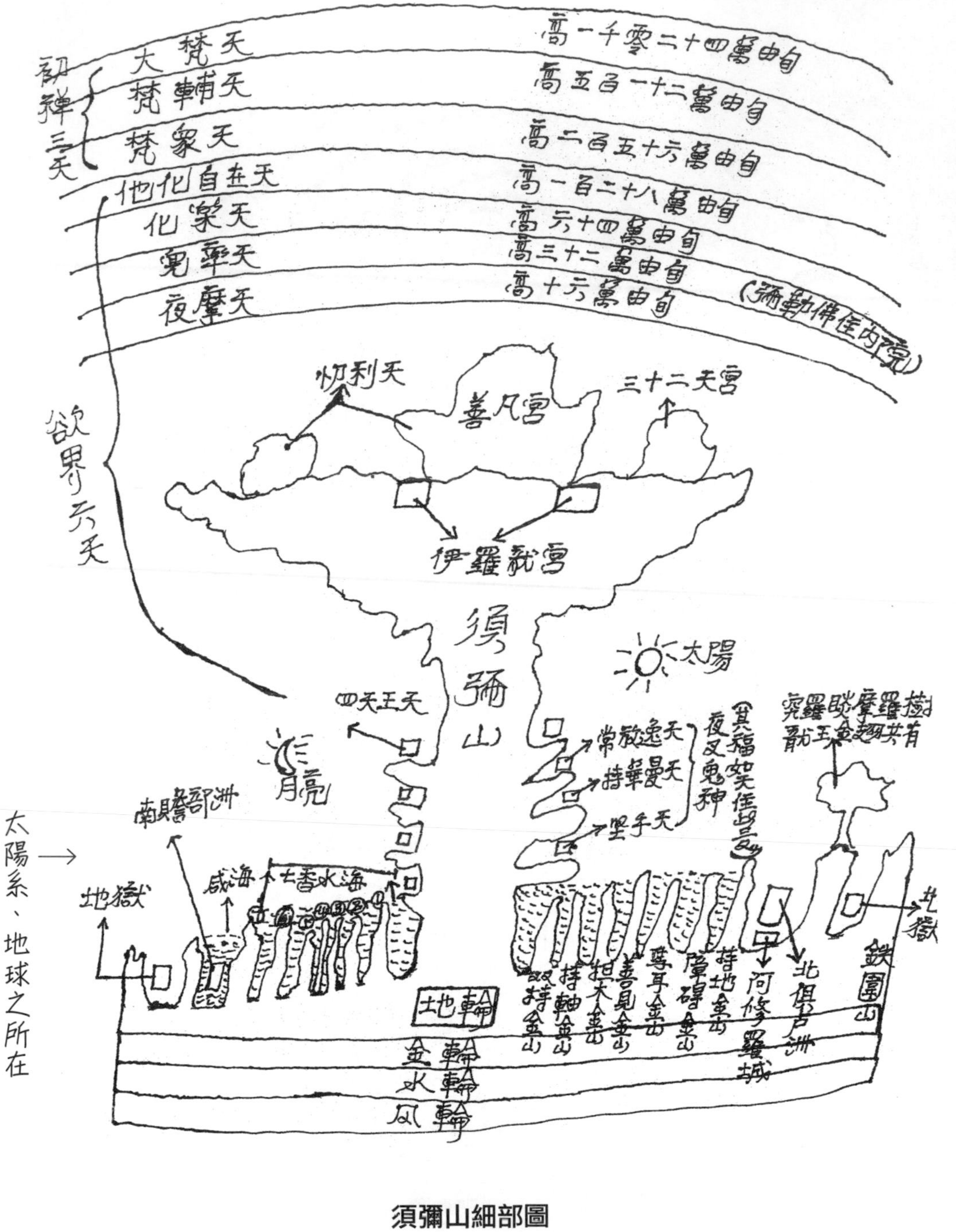

須彌山細部圖

（台南菩提精舍雲龍居士示意圖）

第一部

八字成因。

佛說因果偈云：富貴皆由命，前世各修因，有人受持者，世世福祿深。「欲知前世因，今生受者是，欲知來世果，今生做者是。」以佛陀之尊，佛陀仍要承受因果業報，也無力改變因果的產生。佛陀本身因果故事很多，舉其中一例：佛陀在成道以後，依然不時有著背痛的毛病，發作起來的時候相當的痛苦。有一天，佛跟弟子舍利弗說起了自己為何會有此毛病的相關因果故事——

很久以前，有座繁華熱鬧的大城叫做羅閱城，城裡的人民常常為特殊的節日舉辦慶祝活動，特別是在國王面前表演相撲競賽的節目最受歡迎，全國人民都會聚在一起觀賞比賽。當時有兩名準備參加相撲的力士，一位屬於剎帝利階級，另一位屬於婆羅門階級，在相撲比賽的前一天，婆羅門力士自知實力不夠，偷偷找了剎帝利力士，小聲地對他說：「比賽相撲那一天，如果你可以假裝打不過我，我就給你很多的錢財寶物作為報答！」剎帝利力士因為貪圖財富，便答應了請求。比賽當天，全國人民都到場觀賽，國王也坐在高高的看台上，準備選出全國最勇猛的力士加以獎賞。比賽如火如荼地展開，戰況非常激烈。由於剎帝利力士依照約定，並沒有使盡全力去擊敗對手，最後兩名選手在勢均力敵的情況下結束了比賽，而且雙雙得到大王的賞賜。然而，事後婆羅門力士竟然故意忘記當初的承諾，並沒有付給剎帝利力士任何財寶。很快地，又到了下一個節慶日，兩名力士再度應邀前來參加比賽，婆羅門力士又再次對剎帝利力士做出同樣的請求：「剎帝利力士，這次比賽你可以再幫我一次嗎？只要你手下留情，不要在國王面前打敗我，讓我得到賞賜，我會給你比上次更多的財富，讓你下輩子都不愁吃穿。」「好！我就再相信你一次，你可不要騙我。」剎帝利力士不疑有他地一口答應了。結果第二次的相撲比賽，因為剎帝利力士再次隱瞞自己真正的實力，兩人又再度打成平手。這樣的情況反覆發生了三次，婆羅門力士卻總是食言，從來沒有履行回報剎帝利力士的承諾。

過了不久，再一次到了節慶日表演競技的時候，婆羅門力士為了不想在眾人前失敗丟臉，還是厚顏無恥地跑去找剎帝利力士，並對他說：「你再幫我最後一次吧！這次我一定會將先前沒有報答你的所有財務一起給你的，你就幫幫我吧！」剎帝利力士心想，這個人每次比賽都要我讓他，還一次又一次的欺騙我，佔盡了我的便宜還不知悔改，今天一定得讓他付出慘痛的代價才行。於是她堅定地告訴婆羅門力士說：「你騙了我那麼多次，我不會再相信你了，你欠我的財寶就一筆勾消吧！今天起我會正大光明地打敗你，從國王那邊獲得我應得的獎賞。」這一次任憑婆羅門力士如何苦苦哀求，剎帝利力士都不為所動了。這一次的相撲比賽才剛開始，剎帝利力士就發揮了原有的實力，他用右手按住婆羅門力士的脖子，左手捉住他的腰部，便輕而易舉地將婆羅門力士高高舉起，再重重摔下！

婆羅門力士的脊椎向竹子一樣的被折斷，啪的一聲斷成兩截，當場就一命嗚呼了。這場精彩的競技讓眾人看了都高聲歡呼叫好，連國王也從看台上站起來鼓掌，剎帝利力士當然也得到了本來就屬於他的豐厚獎勵。

佛陀告訴舍利弗：「當年的剎帝利力士，就是我的前生，婆羅門力士則是提婆達多的前生，因為我當時貪圖財寶，又犯下了殺人的罪孽，因此死後墮入地獄中遭受數千年的痛苦與折磨，即使現在已經成佛了，卻由於殘存的宿世因果業報，仍舊有著背部的病痛！」

再舉一個佛陀無法改變因果的故事——

三千多年前，在中天竺有個國家叫拘薩羅，和當時的摩揭陀國並稱佛陀時代的兩大強國。拘薩羅國國王，波斯匿王初登王位時，想迎娶一位釋迦族女子作王后，於是派遣大臣去迦毗羅衛國求婚。五百釋迦族人聚會商議此事，他們感到十分不悅，因為釋迦族種姓高貴，不應與下等種姓婚配，但又因懼怕得罪波斯匿王，所以一時商議不下。

當時長者摩訶男說：「波斯匿王的性情暴惡，我們如果不應允，他必定會來攻打我們的國家，我家婢女有一位美麗端莊的女兒，不如就將她嫁給波斯匿王。」得到眾人同意後，摩訶男就讓此女子沐浴更衣，又用寶車親自將她送往波斯匿王那裡，並且告訴波斯匿王：「這是我的女兒，你們可以成親。」波斯匿王非常歡喜，冊封她為王后，不久王后生下一子，即琉璃太子。

太子八歲時，波斯匿王就令他前往迦毗羅衛國學習射箭的技藝。琉璃太子乘著大象，與眾多僕人一同前往摩訶男家中。摩訶男召集五百位童子，陪伴王子學習。當時，釋迦族人新建了一座講堂，猶如天宮一般。眾人說：「我們應先延請佛與僧眾前來應供，這樣可以獲得無量福報。」於是敷設座具，懸掛幡蓋，以香水灑地，焚燒名香。這時，琉璃太子跑進講堂，登上獅子座，釋迦族人見後，聲色俱厲地呵斥他：「女奴的兒子！」並且將太子牽出門外，推倒在地。琉璃太子感到非常屈辱，便對身旁的好苦梵志說：「釋迦族人對我橫加毀辱，以後我登上王位時，你要提醒我這件事。」後來，波斯匿王死後，琉璃太子繼位，好苦梵志就此事提醒琉璃王。琉璃王便命令群臣集合四種兵甲，前去討伐釋迦族。

當軍隊抵達迦毗羅衛國時，琉璃王遙見世尊在大道邊的一棵枯樹下結跏趺座，於是下車作禮，問道：「世尊，為什麼您不坐在枝葉繁茂的大樹下，卻坐在此處？」佛陀說：「親族陰涼之故，勝過一切蔭庇。」琉璃王便說：「今日世尊為了親族，我也不應征討。」其後，好苦梵志再次奏請討伐，琉璃王又再次興兵。惟在路上復見世尊而折回，如是者三。最後，琉璃王受到好苦梵志挑唆，狠下心腸，誓要興兵討伐釋迦族。第四次佛陀因頭痛發作無法前去阻攔。此時，目犍連尊者對世尊說：「琉璃王前來討伐釋迦族人，我想將他的四部軍隊拋到他方。」他又想將琉璃王的軍隊拔出虛空，或者移到海中，或者移到鐵圍山中間，或將釋迦族人移到他方國土，或以鐵籠子覆蓋全城。佛說：「你雖然具有這樣的功德神力，但終究無法將釋迦族人置於安全之地。眾生有七事不可避免，即：生、老、病、死、罪、福、因緣，想避也避免不了，你又如何能覆蓋住他們往昔的業呢？」然而，目犍連尊者始終無法釋懷，便將相識的四五千人攝入鉢中，一直舉到空中星宿之際。

釋迦族人集合四兵，出城一由旬以對抗琉璃王。釋迦族人技藝高超，他們在一由旬內遙見琉璃王，或射落對方士兵的頭髻，或射斷對方弓弦，或射破器杖、幢幡等，但並未傷人。琉璃王非常懼怕，對群臣說：「你們看此箭從什麼地方來的，他們如果真想傷害我，我必死無疑。」於是下令退兵。好苦梵志勸阻說：「大王不必畏懼，釋迦族人個個持戒，他們連螻蟻尚且不殺，更何況是殺人，我們應當進軍。」琉璃王便聽從好苦梵志的話，繼續進軍，釋迦族人果然退入城中。琉璃王喊道：「速速打開城門，否則，我會將你們趕盡殺絕！」此時城中有位十五歲童子，名叫奢摩，他登上城牆獨自應戰，傷損了眾多敵軍，敵軍頓時崩潰逃散，藏入土洞內。當時釋迦族人告訴童子說：「你有辱於我們釋迦族的門戶，誰不知道應戰？但我們釋迦族向來修善，尚且不傷螻蟻，更何況是人命？我們一人能敵萬人，如果迎戰，必定能摧毀敵軍，但以殺害人命，死後將墮地獄，即使生在人中，也是壽命短促，你應速離此地。」奢摩童子便離開了城市。

後來，琉璃王軍隊再次來到城門外。當時魔王波旬化作一位釋迦族人，喊人打開城門，釋迦族人見是自族人，便打開城門，琉璃王軍隊就此乘虛而入。琉璃王說：「釋迦族人眾多，索性將他們雙足埋在地下，讓暴象踏死。另外再挑選五百釋迦族女人，帶到我這邊。」當時，摩訶男乞求琉璃王：「我現在沉入水中，在我浮出水面的這段期間，無論時間長短，請你允許釋迦族人隨意逃走，等我浮出水面之後，你再殺死他們。」琉璃王應允之後，摩訶男便跳入水中，將自己頭髮繫在樹根上，於是斷絕性命。城中釋迦族人從四城門竟相奔逃，琉璃王問大臣：「摩訶男為什麼還沒有浮出水面？」旁人就入水將已命絕多時的摩訶男抱出，琉璃王見到外祖父已死，非常悔恨：「我外祖父為了救護自己親族而死，早知如此，我終究不應如此討伐。」

為琉璃王所殺之人，有九萬九千九百九十，血流成河，環繞迦毗羅衛城。退軍之後，目犍連尊者對佛說：「承佛神力，我已護佑四五千人。」佛便令尊者觀察。目犍連尊者將鉢從星空取下，所藏之人全部都已經死亡。

琉璃王到尼拘羅園後，安慰五百侍女：「不必憂愁，我就是你們的丈夫。」然後想和一釋迦女交通，這個釋迦女罵道：「我為什麼要和女奴之子通情？」琉璃王大怒，便斬斷她的手足，扔入深坑。五百侍女都這樣辱罵琉璃王：「誰會以自己身體和女奴之子交通！」於是五百侍女也慘遭同樣的懲罰。五百侍女慘痛難忍，便喚如來名號求佑：「我們同是釋迦種姓，如來出家成佛，我們慘受這樣的痛苦，為什麼不憶念我們？」佛與眾比丘便前往劫毗羅城去，釋迦女遙見世尊，都心懷慚愧。世尊對帝釋天說：「眾女子慚愧無衣。」帝釋就以天衣蓋覆女子身體。佛告訴毗沙門天王：「眾女子饑渴已久，置辦些許天食，令彼等飽足。」佛又為彼等演說苦集滅道四聖諦，諸侍女塵垢俱盡，得到法眼淨，命終後升到天上。（其實熟悉佛經的都知道這五百侍女如此，也是因為前世做出家人的時候咒罵其他出家人斷手斷足的果報）

佛行至東門，見到城中一片廢墟，佛告眾比丘：「以前我與眾比丘在此處說法，如今已成廢墟，無有一人，從今以後不再來此。」於是回到舍衛國祇樹園，告訴眾比丘：「琉璃王和他兵眾七日之後，都將毀滅。」琉璃王聞言，非常恐怖。到第七天時，琉璃王以為已倖免於難，便帶軍隊與侍女到阿貽羅河兩側舉行宴會慶賀，忽然天空中，雲團翻滾，倏起雷震，暴風驟雨，將所有人漂溺而死。琉璃王墮入阿鼻地獄，天火將宮城一燒而空。諸比丘問佛：「釋迦族以何因緣受此苦難？」佛說：「往昔，羅閱城有一魚村，因為時值饑荒，米貴如黃金，人們就以草根為食。村邊有一大湖，湖內有很多魚類，人們便捕魚而食。當時有二條大魚，交談說：「我等是水族，不是住在陸地之中，而這些人都以我們為食。」最後兩條大魚也被殺吃掉。村中有一農夫的兒子，才八歲，雖然不捕魚，但見到人們捕魚時，心生歡喜。他亦沒有吃過魚肉，只是好玩敲了大魚頭三下。當時羅閱城人就是今日釋迦族，當時二條大魚，一為琉璃王，一為好苦梵志，小魚們就是現在他的軍隊，漁村的人們就是現在被他們殺的釋迦族，而小孩就是我。因為殺魚的罪業，在過去劫中受地獄苦，而我當時敲了魚頭三下，現在就為這件事情頭痛三天。」

諸位想想看，佛也是如此定業難逃，這樣看起來，已經成熟了的果是無法解消的。面臨自己國家毀滅，慈悲的佛陀何嘗不願援救？但是，若以個人意志可以遮止業力現行，又怎麼能成立「業果不虛」？因此，即便是具足十力的佛陀，在業力成熟之際，也不能拯救一人，畢竟誰也無法改變業果的規律。

《三世因果經》詳細條例了因果如何產生，算是讓我們有了因果循環的依據。

今生做官是何因，前世黃金裝佛身。前世修來今世受，紫袍金帶佛前求。
黃金裝佛裝自己，衣蓋如來蓋自身。莫說做官皆容易，前世不修何處來。
騎馬坐轎為何因，前世修橋鋪路人。穿綢穿緞為何因，前世施衣濟貧人。
無食無穿為何因，前世未捨半分文。高樓大廈為何因，前世施米上庵門。
福祿具足為何因，前世造寺建涼亭。相貌端莊為何因，前世鮮花供佛前。
聰明智慧為何因，前世誦經念佛人。嬌妻妾美為何因，前世佛門結善緣。
夫妻長守為何因，前世幢幡供佛前。父母雙全為何因，前世敬重孤獨人。
無父無母為何因，前世多是打鳥人。多子多孫為何因，前世開籠放鳥人。
養子不大為何因，前世皆是恨他人。今生無子為何因，前世厭恨人兒孫。
今生長壽為何因，前世買物多放生。今生短命是何因，前世宰殺眾生身。
今生無妻為何因，前世偷姦人女妻。今生守寡為何因，前世輕賤丈夫身。
今生奴婢為何因，前世忘恩負義人。今生眼明為何因，前世施油點佛燈。
今生眼瞎為何因，前世多看淫書人。今生缺口為何因，前世多說是非人。
今生聾啞為何因，前世惡口罵雙親。今生駝背為何因，前世譏笑拜佛人。
今生曲手為何因，前世打過父母人。今生曲腳為何因，前世破壞路橋人。
今生牛馬為何因，前世欠債不還人。今生豬狗為何因，前世存心哄騙人。
今生多病為何因，前世幸災樂禍人。今生健康為何因，前世施藥救病人。
今生坐牢為何因，前世見危不救人。今生餓死為何因，前世笑罵乞丐人。
被人毒死為何因，前世攔河毒魚人。零丁孤苦為何因，前世惡心侵算人。
今生矮小為何因，前世鄙視各用人。今生吐血為何因，前世挑撥離間人。
今生耳聾為何因，前世聞法不信真。今生瘡癲為何因，前世虐待畜生身。

身生臭氣為何因，前世妒忌他人榮。今生吊死為何因，前世損人利己人。
鰥寡孤獨為何因，前世不愛妻兒人。雷打火燒為何因，前世毀謗修行人。
虎咬蛇傷為何因，前世多結冤仇人。萬般自作還自受，地獄受苦怨何人。
莫道因果無人見，遠在兒孫近在身。不信三寶多施捨，但看眼前受福人。
前世修來今生受，今生積德後蔭人。若人毀謗因果經，後世墮落失人身。
有人信行因果經，福祿壽星照臨門。

以上節錄，今天何種情事發生在自己身上，對照一下，就知道自己累世中造了什麼業。八字中有火土過旺，火旺木焚，水泛木漂，土旺埋金，金寒水冷，用神無力，破用神……等，有暗疾、傷殘、無嗣、死無棺槨、一生無祿……等之剋應。

八字共分成四柱，有年柱，月柱，日柱，時柱當出生那一刻，個人八字就出現了，所謂「落土時，八字命」。八字的時柱一個時辰有二個小時，在這二個小時之中出生的人八字都相同，難道這些人一生貧富貴賤行運都相同嗎？在台灣每二個小時出生約五十人，中國每個時辰出生約四千五百人，全世界每個時辰出生約三萬人，同時辰內八字相同是否同年同月同日同時辰生，也要同年同月同日同時辰死呢？當然不是，首先分成男女，運行陽男陰女順行，陰男陽女逆行，就去掉近一半了。再者同八字理應用神相同，但出生的經緯度不同，寒熱不同，同一個國家，甚至同一縣市也不盡相同。因此五行的需求有些微差異，只是由八字的八個字中並無法表達出來。

另一個差異是出生的環境，同八字之人，不管是否同富貴貧賤，出生後從小生活的環境，如鄰居、親戚、同學、朋友，會影響成長過程人格的形成，及父兄職業不同，耳濡目染下，造就不同的人格，有些環境讓八字中惡的部分隱藏，善的部分得以發揮；有人環境使然，能力埋沒，反而惡劣的一面盡顯，以上談的都較極端，也因此較易比較。些微差異就有可能造就不同人生，同八字命運就有了不同。有人又會問，就算有這些不同，但八字相同，大運相同，流年相同，死亡時間是否相同？其實未必，八字中八個字，在每個大運流年，都須將流年、大運的天干、地支與八字互相比較，每個人一生，其實每幾年就有關卡，如地支有「子」，碰到「午」為子午沖，碰到未為子未相害又為元辰——非貧則夭，碰到丑為子丑合，若合化成土又命中忌土為凶，只合而不合化也失去作用，子遇卯為無禮之刑（子卯刑），子遇辰為子辰半三合水，命中忌水者凶……如此天干比較一次，地支比較一次，同八字的人，行運的起始點不一定同時，交脫運時涵蓋的流年、月、日、時皆有異。加上之前討論的差異，富貴不同，隕落的關卡，就每個人不盡相同。還有一個重要因素，八字八個字，我們可以討論的之外，還有每個人累世善惡因果不同，福報或惡報，冤親債主來報恩或來討債的不同，是無從由八字看出來的，眾多因素集合起來，有可能造成同八字不同命的結果，那討論八字有何作用？

「隱藏未現的禍福」可不可怕？如何知道？既然八字不現當然無法得知，既然隱藏，表示它可發生亦可不發生。「隱藏的禍福」就要說到「因緣觀」。任何事物的生成都要「因」和「緣」配合一致才有結果。如樹的種子落在岩石上，是無法生長的，因為沒有適當的「緣」，但如果落在泥土裡，有了水分、陽光、動物給的肥料……等，就可發芽長成樹苗，因緣充足再長成大樹傳播下一代。「緣」的意義就是適當的幫助。同樣地，業報也是一樣，今生的業報是過去世行為的結果，因緣俱足，喜惡的果報才會發生。明現在八字上的是幾乎在此生中會發生的事，即過去世造的「因」，如今「緣」已成熟的，應在本世顯現的「果」。但累世輪迴何其多，不可能能一次全部顯現，就算現世，我們每天亦仍造業，口業、身業……等，亦有在積福，助人、捐款……等。「善因」、「惡因」仍不斷累積累當中，累積「隱藏的禍福」。

還有些前世造的「因」，而「緣」尚未成熟，所以不明示在八字上。若今世做了某些行為，則可能催生這未成熟的「因」，讓這個「因」造成的「果」不被預期地發生了，有可能會改變人的一生！

人生有太多的未知，對前世的未知、對現在的迷惘、對未來的未知，八字可以看出來我的五行缺陷為何？我的行運為何？若我能對八字有適當的認知，何時為大運？適合創業或打工或尋求公職？適合做何種行業？適不適合合夥？何時該衝？何時該守？對自己生涯規劃心理有數就不會徬徨無助，並將生命中正向的力量發揮到極致，如此再對前世我們所犯下的罪業懺悔，對累世冤親債主懺悔超渡，今世積極修身行善積福，除了這世能得平安順遂，八字中的關卡能平安渡過之外，未來轉世也能因業力的減輕，而出身富貴家庭，吉順吉昌，幸福美滿！

若為人行為乖戾囂張、違法犯紀、陰謀害人，就可能引動暗藏的「禍」到來，並且在本世種下惡業，是為惡「因」，轉世非人或來世得惡報，即「惡緣」的成熟，屆時八字就會明現貧賤身困。若為人安份守己，行善積福，暗藏的禍事則不現，甚至為善修行（善的因），今世或來世，就可得到福德果報，「善緣」的成熟，來世八字明現富貴逼人。「禍福無門，由人自招」，隱藏未現的禍福，是個不定時炸彈，也是機會，至於好壞的運用全看個人。這是相同八字裡的不同，也是對今世八字的吉凶加重藥性，做得好，吉上加吉，做不好凶更凶，或由凶變吉，或由吉變凶，全由個人行為決定，而行為由「心」決定。所以「心」其實是可以改變八字的，修心的重要不言可諭！

第二部

八字。

一 基本知識

（一）天干

十天干：甲、乙、丙、丁、戊、己、庚、辛、壬、癸

陽干：甲、丙、戊、庚、壬。

陰干：乙、丁、己、辛、癸。

（二）地支

十二地支：子、丑、寅、卯、辰、巳、午、未、申、酉、戌、亥。

陽支：子、寅、辰、午、申、戌。

陰支：丑、卯、巳、未、酉、亥。

地支的陰陽看法較有爭議。有的以「子」本氣為癸陰水，「午」中本氣丁陰火而將其列為陰支，「巳」本氣丙陽火、「亥」本氣壬陽水列為陽支，有何不對？若是如此，先賢在訂地支順序時為何不將二陽支二陰支對調？先賢在定地支的順序位置時已定了陰陽，子、午為陽支，只是其中含陰氣重，巳、亥本就是陰支，只是其中含陽氣較重。陽支含陰氣重不代表就是陰支，陰支含陽氣重不代表就是陽支。這是太極之理，陽中有陰，陰中有陽。陰陽輪替，陽之後接著陰，陰之後接著陽，陽生陰，陰生陽，生生不息。如列日當空，站在太陽底下，不見影子，影子就不存在嗎？有，在你腳底下被你踩住了，只是你看不到。陽支本身就是陽氣，其中有的陰氣含量多，有的含量少，陰支同理。不管含量多少，不會改變他原本就是陽支或陰支的地位。可講陽支是命題的大項目，含氣只是大命題下的子項目，是包含在內的，不能拿出來取代大項目。兒子、女兒再生他們的子女後成為了

父親或母親，但永遠無法改變他們與自己父母親的相對地位，活到七、八十歲，當了阿公、阿嬤，還是他們父母的小孩。若子、午為陰，巳、亥為陽，地支順序會變成「**陰**、**陰**、陽、陰、**陽**、**陽**、**陰**、**陰**、陽、陰、**陽**、**陽**」，易經繫辭傳：「孤陰不生，獨陽不長」、「一陰一陽之謂道」。地支若陰陽不相連，而有陰連陰，陽連陽之情況，世界可能不是我們現在看到的模樣。因此子、午為陽支，巳、亥為陰支。但若用在風水或其他五術方面，可能有其特殊應用，其他面向的看法不在此討論，其對陰陽看法可能與八字應用不同。八字全陰或全陽的人有兩個較不好的現象，一是婚姻較難全（難找對象或難偕老），二是較不長壽（通常最多一甲子），若是八字全陰者還有容易見鬼，看到些奇奇怪怪的東西（年紀越大越容易見到），導致精神狀況不佳，若能早些親近神佛（東、西方宗教皆可），對全陰全陽者的狀況及關卡是可改變的。

干支的配法為一天干配一地支，陽干配陽支，陰干配陰支，沒有例外。天干由甲開始，地支由子開始，順序如甲子、乙丑、丙寅、丁卯、戊辰、己巳、庚午、辛未、壬申、癸酉（天干再回到甲），甲戌、乙亥（地支再回到子），丙子、丁丑……。如此循環，第六十個正好是天干最後一位癸及地支最後一位亥——癸亥。為十天干與十二地支的最小公倍數，稱為「一甲子」。第六十一年再由甲子循環起，所以每個人不管出生年干支為何，第六十一歲又回到出生那一年的干支，如甲寅年生人，六十一歲（虛歲）當年流年干支必為甲寅年。這種與出生年相同歲運的干支，稱為「轉趾煞」，流年轉趾煞只要年紀六十一歲以上者都會碰到，但大運「轉趾煞」則不是每個人會碰到，此煞很不好，若只在流年、流月、流日，都很快就過，無大礙，若大運碰到且正好在青壯年奮鬥期，一碰到就十年之期，就很麻煩、難過日子，文中會詳述。

六十干支

甲子	乙丑	丙寅	丁卯	戊辰	己巳	庚午	辛未	壬申	癸酉
甲戌	乙亥	丙子	丁丑	戊寅	己卯	庚辰	辛巳	壬午	癸未
甲申	乙酉	丙戌	丁亥	戊子	己丑	庚寅	辛卯	壬辰	癸巳
甲午	乙未	丙申	丁酉	戊戌	己亥	庚子	辛丑	壬寅	癸卯
甲辰	乙巳	丙午	丁未	戊申	己酉	庚戌	辛亥	壬子	癸丑
甲寅	乙卯	丙辰	丁巳	戊午	己未	庚申	辛酉	壬戌	癸亥

（三）天干五行（天干本身並無方向性，地支才有）

甲乙：木，丙丁：火，戊己：土，庚辛：金，壬癸：水。

（四）地支五行

寅卯：木，巳午：火，辰戌丑未：土，申酉：金，亥子：水。

（五）天干地支五行屬性

甲乙寅卯木屬東方為春。丙丁巳午火屬南方為夏。庚辛申酉金屬西方為秋。壬癸亥子水屬北方為冬。戊己辰戌丑未土屬中。

（六）地支四季

寅卯辰：春季。巳午未：夏季。申酉戌：秋季。亥子丑：冬季。

天干地支分成四季及東、西、南、北四方位如上之分法。若帶入八卦，則四方變成八方位，會有些許不同，天干氣純，東西南北不變。地支含氣雜，會因含氣不同，「四正」子、午、卯、酉仍處北、南、東、西四方位，寅、巳、申、亥氣雜，分屬東北、東南、西南、西北，加上四季餘氣辰、戌、丑、未，成八卦廿四山方位中地支參與的部分。

八卦方位的畫法與地圖方位上下左右顛倒，學五術必要熟悉八卦方位。八卦畫法為後天八卦「戴九履一，左三右七，二四為肩，六八為足」。五、十在中宮無卦。東在左，西在右，南在上，北在下。與我們熟悉的地圖方位正好顛倒。

後天八卦方位圖

		戴九		
四為肩	四 東南	南九	西南 二	二
左三	三 東	五中	西 七	右七
八為足	八 東北	一北	西北 六	六
		履一		

後天八卦相關代表文意：

方位	數字代表	五行	掛名	八卦	背誦法
東	三	木	震	☳	震仰盂
西	七	金	兌	☱	兌上缺
南	九	火	離	☲	離中虛
北	一	水	坎	☵	坎中滿
東南	四	木	巽	☴	巽下斷
西南	二	土	坤	☷	坤六斷
西北	六	金	乾	☰	乾三連
東北	八	土	艮	☶	艮覆碗

畫成四季（八卦方位）為：

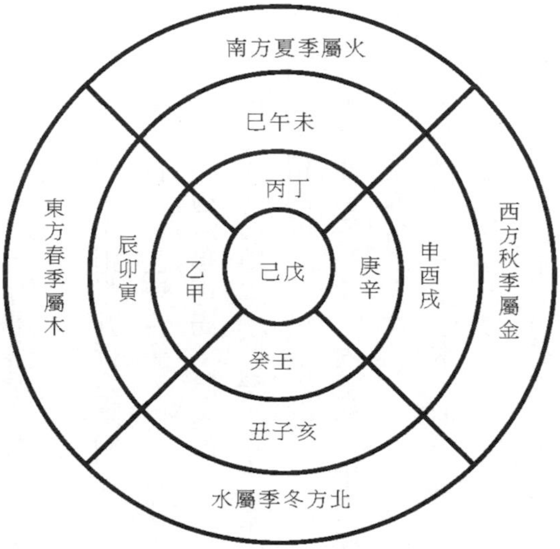

畫成八卦（後天八卦）為：

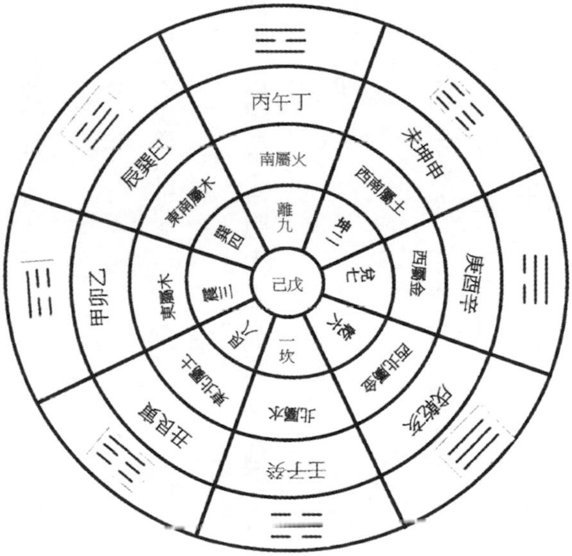

十天干十二地支加四隅向

地支加四隅向：巽（東南）、坤（西南）、乾（西北）、艮（東北）。及十天干減掉戊己（土在中央無方位）共有二十四方，成為羅盤的二十四山。這部分要稍有概念，五術的內容八卦是基本的知識，常會參著用。八字書籍偶有提及，若觀念全無會不知所云！

（七）天干相合（相剋五行陰陽相合）

甲己合土。乙庚合金。丙辛合水。丁壬合木。戊癸合火。

（八）天干相剋（陽剋陽，陰剋陰）

甲剋戊。乙剋己。丙剋庚。丁剋辛。戊剋壬。己剋癸。庚剋甲。辛剋乙。壬剋丙。癸剋丁。

（九）天干相沖

甲庚沖。乙辛沖。丙壬沖。丁癸沖。戊己不沖。

（十）十地支六合

子丑合土。寅亥合木。卯戌合火。辰酉合金。巳申合水。午未合日月（火）。

（十一）地支三合

亥卯未合木。寅午戌合火。巳酉丑合金。申子辰合水。

（十二）地支三會

寅卯辰會東方木。巳午未會南方火。申酉戌會西方金。亥子丑會北方水。

（十三）地支六沖

子午沖。卯酉沖。辰戌沖。丑未沖。寅申沖。巳亥沖。

（十四）地支六害（六穿）

子未害。丑午害。寅巳害。卯辰害。申亥害。酉戌害。

（十五）地支六破
子酉破。丑辰破。寅亥破。卯午破。巳申破。戌未破。

（十六）地支相刑
寅刑巳。巳刑申。申刑寅：無恩之刑。
丑刑戌。戌刑未。未刑丑：恃勢之刑。
子刑卯。卯刑子：無禮之刑。

（十七）地支自刑
辰刑辰。午刑午。酉刑酉。亥刑亥。

（十八）地支十二生肖
子鼠、丑牛、寅虎、卯兔、辰龍、巳蛇、午馬、未羊、申猴、酉雞、戌狗、亥豬。

五行

五行：木、火、土、金、水。

五行關係

相生：

水生木──水供應樹木生長之養分。
木生火──木助火燃燒。
火生土──火燃燒，化物為灰燼成為土壤。
土生金──所有金屬礦物幾乎都從土中挖出來的。

金生水——金屬遇高溫達熔點即變成液體型態。金屬遇冷，表面也會凝結露水。

相剋：

木剋土——樹木吸收土壤中養分，使土變貧脊。樹根在土中生長，往下深耕，往周圍擴張，將土變鬆軟。

土剋水——土會吸收水分，亦可築霸堤止水之流。

水剋火——水能滅火。

火剋金——火熱高溫會將金屬熔化。

金剋木——金屬製成刀斧可砍伐樹木，可劈柴。

五行相生相剋關係如此確立。

五行於四季之旺衰：

五行於四季（四時），依旺衰情況有旺、相、休、囚、死之分。依此判斷五行之強弱，日主之強弱。

五行之代表：

木：表春季，寅、卯、辰月，位屬東方。

火：表夏季，巳、午、未月，位屬南方。

金：表秋季，申、酉、戌月，位屬西方。

水：表冬季，亥、子、丑月，位屬北方。

土：表四季，辰、戌、丑、未月，位屬中央（季節交接，兩季中央）。

五行之旺衰：由當時季節來決定。

旺：為得當令之氣。「同我（當季）者旺」。如木生春季（寅、卯月）。火生夏季（巳、午月）。

相：得旺氣所生之氣為相。「我（當季）生者相」。如木生冬季（木為相）。火生春季（火為相）。

休：生旺氣之氣，生出為洩。本氣去生旺氣，自己必洩其氣。「生我（當季）者休」。如木在夏季（火）。水在春季（木）。

囚：剋旺氣（當季）之氣，去冒犯當權，其後果被囚。「剋我（當季）者囚」。如火在秋季（金）。水在夏季（火）。

死：被旺氣所剋之氣。君要臣死，臣不得不死。「我（當季）剋者死」。如木在秋季（金）。金在夏季（火）。

十二長生——日干十二運

依照人出生到死亡輪迴再出生的過程，以日干對照四地支得出，來對照一個人或十神的氣勢運勢之強弱。四柱由年、月、日、時依序代表根、苗、花、果，來解釋祖上、父母兄弟、自己與配偶及子女之運勢。日柱之十二長生即命主本人之運勢。

- **長生**：如一個人之出生，剛生長，生命力旺盛，充滿希望。
- **沐浴**：出生後洗淨去穢，此時身體柔弱，成長過程不斷為之，代表喜新厭舊、不定性，夫妻緣分易生變化，好風流花俏。
- **冠帶**：開始長大成人，準備有所作為，此時名譽心旺盛，有衝勁、不服輸，也開始會運用謀略、權術。
- **臨官**：又名建祿。經歷奮鬥，事業有成，功成名就，可出使仕途。
- **帝旺**：人生達到頂峰，運勢最強旺之時，也暗示將有從頂峰往下走之勢。此時最為自傲，好強霸道，凡事求第一，喜冒險、投機，外象呈陽，內涵呈陰。
- **衰**：正式開始走下坡，旺極而衰，逐漸消極、保守，喜安穩，缺乏鬥志。不喜出鋒頭。反而適合持家之女性，安分守己，能為賢妻良母。

- **病**：衰老之後體弱多病之階段，身體及精神都提不起勁，無衝勁，身心憔悴、消極，同時也會同病相憐，富同情心。
- **死**：病繼而死，如人之死亡，一切停止。此時喜鑽牛角尖，優柔寡斷，遇事猶豫不決，無決斷力，自尋煩惱。
- **墓**：如人死後埋入墳墓，為大地所收藏。為人有蒐集的興趣，較吝嗇，不喜修飾外表，個性舉止怪異且內向。因為墓庫有收藏之意，財運尚可。
- **絕**：入墓後身軀腐爛滅絕，但五行並無滅絕，只是退讓，醞釀重生而已。此時舊軀漸滅，其魂逐漸形成，有喜新厭舊、浮沉變動之意。其特性為個性輕佻，易衝動無法深思熟慮，做事三分鐘熱度。
- **胎**：重生受胎，孕育另一新生命。表轉運、進展、有光明希望之意，好奇心強，研究心旺盛。
- **養**：於母體內吸收養分，孕育成形再次長生。養為長生之入門，代表獨立，分家，開展事業之意，事業運佳，積極努力可獲成就。

陽干、陰干的十二長生不同，所謂「陽生陰死，陰生陽死」，「陽干順行，陰干逆行」，但當我們以五行來看，甲、乙為木，丙、丁為火，戊、己為土，庚、辛為金，壬、癸為水。則要用陰干從陽之理，以陽干的長生十二宮來看五行的長生十二宮。即木（甲、乙）的長生在亥，帝旺在卯，墓庫在未。水（壬、癸）的長生在申，帝旺在子，墓庫在辰，依此類推。其它五行，火、土同宮，火（丙、丁）及土（戊、己）則同為寅午戌。

十二長生表

癸	壬	辛	庚	己	戊	丁	丙	乙	甲	日干 / 地支
卯	申	子	巳	酉	寅	酉	寅	午	亥	長生
寅	酉	亥	午	申	卯	申	卯	巳	子	沐浴
丑	戌	戌	未	未	辰	未	辰	辰	丑	冠帶
子	亥	酉	申	午	巳	午	巳	卯	寅	建祿
亥	子	申	酉	巳	午	巳	午	寅	卯	帝旺
戌	丑	未	戌	辰	未	辰	未	丑	辰	衰
酉	寅	午	亥	卯	申	卯	申	子	巳	病
申	卯	巳	子	寅	酉	寅	酉	亥	午	死
未	辰	辰	丑	丑	戌	丑	戌	戌	未	墓
午	巳	卯	寅	子	亥	子	亥	酉	申	絕
巳	午	寅	卯	亥	子	亥	子	申	酉	胎
辰	未	丑	辰	戌	丑	戌	丑	未	戌	養

五行之生剋制化

這個單元在命局強弱，偏枯平和判斷上很重要，而且往往是歲運加臨時產生決定性變化的因素，因其道理淺顯，初學者通常看過有印象就算了，真正要應用到命局，就會發現問題重重，命局變化萬千，是偏枯或是變格，沒經驗的有時也分辨不出來，必須熟悉格局判定，熟練五行之間生剋制化關係才能應用自如。命局本身八字是最初的判斷，不管內容如何，八字在命局中，本身已達成某種平衡，當歲運來臨時，外來的干支，對原局平衡的改變，就有吉凶的呈現。

原則上，先就天干討論，且以日元為中心，看加進來歲運的天干對日主的助益或傷害如何，來討論命主當時的命及運，再看對其他三天干何者有助益或傷害，來決定行運吉凶或其十神代表的親屬關係，五行代表的身體部位等的正、負面影響。次就地支討論，看地支彼此間五行生剋論斷，地支有無解救或扯後腿。天干地支再綜合判斷結果及其運行影響時間的長短。多找些案例來模擬上手較快。

八字強與旺不同，旺指比劫多，身旺不用印，旺極宜洩不宜剋，強為透干通根。

❶ **生**：生（生我）之太過為印綬過旺——凶——身太弱逢印過旺而重疊，反為所害，為旺極無依，一世無成之命。

木賴水生，水多木漂。火賴木生，木多火窒。土賴火生，火多土焦。金賴土生，土多金埋。水賴金生，金多水濁。

❷ **剋**：剋之（剋我）太過為殺強身弱——凶——身弱逢官殺，殺雜太繁，必定貧賤殘疾，夭折身亡。有印化殺生身可化凶為吉。

木弱逢金，必為砍折。火弱逢水，必為熄滅。土衰遇木，必遭傾陷。金衰遇火，必見銷熔。水弱逢土，必為淤塞。

❸ **剋**：剋之（剋我）合宜為身旺任殺——吉——身旺遇純官或純殺，入格不雜，運行不悖則

貴。

木旺得金，方成棟樑。火旺得水，方成相濟。土旺得木，方能疏通。金旺得火，方成器皿。水旺得土，方成池沼。

❹**制**：剋出（我剋）無力為財多身弱——凶——身弱逢財重疊太旺，反為害。

木能剋土，土重木折。火能剋金，金多火熄。土能剋水，水多土瀉。金能剋木，木堅金缺。水能剋火，火旺水乾。

❺**化**：生出（我生）太過為食傷過重——凶——身弱逢傷官及食神重疊太旺，為其所害。

木能生火，火多木焚。火能生土，土多火晦。土能生金，金多土虛。金能生水，水多金沉。水能生木，木盛水縮。

❻**化**：生出（我生）合宜為身旺喜泄——吉——（旺極宜洩不宜剋），乃身旺比劫多見，不忌食傷。

強木得火，方化其頑。強火得土，方止其燄。強土得金，方制其害。強金得水，方挫其鋒。強水得木，方泄其勢。

八字之五行，粗分三種，極強（從強變格——C區）、極弱（從弱變格——A區），其他屬正格力求中和。在正中間區域B區。即中和為貴，A、B、C三區域皆貴命。但須依八字實際狀況判別，無法明確化，如論格局一文中舉的王金平八字即在B區。若行運讓八字平衡破壞從強變格，離開C區之外，從弱變格離開A區之外，都會對命主產生危機，事業破敗、身體刑傷、官災上身……等。正格部分，愈能往中間靠攏（中和）愈佳。五行均衡最好，愈偏枯也是身陷如上之危機。

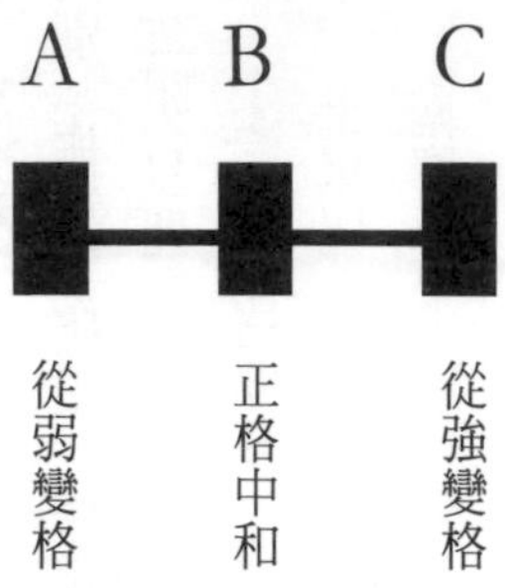

例

劫財	劫財	日元	偏官
癸未	癸亥	壬子	戊申
正官	比肩	劫財	偏印

大運：壬戌　辛酉　庚申　己未　戊午　丁巳　丙辰

壬水生亥月，天干戊土（七殺）在地支中有未根，乾土強，無法成潤下格，取為建祿格。生冬季，調候取用，調候喜木火，局中全無，地支申子合水，天干癸透，身強旺極，旺極宜洩不宜剋。忌土強來剋，若局中有甲乙木，遇流年土來為有救，因局中無，一交己未大運，破壞原有狀態，助土激水，死於非命。

此例為何不適用身旺任殺呢？因局中只有水土兩強交戰，土只兩粒無法成為變格之半壁格，五行太偏頗，若走金水之運，雖與用神為敵，有強土可制，雖仍行運不佳有其他種種不順，尚不至奪命。但一行土運（大運、流年、流月、流日）助戊攻身，土長趨直入，如入無人之境。日元壬水完全無任何保護，無法抵抗，只能被殲滅。這是五行太偏又不能變格最大的壞處。

八字五行中和且平均是最佳，五行俱全之人，一生無災，一般人難免缺一、兩種五行或五行戰剋，不利命造。變格更五行只有其中二或三種，行運好壞變化極大。若每日持誦五行咒，補自身五行氣之不足可讓五行更順暢，交戰者可得通關，偏頗者可得缺乏之補充，五行氣順人就會順，而且不用求人就可自救的方法。持誦中文或梵文皆可，每日雙手合掌各持三、五、七、廿一遍，隨人喜歡，五行咒持誦完畢後，再加強自己八字五行缺的部分，如缺木者加念木形咒，缺火者加念火形咒，次數依各人所喜。

五行咒（只念中文或梵文皆可或中梵都念亦可！）

- **水星咒**——水德伺晨，稟命雷轟，洞陰水府，九江九溟，遵承符告，誅滅禍精（密咒——南摩三曼多勃馱喃，阿半鉢多也，娑訶）
- **金星咒**——太白星帥，權震四方，主司兵柄，白芒耀光，奉承轟命，攝除禍殃（密咒——南摩三曼多勃馱喃，娑訶）
- **木星咒**——歲華木德，威震轟霆，發生萬物，鼓動潛靈，將兵飛攝，用之靈文（密咒——南摩三曼多勃馱喃，皤也吠，娑訶）
- **火星咒**——熒惑立法，總司火權，威光萬丈，燒滅精靈，隨符下應，攝附人身。（密咒——南摩三曼多勃馱喃，惡揭娜曳，娑訶）
- **土星咒**——中央土宿，總攝四方，黃中理炁，奉命帝房，從天下降，飛攝禍殃（密咒——南摩三曼多勃馱喃，鉢體毗曳，娑訶）

名詞解釋

（一）**日主**：日柱的天干字，代表命局（八字）的命主，又稱日元、日干、元神、命主，為八字推命的中心，論命皆由此字對外分析。

（二）**日主之強弱**：命局中日主五行同黨的勢力與異黨勢力的比較，同黨勢力強於異黨為強，反之為弱。

（三）**日主之同異黨**：命局中與日主五行相同（比劫），或生扶（五行生日主五行）日主五行的干支字為同黨，對日主剋（五行剋日主），耗（被日主五行所剋），洩（被日主五行所生）者為異黨。

（四）**地支之本氣、藏干**：天干為天元，地支氣雜，多數地支有二至三種氣組成。每一地支最主要的天干成分即為本氣（地元），為地支真正影響命局的五行。其他所藏不同之氣五行為藏干（人元），是代表地支字中本氣之外另含有的特性，不對命局做實質重大的影響。一天干地支合論，天干代表人的外在行為表現，地支代表人的內心世界，隱藏在心中的意念。相對性而言，地支本氣及藏干就可以地支字當主體，本氣如天干之表現，藏干如地支之表現。如寅藏甲木兼丙戊，甲木即寅之本氣，丙火、戊土為寅之藏干。

（五）**透干通根**：

通根——天干字出現在地支的本氣，稱通根。

透干——地支的本氣出現在天干時，稱透干。（藏干出干也可稱透干）

如地支子（癸），天干見癸。地支丑（己、癸、辛），天干見己。

（六）**強根**（**透干通根**）：對天干而言，地支的「本氣」能生扶、比助天干時。如天干癸見地支子（癸），為癸在地支有強根。天干壬見地支中有亥（壬、甲）為強根。

微根（**干透支藏**）：對天干而言，地支的「藏干」能生扶、比助天干時。如地支丑（本氣己，藏干癸、辛），天干見癸或辛，癸、辛在地支有微根。

（七）**干透支藏**：某一五行現於天干，同時又出現在地支的藏干之中，支藏人元之內非本氣者為非根（即此天干在地支有微根）。

（八）**虛浮無根**：天干字，在地支字中不見到同類之本氣。

（九）**近剋**：天干相鄰之剋。近沖：地支相鄰之沖。**隔剋**：兩天干相剋，中間還隔一大干。**隔沖**：兩地支之間隔一字之沖。**遙剋**、**遙沖**：年與時的沖剋。近合、隔合、遙合同理。

（十）**暗藏**：某五行未出現在天干及地支本氣，只出現在地支藏干時。

（十一）**洩秀**：是一釋放本身能量產生秀美之果實。日主生食傷就是洩秀之意（稱食傷洩秀），可將本身智能、才華、創意釋放。命局中有洩秀，命主在求知上比較能發揮，命局中無，若大運前幾柱（求學期）有食傷洩秀，亦可補足八字之不足，有助求知升學。無洩秀者，情緒壓抑埋心中而無發洩對心理成長、才智發揮都不利。不論身強身弱，都以有食傷洩秀為佳（只論有無不論多寡，多寡是格局問題了）。用五行來講，五行有所生，有順暢通透之意。

（十二）**當令**：即是當季，出生的月份在何季節（月支），是命局強弱的基準點。若月支為寅，即出生在春季，五行木當令，凡八字中屬木的甲、乙、寅、卯皆為得令。

（十三）**剋合**：「剋」比沖嚴重，剋可將受剋五行剋住不動，也可將受剋五行剋死。「合」為拘絆，使其無法發揮原本功能，也有拋棄主見與他五行合作之意。「剋合」即又剋又合，又想合作又想三心兩意，剋不死又合不住，變動性大，波動大，比單純受合或受剋更難預料。

（十四）**歲運流年**：若非特定指稱大運流年的話，通常概指大運、流年、流月、流日、流時等外來的（非命局八字的）干支，因每次敘述要一大串太囉嗦，就以歲運或流年或歲運流年代表。

（十五）**剋入**：以討論的五行、十神為主體，以日主為例，剋日主者為正官、七殺，是為剋入（剋我）。

剋出：同上，被日主所剋者為正、偏財是為剋出（我剋）。

（十六）**七殺**＝七煞。官殺＝官煞。煞與殺通用。

二 必要之背誦

必要背誦熟記（框框內），八字最基本的常用內容，如同國文的ㄅㄆㄇ、英文的ＡＢＣ。

十天干、十二地支五行

（一）甲乙寅卯木，丙丁巳午火，庚辛申酉金，壬癸亥子水。其他的戊己辰戌丑未為土。

（二）「甲卯乙」為震卦東方木，「辰巽巳」為巽卦東南方木，「丙午丁」為離卦南方火，「未坤申」為坤卦西南方土，「庚酉辛」為兌卦西方金，「戌乾亥」為乾卦西北方金，「壬子癸」為坎卦北方水，「丑艮寅」為艮卦東北方土。了解之後，由東方背誦起順序（心中默念方位）

背：**羅經二十四山方位**

甲卯乙、辰巽巳、丙午丁、未坤申、庚酉辛、戌乾亥、壬子癸、丑艮寅。

地圖方位
（與八卦方位上下左右顛倒）

（三）天干五合

天干		
甲	⟷	己
乙	⟷	庚
丙	⟷	辛
丁	⟷	壬
戊	⟷	癸

天干		化合
甲	己	土
乙	庚	金
丙	辛	水
丁	壬	木
戊	癸	火

背：

甲己合土
乙庚合金
丙辛合水
丁壬合木
戊癸合火

（四）天干相沖（陽沖陽，陰沖陰，用五行相剋理解即可）

沖		
甲木	⟷	庚金
乙木	⟷	辛金
丙火	⟷	壬水
丁火	⟷	癸水

戊(土)己(土)居中不相沖

（五）地支相對位置圖

框內為背誦句，框外為註釋理解用

十二地支基本圖

巳	午	未	申
辰			酉
卯			戌
寅	丑	子	亥

掌中法

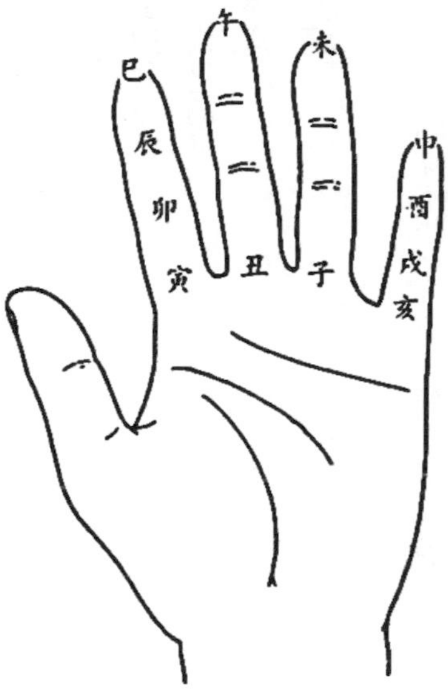

（1）地支三會：三會為建祿、帝旺、衰之結合，力量最強。

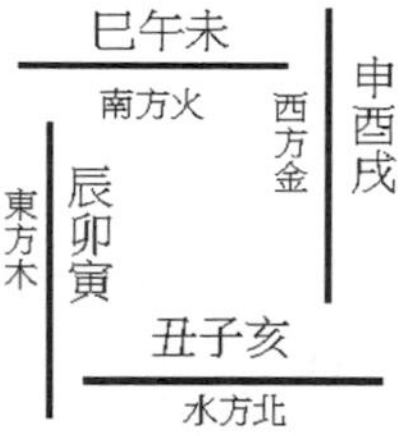

背：

會三

亥子丑	寅卯辰	巳午未	申酉戌
三會北方水為冬季	三會東方木為春季	三會南方火為夏季	三會西方金為秋季

（2）地支六合

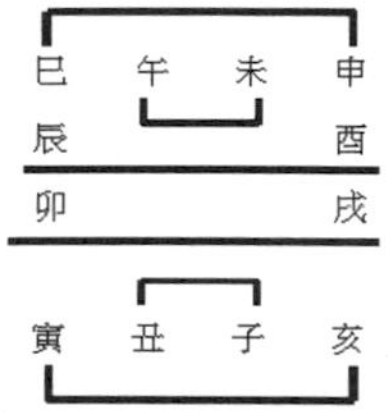

背：

合六

子丑	寅亥	卯戌	辰酉	巳申	午未
合土	合木	合火	合金	合水	合火

（3）地支六沖

背：

六沖

子午　卯酉	四正卦、四桃花
寅申　巳亥	四長生
辰戌　丑未	四庫

六沖：沖者，散也；

年、月支沖——早年就會離鄉別祖

年、日支沖——與親人不和

年、時支沖——與子不和

日、月支沖——與父母兄弟不和（夫妻不和）

日、時支沖——剋妻損子（夫妻不和）

四柱代表為：年柱——祖上或父母宮

月柱——父母或兄弟宮

日柱——夫妻宮

時柱——子女宮

那兩柱相沖即代表這兩柱的六親關係不佳或別離甚至一方喪命。夫妻宮（日柱）逢沖代表夫妻關係不佳或離異或配偶早亡之預示。只要此兩柱之六親（包括夫妻）不住在一起影響力量就小。

（4）地支六害

背：

六害

子	丑	寅	卯	申	丙
未	午	巳	辰	亥	戌

六害：看是發生在那兩柱，代表這兩柱支六親關係不睦或較無緣，若不住在一起也危害不大。但若六害是在財星或官星上，對事業對財運是有殺傷力的，對其他十神之影響亦是。

（5）地支三合

三合為長生、帝旺、墓庫之結合，力量僅次於三會。

背：

三合

	長生	帝旺	墓庫
水	申	子	辰
木	亥	卯	未
火	寅	午	戌
金	巳	酉	丑

地支三合、三會、六合皆只合而不會合化，不會有合化物的產生。「合」除了原支受制外，合成之五行，為增加命局中之五行氣，此氣與合化物之氣不同，是氣氛、環境之意的虛氣，而非如干、支或合化物之氣可獨當一面作用的實體之氣。

三合的五行由中間四正卦子、午、卯、酉為代表來記憶五行屬性。

半三合要以四正卦子、午、卯、酉為軸心，有四正卦子、午、卯、酉參與其中才是半三合，如申子、子辰。若只有申辰則不為半三合，以此類推。

若命局中的地支，有大運、流年、流月、地支來合成三合齊全時（如命局地支有申辰，流年子來合成申子辰三合全。或八字有酉、大運巳、流年丑，合成巳酉丑三合全），稱為「三合連珠」（三合將十二地支連起來成一個圈，有順遂、順暢之意），不論三合之五行為喜或忌，皆為大吉，此期間可化解八字中的不吉不順，化凶為吉，歲運一過又會回復原狀。命局中若三合全亦有此應，但歲運來若將三合沖開，則此吉應不見了，要以沖開後八字間關係在論斷。「三合連珠」是以「一帆風順」來解釋，屬於在事業、財運、行事方面的順暢，其他八字間十神親屬關係、健康方面剋應照走，不會化掉。

（6）地支相刑

三個字之間彼此相刑。

寅、巳、申——無恩之刑　寅巳、巳申、申寅

丑、戌、未——恃勢之刑　丑戌、戌未、未丑

子、卯——無禮之刑

自刑：辰辰、午午、酉酉、亥亥為自刑。

（自刑有一個一致特性，若命局有，會有凡事藏心裡，悶在心裡，自己心裡不爽，卻不說出口，自己刑自己之意。流年來造成的，會在這段期間顯現此性）

背：

寅巳呻吟，丑戌未丑，晨午有害

三刑以寅巳申之刑較嚴重，除六親關係之傷外亦有車禍、意外等身體上之刑傷，且與其他三刑相同，若傷到夫妻宮有離婚之慮。（刑、沖若有解救剋應輕）

四沖三刑：如地支命局加歲運有寅巳申外再來個亥，形成寅巳申三刑外又有寅申沖、巳亥沖。丑戌未再加辰形成丑戌未三刑及辰戌沖、丑未沖。傳統說法上都會很嚴重（三刑加沖的效應），且傷肢體、傷命。但仍以寅巳申一組較嚴重。

（7）地支六破：重要性不下於六沖，但常被忽略，沖或剋、命局或歲運有合可解救，但「破」就破掉了，什麼都救不了，破了無法補起來。若八字中有財有庫又有食傷生財，配置得宜為巨富之命，若不幸庫有破，財進再多也留不住。官有破，一輩子升職無望，破在六親與六親疏離關係不佳，這破的殺傷力不在性命方面，而在六親關係及每個人最重視的財、官運上，某方面來講應比六沖更嚴重吧！）

背：

子酉
丑辰
寅亥
卯午
巳申
戌未

破六

只能硬背，畫圖較無幫助。

（六）十二長生

背：長生、沐浴、冠帶、臨官（建祿）、帝旺、衰、病、死、墓、絕、胎、養。

（七）五行四時之旺、相、休、囚、死。

背：

以日元為主體舉例
相對應十神關係

同我者旺	─比肩、劫財
我生者相	─食神、傷官
生我者休	─正印、偏印
剋我者囚	─正官、七殺
我剋者死	─正財、偏財

（八）十神（相對關係要熟練）

生我者為正印、偏印——稱印星、印綬。

剋我者為正官、偏官（七殺）——稱官煞、官鬼。（偏官無制稱七殺）

我剋者為正財、偏財——稱財星。

我生者為食神、傷官——稱食傷。

同我者為比肩、劫財——稱比劫。

陰陽相見者為正印、正官、正財、傷官、劫財。

同陰同陽者為偏印、偏財、七殺、比肩、食神。

背：同陰同陽（偏偏七比十）

（九）十神間生剋關係（熟練，才能論斷八字）

（1）相生：**背**：食、材、殺、印——用殺代表官殺。

食傷生財星、財星生官殺，官殺生印星，印生我，我生者為食傷。

（2）相剋：**背**：財剋印食殺

我剋者為財，財星剋印星，印星剋食傷，食傷剋官殺（食傷制煞）。

（十）地支藏干：一定要熟背，只背下方支藏干很難背，背歌詞較易。

地支藏干歌——

背：

子宮癸水在其中。
丑土癸辛己土同。
寅藏甲木兼丙戊。
卯中乙木獨相逢。
辰中乙戊三分癸。
巳內庚金丙戊重。
午中丁火共己土。
未中乙己並丁宗。
申內戊庚壬水位。
酉中辛金獨豐隆。
戌宮辛金及丁戊。
亥藏壬甲是真宗。

地支	本氣	藏干
子	癸	
丑	己	辛、癸
寅	甲	丙、戊
卯	乙	
辰	戊	乙、癸
巳	丙	戊、庚
午	丁	己
未	己	乙、丁
申	庚	戊、壬
酉	辛	
戌	戊	辛、丁
亥	壬	甲

三 神煞

神煞經數百年先賢之經驗累積，多到族繁不及備載，有些相士只看神煞就可以解釋人的一生。神煞分別由年取之，由月取之，有的由日取之，是先天帶來命中注定的禍福事件現象，有極高的參考價值。以當時年紀的限柱內有的神煞影響力量最強（如二十一歲，月柱中的神煞影響最大），四柱限下只要出現就可能一生中會碰到，多數會顯現出來，部分如前面八字成因所言，是不會顯現出來，有些則經由修行或制化化解掉。本書只列出常用且較準確的神煞及其意義供參考，有些神煞解釋表格中無，但可能常會看到，所以列入。

月支	子	丑	寅	卯	辰	巳	午	未	申	酉	戌	亥
天德	己	庚	丁	申	壬	辛	辛	甲	癸	寅	丙	乙
月德	壬	庚	丙	甲	壬	庚	丙	甲	壬	庚	丙	甲
血刃	午	子	丑	未	寅	申	卯	酉	辰	戌	巳	亥
月破	午	未	申	酉	戌	亥	子	丑	寅	卯	辰	巳
月德合	辛	己	丁	乙	辛	己	丁	乙	辛	己	丁	乙

桃花	日破	破碎	隔角	血刃	驛馬	將星	華蓋	日支
酉	午	巳	寅	戌	寅	子	辰	子
午	未	丑	卯	酉	亥	酉	丑	丑
卯	申	酉	辰	申	申	午	戌	寅
子	酉	巳	巳	未	巳	卯	未	卯
酉	戌	丑	午	午	寅	子	辰	辰
午	亥	酉	未	巳	亥	酉	丑	巳
卯	子	巳	申	辰	申	午	戌	午
子	丑	丑	酉	卯	巳	卯	未	未
酉	寅	酉	戌	寅	寅	子	辰	申
午	卯	巳	亥	丑	亥	酉	丑	酉
卯	辰	丑	子	子	申	午	戌	戌
子	巳	酉	丑	亥	巳	卯	未	亥

日干	天乙	文昌	學士	羊刃	流霞	飛刃	金輿	截空（只取時支）	紅艷
甲	丑未	巳	亥	卯	酉	酉	辰	申酉	申午
乙	申子	午	午	辰	戌	戌	巳	午未	申午
丙	酉亥	申	寅	午	未	子	未	辰巳	寅
丁	酉戌	酉	酉	未	申	丑	申	寅卯	未
戊	丑未	申	寅	午	巳	子	未	子丑	辰
己	申子	酉	酉	未	午	丑	申	申酉	辰
庚	丑未	亥	巳	酉	辰	卯	戌	午未	戌
辛	寅午	子	子	戌	卯	辰	亥	辰巳	酉
壬	巳卯	寅	申	子	亥	午	丑	寅卯	子
癸	巳卯	卯	卯	丑	寅	未	寅	子丑	申

喪門	福德	六害	將星	血刃	桃花	五鬼	歲破（大耗）	勾絞（貫索）	金匱	龍德	年支
寅	酉	未	子	戌	酉	辰	午	卯	子	未	子
卯	戌	午	酉	酉	午	巳	未	辰	酉	申	丑
辰	亥	巳	午	申	卯	午	申	巳	午	酉	寅
巳	子	辰	卯	未	子	未	酉	午	卯	戌	卯
午	丑	卯	子	午	酉	申	戌	未	子	亥	辰
未	寅	寅	酉	巳	午	酉	亥	申	酉	子	巳
申	卯	丑	午	辰	卯	戌	子	酉	午	丑	午
酉	辰	子	卯	卯	子	亥	丑	戌	卯	寅	未
戌	巳	亥	子	寅	酉	子	寅	亥	子	卯	申
亥	午	戌	酉	丑	午	丑	卯	子	酉	辰	酉
子	未	酉	午	子	卯	寅	辰	丑	午	巳	戌
丑	申	申	卯	亥	子	卯	巳	寅	卯	午	亥

貴人神煞

- **喪門**：命帶此星，平常盡量避免送喪、探病，以免沖犯煞氣，導致生病而轉為壞運，流年不佳時凡事會比較不順或有財損之事發生。
- **截空**：主一生中凡事不免多有阻滯、阻礙、有待一一克服突破。
- **墓庫**：個性內向固執，凡事較會隱藏，才華深藏不露，喜追根究柢，做事不積極，但具潛能，遇事會有較多疑問，常有精神不振現象，體質弱。
- **隔角**：一生易犯官司訴訟或牢獄之災。
- **祿神**：祿神入命行事較積極也較有率性，凡事幹勁十足，行事積極，一生得安逸，財源可順利。祿最喜逢驛馬，祿馬交馳，財源廣進暢通。

祿是十天干在地支建祿（臨官）之位，若日主之祿出現在：

年支——為祖祿，祖先有留下財產。

月支——父祿，父母有留下財產。

日支——妻祿（夫祿），自己努力工作而得的財富，或經由配偶或配偶親人幫忙而得之財。

時支——歸祿，晚年之祿，可能是子女傑出對自己的孝敬，或自己晚年事業得意而賺得財富。

- **六厄**：一生易遭逢困難，主一生前途較艱辛，如逢吉神同柱相助則會轉吉。
- **流霞**：男命主口舌是非，車禍、災禍，路中或刀下亡。女命主產厄，流產、生產開刀或產厄亡。
- **孤辰**、**寡宿**：以日、時柱為重，六親或夫妻、子女互動較少。在年柱時最好過房，若不過房，有可能會刑剋父母（參考就好）。孤寡逢空亡，少年多勞苦。

- **五鬼**：一生易犯官司、訴訟，易受小人陷害、連累，遇事不講實話，或會常說謊，甚至口出狂言，處事要小心為要。
- **月破**：（乃虛耗之神也）入命不利身體，易破財，事業不振，居住之環境常變化，也常與人有口舌不和之事發生。
- **日破**：個性不太穩定，較不受拘束，也較不安於家中，或配偶身體差，或夫妻較有離異之可能，或夫妻間易爭吵，或與子女不合，或子女健康差。
- **華蓋**：喜逢正印、正官（同柱最好），在官場社會上能有成就、地位。落空亡，易出家、孤寡。若死、絕、或沖剋，則幼兒較多災多病，不易扶養，平生亦多是非、不順。亦主有才藝、技藝、技術之能。
- **天狗**：入命身體易損傷破相。流年逢之易損傷、交通意外，小人暗生、疾病。
- **大耗**：主財不聚，耗散財物。
- **破碎**：本質屬損耗，主有官事破財。
- **羊刃**：屬刀傷、其性剛強勇猛，入命主個性積極躁進，易感情用事，行事激烈，較不利六親，做事敢做敢當。適合軍、警、外科醫生、技術人員。羊刃過多易導致盲目或聾啞，男命多羊刃易損妻或再婚，女命則多荒淫遭惡死。
- **血刃**：生平發生意外受傷、流血、手術等事，對尖銳物較敏感，接觸要小心。
- **飛刃**：身體易有刑傷易有血光易破財，較會有交通意外事故，行為要注意。
- **箭刃**：血刃及飛刃都有稱為箭刃。車禍、其他意外刑傷流血事件的機率更大。
- **亡神**：又名官符，失去也，入命為喜用時，有權有威，深謀略算計，富心機，凡事不露底，城府較深。入命為忌神時，心胸狹窄急躁，酒色風流。若與凶煞同柱，其凶性更明顯。主官司訴訟，失勢也。
- **紅鸞**：命帶此星，一般都是男俊美女，在求財方面較能順心如意，也主常會接觸喜事。

- **天喜**：命帶此星，男命相貌堂堂，女命面貌清秀，天天都是好日子，可能有桃花運。
- **災煞**：主血光及水火之災難也，有主較會墮落，若有福神相助。多主威武有權。
- **桃花**：主外緣、人緣甚佳。
- **文昌**：主文思敏捷、文筆流暢。
- **學士**：主文思敏捷、文筆流暢。
- **龍德**：主一生中凡事逢凶必終化吉，福澤豐厚也。
- **金輿**：主精挑細選之下，有取富妻、嫁富夫之象。
- **將星**：主有領導才能、掌權威勢。
- **勾絞**：主感情、異性事較易有不順心之象。若在夫妻宮，易影響夫妻關係。
- **歲破**：主一生中須防有破、散財事生。
- **驛馬**：主一生奔波、不易清閒，住所、工作、事職業較易有變化、變遷；或多有出差、出國、旅遊、遠行之機運。
- **天乙貴人**：主外緣、人緣甚佳。
- **天德貴人**：主一生中凡事逢凶必終化吉，福澤豐厚也。
- **月德貴人**：主一生中凡事逢凶必終化吉，福澤豐厚也。
- **金匱將星**：主較擅於掌理財政權，俗謂之當老闆之也。
- **三奇貴**：天干排列為天奇：甲戊庚，地奇：乙丙丁，人奇：壬癸辛。
- **天地德合**：又名天地鴛鴦合，天干與地支兩兩相和（有三種組合分為年月、月日、日時），天干清氣，地支厚載，命局有此組合一生逢凶化吉，集福、發福。若年、月一組，日、時一組，皆為天地德合，福力更大。
- **魁罡**：1. 庚辰、庚戌，四柱見官星則破（天干有水制火亦成）。
  2. 壬辰、戊戌，四柱見財星則破（財被合剋亦成）。

魁罡帶七殺，性傲剛愎，真罡無破者運行身旺作文臣，大富大貴之命，男命破格，貧寒潦倒，女命破格墜塵埃。

- **十惡大敗**：甲辰、乙巳、丙申、丁亥、戊戌、己丑、庚辰、辛巳、壬申、癸亥。大敗如逢財官，反為富貴。
- **天羅地網**：火命（丙丁日）逢戌亥為地網。
水命（壬癸）、土（戊己）逢辰巳為天羅。
金、木命人無。
男怕天羅女怕地網（火——戌、亥；水、土——辰、巳）。
- **十靈日**：甲辰、乙亥、丙辰、丁酉、戊午、庚戌、庚寅、辛亥、壬寅、癸未。
- **福星貴**：日柱為甲寅、乙丑、乙亥、丙子、丙戌、丁酉、戊申、己未、庚午、辛巳、壬辰、癸卯（身強或中和、方能顯富貴、名望或權威）。
- **天赫貴**：春——戊寅日；夏——甲午日；秋——戊申日；冬——甲子日。（貴人扶助，逢凶化吉，一生不犯牢災）。
- **日貴日**：丁酉、丁亥、癸卯、癸巳（歲運逢財官則顯達，遇刑沖則貧賤）。
- **剪刀**（**女命**）、**天掃**（**男命**）：辰、戌、丑、未、月生，日柱為乙卯、丁卯、壬申、癸丑。
- **八專淫慾煞**：甲寅、乙卯、丁未、戊戌、己未、庚申、辛酉、癸丑（日或時柱）。主淫亂，夫妻不睦。現日柱：主配偶不正。現時柱：主子女不正。
- **元辰**：歲運逢之，如臨風暴，禍臨害至。有合，可解凶。

地支／元辰／年日支	陽男陰女	陰男陽女
子	未	巳
丑	申	午
寅	酉	未
卯	戌	申
辰	亥	酉
巳	子	戌
午	丑	亥
未	寅	子
申	卯	丑
酉	辰	寅
戌	巳	卯
亥	午	辰

・三煞：

年、日（較嚴重）	三煞方	劫煞	災煞	回頭貢煞（墓庫煞）
申子辰	南	巳	午	未
寅午辰	北	亥	子	丑
亥卯未	西	申	酉	戌
巳酉丑	東	寅	卯	辰

劫煞：必破財。

災煞：犯桃花，犯則破財消災。

墓庫煞（貢煞）：非常嚴重，犯了會出人命。

・亡神劫煞：

年支	亡神	劫煞
申子辰	亥	巳
巳酉丑	申	寅
寅午戌	巳	亥
亥卯未	寅	申

・驛馬：

年、月支	驛馬
亥卯未	巳
巳酉丑	亥
寅午戌	申
申子辰	寅

★逢驛馬年心情浮動會有想出國、出遠門之心情，工作上有外派、外地出差或異動之機。

★驛馬若與財星同支，工作上賺的是「動」的財，工作越動越進財（如業務、到處送貨的盤商），指武市之財。

★命中驛馬兩支以上要小心車關，三支以上家裡待不住整天往外跑，而且車關躲不掉。

例：

正官	戊寅	傷官
比肩	癸亥	劫財（天地德合）
日元	癸未	七殺
傷官	甲子	比肩

坤造癸水日主生亥月，用神取調候喜木、火、土，時干甲木傷官，在地支有寅木傷官本氣，取為用神。甲木透干通根，有力又近日主，且扶抑與調候並用，為一上等用神。「食傷為用必有佳兒」，未來一定有孝順又有成就的子女。且傷官為喜神，傷官為正面含意，才華、技能可充份展現。（天干、地支有合的部分，其個別之意義及功能就不用多做討論）。年、月柱為天地德合，天干年、月為戊癸合，地支年、月為寅亥合。八字官殺混雜（天干、地支皆有官或殺），幸得去官留殺，官殺不混以七殺論夫，無丈夫合比肩之感情問題。日支夫妻宮為七殺夫，夫性剛烈，時干甲木得子水生扶剋制日支未土七殺，夫性雖剛烈，但有傷官剋制，不會太囂張，只是夫妻爭執難免，女方不致受欺。命中無財為其缺憾，若走財運，形成比肩生傷官生財再生七殺，五行通暢會幫助丈夫事業也會幫助自己事業，能財運亨通，無財之年有天地德合在命局中，至少不愁吃穿，無災無禍，是進可攻退可守的八字。

四 節氣月份

八字以天干地支而定標記日期的年及日的六十甲子，也稱六十干支。天干地支不斷循環，六十天干走完再一次六十天干……，如此不停循環。月用五虎遁法求出天干，地支固定正月建寅，二月建卯……，到十二月建丑，剛好十二地支，每年都一樣。時辰用五鼠遁法求出天干，地支由子（晚上十一點－隔天早上一點），丑（早上一點到三點），……到亥（晚上九點到十一點），十二地支用完剛好一天十二時辰二十四小時。這種記日的循環方式是與西曆曆法相同，為太陽曆。

一般人以為八字是用農曆（陰曆），因為我們算命都是給農曆，到廟裡拜拜祭改也是給農曆。農曆稱為陰曆是月亮曆法，以月球繞地球一周為一個月，周期約二十九日多，一年約三百五十天，為了要補足一年的時間，每二至三年就要出現一個閏月。若出現閏月當年就會有十三個月（有閏月一年共十三個月的年稱孤鸞年，不宜嫁娶），十二地支不就不夠用了，很明顯不是算命用。算命用的月份是以十二節氣來分，就算有閏月，十二節氣仍然照走不會改變，十二節氣又是以季節農業用事來分，所以自古以來，我們用的其實是太陽曆法。現在我們的農民曆是陰曆中註明十二節氣用事，陰曆結合太陽曆（太陽曆法）一般將農曆稱為陰曆。但農曆稱為太陽曆（陽曆）其實還比較正確，只是名稱問題，但會混淆一般人的理解（十二節氣一月為寅月、二月為卯月……十二月為丑月。陰曆為一月、二月……（閏月）……十二月。兩者同樣是使用一、二、三……十二數字代表，但兩者每個月的起始日、結束日是不同天，不要被數字搞混了。）

只要有留意就會注意到每年立春都在陽曆二月四日或五日，清明都在陽曆四月四日或五日，冬至都在陽曆十二月二十二或二十三日。若是有陰曆的閏月，節氣一差可能有一個月，不會每年都固定在陰曆某些日子。不過用萬年曆不管是用陰曆或陽曆皆可對照出來。現在手機 APP 有很多免費的換算程式可下載，其實已很方便了。命理上，用不到中氣，只要背熟節令即可。

十二節氣表：

月份	月支	節令	中氣
正月	寅	立春	雨水
二月	卯	驚蟄	春分
三月	辰	清明	穀雨
四月	巳	立夏	小滿
五月	午	芒種	夏至
六月	未	小暑	大暑
七月	申	立秋	處暑
八月	酉	白露	秋分
九月	戌	寒露	霜降
十月	亥	立冬	小雪
十一月	子	大雪	冬至
十二月	丑	小寒	大寒

農民曆		
太陽曆	①以立春、雨水……以節氣表示（寅月、卯月、辰月……）	命理用、農事用
	②西元、民國表示	一般用（稱國曆）
太陰曆	以正月、二月、三月、四月……數字表示（會有閏月）	一般用（稱農曆、陰曆）

背：

十二節氣：

正寅立春雨水節；

二卯驚蟄及春分；

三辰清明並穀雨；

四巳立夏小滿方；

五午芒種及夏至；
六未小暑大暑當；
七申立秋還處暑；
八酉白露秋分忙；
九戌寒露又霜降；
十亥立冬小雪張；
十一子大雪冬至節；
十二丑小寒大寒昌。

用在陰、陽宅、十二個月分代表：

端、花、桐、梅——一、二、三、四月
蒲、荔、瓜、桂——五、六、七、八月
菊、陽、葭、臘——九、十、十一、十二月

- **月柱取法：**（不必死背，知道天干五合的五行，用理解的即可，只要背四個字——「月生時刻」，其他後面會解釋）

月支正月寅，二月卯，三月辰，四月巳，五月午，六月未，七月申，八月酉，九月戌，十月亥，十一月子，十二月丑，每年不變。

月干以五虎遁法取（用年取月）

★五虎遁法歌訣：
甲己之年丙作首；
乙庚之年戊為頭；
丙辛歲首尋庚起；
丁壬壬位順流行；
若言戊癸何方發；
甲寅之上好追求。

即甲己年之月天干由丙開始，配合地支之順序為一月丙寅、二月丁卯、三月戊辰……，丙辛年之月天干由庚開始，一月庚寅、二月辛卯……。

五虎遁法（由年干找月干）及五鼠遁法（由日干找時干），很多地方都用得到，最好能背起來，但不用死背，只要會天干五合及五行生剋關係，用四個字即可背熟：「月生時剋」，諧音「月生時刻」。

★月生
甲己合土，丙火生之；甲、己年月的天干由丙開始。
乙庚合金，戊土生之；乙、庚年月的天干由戊開始。
丙辛合水，庚金生之；丙、辛年月的天干由庚開始。
丁壬合木，壬水生之；丁、壬年月的天干由壬開始。
戊癸合火，甲木生之；戊、癸年月的天干由甲開始。

五虎遁法年起月表：

生月／年干	一月	二月	三月	四月	五月	六月	七月	八月	九月	十月	十一月	十二月
	寅	卯	辰	巳	午	未	申	酉	戌	亥	子	丑
甲、己	丙寅	丁卯	戊辰	己巳	庚午	辛未	壬申	癸酉	甲戌	乙亥	丙子	丁丑
乙、庚	戊寅	己卯	庚辰	辛巳	壬午	癸未	甲申	乙酉	丙戌	丁亥	戊子	己丑
丙、辛	庚寅	辛卯	壬辰	癸巳	甲午	乙未	丙申	丁酉	戊戌	己亥	庚子	辛丑
丁、壬	壬寅	癸卯	甲辰	乙巳	丙午	丁未	戊申	己酉	庚戌	辛亥	壬子	癸丑
戊、癸	甲寅	乙卯	丙辰	丁巳	戊午	己未	庚申	辛酉	壬戌	癸亥	甲子	乙丑

・**時柱取法：**

時支固定為子（晚上二十三點—隔天早上一點），丑（早上一—三點），寅（早上三—五點），卯（早上五—七點），辰（上午七—九點），巳（上午九—十一點），午（中午十一—十三點），未（下午十三—十五點），申（下午十五—十七點），酉（下午十七—十九點），戌（下午十九—二十一點），亥（下午二十一—二十三點），每日不變。

時干以五鼠遁法取（由日干取時干）。

★五鼠遁法歌訣：

甲己還加甲，

乙庚丙為頭，
丙辛從戊起，
丁壬庚子居，
戊癸何方發，
壬子是真途。

五鼠遁起時表：

出生時間＼日干	甲、己	乙、庚	丙、辛	丁、壬	戊、癸
早子時（上午零至一時）00:00—01:00	甲子	丙子	戊子	庚子	壬子
丑時（上午一至三時）01:00—03:00	乙丑	丁丑	己丑	辛丑	癸丑
寅時（上午三至五時）03:00—05:00	丙寅	戊寅	庚寅	壬寅	甲寅
卯時（上午五至七時）05:00—07:00	丁卯	己卯	辛卯	癸卯	乙卯
辰時（上午七至九時）07:00—09:00	戊辰	庚辰	壬辰	甲辰	丙辰
巳時（上午九至十一時）09:00—11:00	己巳	辛巳	癸巳	乙巳	丁巳
午時（上午十一至下午一時）11:00—13:00	庚午	壬午	甲午	丙午	戊午
未時（下午一至三時）13:00—15:00	辛未	癸未	乙未	丁未	己未
申時（下午三至五時）15:00—17:00	壬申	甲申	丙申	戊申	庚申
酉時（下午五至七時）17:00—19:00	癸酉	乙酉	丁酉	己酉	辛酉
戌時（下午七至九時）19:00—21:00	甲戌	丙戌	戊戌	庚戌	壬戌
亥時（下午九至十一時）21:00—23:00	乙亥	丁亥	己亥	辛亥	癸亥
夜子時（下午十一至零時）23:00—00:00	丙子	戊子	庚子	壬子	甲子

即甲、己日的子時是甲子，丑時為乙丑……。戊癸日的子時壬子時，丑時為癸丑……。用「時剋」來記憶：

甲己合土，甲木剋土，甲、己日的時干由甲開始。
乙庚合金，丙火剋金，乙、庚日的時干由丙開始。
丙辛合水，戊土剋水，丙、辛日的時干由戊開始。
丁壬合木，庚金剋木，丁、壬日的時干由庚開始。
戊癸合火，壬水剋火，戊、癸日的時干由壬開始。

時柱取用時要特別注意子時（晚上十一點到隔天早上一點），因橫跨了兩日，日柱干支是代表零點到二十四點，是以晚上十二點為分界，故晚上十二點（零點）為一日之始，前一日之終。零點到一點，為本日之「早子時」，晚上十一點到十二點為「晚子時」。因晚上十一點到十二點仍為今日，故日柱仍用今日之干支，但時辰「子」時已是明日的子時，所以時辰要用明日的時柱，日用今天的日柱。如癸未日晚上十一點到十二點出生，因日柱尚未交接，日柱為癸未；時已交接，就要用下一日（甲申日）的子時，時柱為甲子。若癸未日晚上十二點到一點之間出生，因日已交接，所以日柱為下一日的甲申日，時柱為甲子。每個子時橫跨兩日，所以固定的時柱干支（子時），在晚上十二點前後就會有兩個不同的日柱，而日柱之天干又是代表命主，是整個論八字的中心，若弄錯則全盤皆錯，要特別留意。

另有一用法，以晚上十一點為交接，用隔日的干支及時辰，本書不採。我們可說晚上十一點後隔日的氣已漸漸進來，到晚上十二時進氣完畢交接。如同冬至後開始進隔年的氣，至立春換年（立夏才進氣完成），交接為下一年，但我們不可在冬至開始就用隔年的干支一樣，仍要等到立春，才是隔年開始，才使用新一年的干支。

日光節約時間

我國在民國三十四年起有實施「日光節約時間」，將標準時間撥快一小時，以充分利用日光，少燈光耗電節約能源，遇出生時辰在這段時間者，要將生時減一小時，回到其正確出生時辰，如其在這期間生時為早上七點半（辰時），應減一小時，正確為早上六點半（卯時）。若早上八點半（辰時），減一小時為早上七點半（仍為辰時）。有人有差別，有人不變，只要不同時辰都要還原。

年分	名稱	起訖日期
民國三十四至四十年	夏令時間	五月一日至九月三十日
民國四十一年	日光節約時間	三月一日至十月卅一日
民國四十二年至四十三年	日光節約時間	四月一日至十月卅一日
民國四十四年至四十五年	日光節約時間	四月一日至九月三十日
民國四十六年至四十八年	夏令時間	四月一日至九月三十日
民國四十九年至五十年	夏令時間	六月一日至九月三十日
民國六十三年至六十四年	日光節約時間	四月一日至九月三十日
民國六十八年	日光節約時間	七月一日至九月三十日

五 排四柱

年柱：

起年柱以出生當年的天干地支為年柱，如甲午年生，年柱即甲午，萬年曆很容易可查到。唯要注意，一般人習慣以農曆過年為年的分界，八字是以每年立春（通常為國曆二月四日或五日）為年的分界。如民國八十七年二月一日生人（當年農曆過年為一月二十八日，立春為二月四日辰時），此人雖是農曆過年後出生，查其農曆為正月初五，但尚未立春，所以八十七年歲次戊寅年，二月一日生人，其年柱仍要以前一年丁丑年記，其生肖仍是屬牛，八十七年二月四日（農曆正月初八）辰時以後出生者才是戊寅年柱。

月柱：

每年固定地支由寅起正月，卯二月、辰三月……丑十二月。天干由五虎遁法求得。要注意月的分界為十二節氣，正月立春開始，二月驚蟄、三月清明……十二月小寒。而非看陰曆的月份。

日柱：出生當日的干支即日柱，以半夜十二點（零點）分界。

時柱：

每日固定（晚上十一點到隔日一點）為子時，丑（早上一點到三點）、寅、卯、辰、巳、午、未、申、酉、戌、亥，每二小時一個時辰。天干以五鼠遁法求得，唯要注意早子、晚子的問題（前面節氣月分已詳述）。

排大運

八字最基本的工作之一就是排八字及大運，再進一步解釋。排大運要先分陽男、陽女、陰男、陰女。男性屬陽，女性屬陰；陽男、陰女為正的一組，大運干支順行；陰男、陽女為一組，干支逆行。順逆是以「月干支」基準排起。天干管五年，地支管五年。天干管事時地支有三分影響力，地支管事時，天干亦有三分影響力。但仍要看干支之間的五行生剋，如甲午大運，因天干木生地支火，甲木生午火時甲木的影響力因洩氣弱掉了，午火因有甲木的生扶，火力加強了。

命格的陰陽由年支得知，天干——甲、丙、戊、庚、壬為陽，乙、丁、己、辛、癸為陰。地支——子、寅、辰、午、申、戌為陽，丑、卯、巳、未、酉、亥為陰。

例：戊申年丁巳月生者，為陽男、陽女，陽男順行，大運由月丁巳下一干支起算，第一運為戊午，第二運為己未，第三運為庚申……。陽女逆行，由丁巳月往回推，第一運為丙辰，第二運為乙卯，第三運為甲寅……。

年	月	日元	時
戊申	丁巳	XX	XX

陽男（順行）		陽女（逆行）	
第一運	戊午	第一運	丙辰
第二運	己未	第二運	乙卯
第三運	庚申……	第三運	甲寅……

例：癸酉年　戊午月生為陰男陰女。陰男逆行，陰女順行。

年	癸酉	陰男（逆行）		陰女（順行）	
月	戊午	第一運	丁巳	第一運	己未
日元	XX	第二運	丙辰	第二運	庚申
時	XX	第三運	乙卯……	第三運	辛酉……

起運歲數

（一）幼兒在未入大運前以「月柱」論其大運（大運順算由月柱下一干支，逆算由上一干支起算，月柱為起始基準，所以是未進入大運前的大運）。

（二）簡易算法：

陽男、陰女由出生日順推至未來的節氣。陰男、陽女由出生日逆推至上一個節氣，計算有多少日及時辰，以三日作一年計算（一日折算四個月），一個時辰作十天計算……超過一百八十天加一年，少於一百八十天則捨去不計。如出生日恰為節氣日，一律由一歲起行運。

例1：男性命造五十五年六月二十日酉時生，查萬年曆為五月初二。

	丙午	06—15	乙未
	甲午	16—25	丙申
日元	庚戌	26—35	丁酉
	乙酉	36—45	戊戌……

陽男順算到生日下一個節氣為小暑（五月十九日亥時）計有十七日又二個時辰，起運為17/3=5餘2，得商為五，即五歲，餘二日計有二十四時辰，加二個時辰（生酉時—小暑亥時交）共二十六時辰，一個時辰為十天，計二六〇天，超過一八〇天加一歲，所以起運由5+1=6歲起運。

例：男性命造五十六年十二月十日辰時生，查萬年曆為十一月初九。

	丁未	01—10	辛亥
	壬子	11—20	庚戌
日元	戊申	21—30	己酉
	丙辰	31—40	戊申……

陰男逆算至上一個節氣為小雪（十一月初七寅時），計二日又四個時辰，不足三日，以一歲起算。

以上四柱及大運排列，及命宮及胎元，皆可由手機APP程式中排出，是最簡便的方式。但查萬年曆是最基本的入門技巧，一定要會。

以上是簡易法，只算到歲數，若要更精確則要算到正確的大運交接日，屬專業級的。對廿四節氣要有一定的認識，尤其每個月節氣的名稱（寅月—立春、卯月—驚蟄、辰月—清明……），一定要熟背（中氣此處不重要）。

命理用節氣算日子不用陰曆（陰曆有閏月問題，一年不一定十二個月），命理是重「氣」的內容及含量。大運交接日以某個節氣後的第幾天，取代陰曆幾月幾日的表示方式。才有辦法表達出大運交接日的真實狀況。下面二例即用精算方法取出大運（天干、地支各管五年）的正確交接日。依各人需求來決定用簡易法或精確法。

（三）精確法

原則步驟，算出後記在八字左方以方便查看。

（1）算出生辰為某節氣之後幾天，依此為「基準日」再算出大運交接日，非以陰曆生日起算。

（2）算出起運的時程（簡易法）。

（3）將時程加上（1），即由「基準日」往後加上（2）起運時程，即可求得大運交接日，並同樣以節氣方式表示。

例：乾造一九七二年五月二十一日亥時生（農曆壬子年三月二十九日亥時）

	壬子
	乙巳
日元	癸卯
	癸亥

立夏　三月二十二日酉時

七日又二個時辰

生辰　三月二十九日亥時生

二十四日

芒種　四月二十四日亥時

步驟（記住左方）

❶ 先確定某節氣後多少天生為「基準日」記在（1）。立夏三月二十二日酉時，離生日七日又二個時辰。

❷ 陽男（陰女）順算至下一個節氣（芒種四月二十四日亥時）三月二十九日亥——四月二十四日亥計二十四日（三月只有二十九天），二十四除以三等於八，為八年，記在（2）。

❸ 由生辰「基準日」（1）起算，八年為庚年立夏後七天（用節氣算），記在（3）。

★（1）生於立夏後七天又二個時辰。

★（2）大運八年後上運。

★（3）每逢乙、庚年立夏後七天交脫大運。（大運一柱十年。五年天干管，五年地支管）

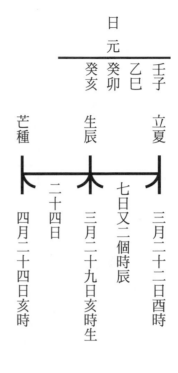

大運：陽男由月後順排干支

大運
08—17 丙午
18—27 丁未
28—37 戊申
38—47 己酉……

例2：坤造一九七三年十二月二十七日卯時生（農曆），國曆一月三十日。

壬子　小寒　十二月二日戌時
癸丑　　　　二十四日又五個時辰
丙寅（日元）
辛卯　生辰　十二月二十七日卯時生
　　　立春

陽女由月後逆排

大運
08—17 壬子
18—27 辛亥
28—37 庚戌
38—47 己酉……

步驟（記在左方）

❶ 坤造六十二年一月生，未到立春交年仍以前一年六十一年（壬子）記其生年。丑月為小寒後立春前。生辰為小寒後二十四日又五個時辰。

❷ 陽女逆算至上一個節氣為小寒（十二月二日戌時）共計有二十四日又五個時辰。二十四除以三等於八，為八年。五個時辰等於五十天為一個月又二十天，共有八年一個月又二十天。

❸ 由「基準日」算起落在辛年驚蟄後十四天（用節氣算：壬年加八年為庚年小寒後二十四日加上一個月又二十天，進位一年為辛年立春後四十四天，進位一個月為驚蟄後十四天）

★（1）生於小寒後二十四天又五個時辰。……（基準日）

★（2）大運八年一個月又二十天上運。……（起運時程）

★（3）每逢丙、辛年驚蟄後十四天交脫大運。（大運一柱十年。五年天干管，五年地支管）

命宮與胎元

命宮與胎元在應用上可補八字之不足。當解釋一八字，組合不佳，五行有缺，然現實行運卻與八字看法有扞格，此時由命宮及胎元去推敲，或許就是關鍵處，可以參考。

命宮對照表

先由出生節氣及出生時辰找出宮支，再由宮支對照出生年干找出宮干即為命宮。

宮干對照表：

宮支 ＼ 宮干 ＼ 年干	甲己	乙庚	丙辛	丁壬	戊癸
寅	丙	戊	庚	壬	甲
卯	丁	己	辛	癸	乙
辰	戊	庚	壬	甲	丙
巳	己	辛	癸	乙	丁
午	庚	壬	甲	丙	戊
未	辛	癸	乙	丁	己
申	壬	甲	丙	戊	庚
酉	癸	乙	丁	己	辛
戌	甲	丙	戊	庚	壬
亥	乙	丁	己	辛	癸
子	丙	戊	庚	壬	甲
丑	丁	己	辛	癸	乙

宮支對照表：

命宮＼生時＼生月	自雨水後至春分前	自春分後至穀雨前	自穀雨後至小滿前	自小滿後至夏至前	自夏至後至大暑前	自大暑後至處暑前	自處暑後至秋分前	自秋分後至霜降前	至霜降後至小雪前	自小雪後至冬至前	自冬至後至大寒前	自大寒後至雨水前
卯宮	亥	戌	酉	申	未	午	巳	辰	卯	寅	丑	子
寅宮	子	亥	戌	酉	申	未	午	巳	辰	卯	寅	丑
丑宮	丑	子	亥	戌	酉	申	未	午	巳	辰	卯	寅
子宮	寅	丑	子	亥	戌	酉	申	未	午	巳	辰	卯
亥宮	卯	寅	丑	子	亥	戌	酉	申	未	午	巳	辰
戌宮	辰	卯	寅	丑	子	亥	戌	酉	申	未	午	巳
酉宮	巳	辰	卯	寅	丑	子	亥	戌	酉	申	未	午
申宮	午	巳	辰	卯	寅	丑	子	亥	戌	酉	申	未
未宮	未	午	巳	辰	卯	寅	丑	子	亥	戌	酉	申
午宮	申	未	午	巳	辰	卯	寅	丑	子	亥	戌	酉
巳宮	酉	申	未	午	巳	辰	卯	寅	丑	子	亥	戌
辰宮	戌	酉	申	未	午	巳	辰	卯	寅	丑	子	亥

胎元：即受胎月份，由出生月（含）往前推十個月，即受胎月。算法很簡單，由月干進一位，月支進三位所得之干支即是，如戊辰月生，胎元為己未（戊進一位為己，辰進三位為未）；壬申月生，胎元為癸亥（壬進一位為癸，申進三位為亥）。命宮比較有人用，但命宮、胎元參考就好。

四柱限運

四柱將人生分成四個階段，分別代表命主成長過程，如樹之成長有根、苗、花、果，各有管事年限，稱運限運。

年柱	根	一至十六歲	祖上宮或父母宮	祖先餘蔭、家族事業	早年（少年）運
月柱	苗	十七至三十二歲	父母或兄弟宮	交友環境、內在心性、父母之蔭、兄弟之助	青年運
日柱	花	三十三至四十八歲	夫妻宮	主夫妻、外顯的個性	中年運
時柱	果	四十九歲至……	子女宮	主子女，也代表自己之事業	晚年運

＊時柱代表個人的事業，若干、支相剋會不力於事業的發展，薪水族則無妨。

限運須與流年、大運合看判吉凶，如三十歲時行運，除了流年、大運干支外，亦要看月柱之吉凶綜判。

六 空亡意涵

空亡有二涵義：自始即無；先有後無。

空亡有負面的涵義，當命局中有神煞、財、官為喜用，碰到空亡就代表被空掉了，沒了。相對的，當命局中的凶煞、忌神碰到空亡也是被空掉了，反而是好。所以空亡並非絕對的壞，而是要看出現的位置為何，及對應神煞而定。

空亡的求法由年柱、日柱求取（因年、日為六十甲子干支不斷運行）。

單柱空亡：

（一）**年柱空亡**：一生勞苦，祖上無蔭，須憑己力。年柱祖上宮，且為一至十六歲之行運，亦有少年命運多阻滯之意。

（二）**月柱空亡**：手足緣薄、不睦。月柱為兄弟宮，且為十七至三十二歲之行運，代表青年運多阻滯。（亦有父母宮之解釋）

（三）**日柱空亡**：夫妻緣薄，配偶恐有早亡或離異之預示，婚姻易有缺憾。日柱為夫妻宮，且為三十三至四十八歲之行運，正值壯年人生奮鬥最重要之時刻。逢空亡，中年運之事業、家庭，多紛爭、難圓滿，影響自身最大、最凶。

（四）**時柱空亡**：空乏子孫，子息少，子女福難享。時柱為子女宮，為四十九歲後晚年之行運，逢空亡，晚年運易陷孤獨、困逆之境。時柱亦為事業宮，空亡也預示事業工作較多阻逆，辛苦而無所獲。

空亡一個、兩個（兩空表現出極度沒有安全感）皆不佳，但當三個空亡，在年、月、時柱為「三空致發」，反而是富貴之命（日柱不能空亡），但以後天努力親力親為奮鬥而功成名就的涵義較大，非先天命中帶富貴。

空亡逢合、會可解空亡。逢天乙貴人、天德貴人、月德貴人、福星、龍德同柱亦可解空亡，但以上之吉神會因解空亡而福力銳減。空亡逢凶星雖會空掉凶煞之力，但空亡之力道仍殘存幾分，繼續影響四柱及十神。當空亡逢沖時（近沖），空亡的負面影響反會變得更強。

十神之空亡（以空亡無解救之論）

正官空亡：不宜公職，升官不易。為官從政易失權勢。男命子息少，或兒子難養或早喪之虞。女命夫緣差，或喪偶、再婚。若女命官星兩位以上，其一空亡，乃離婚再嫁之兆，正官空亡且合日主更驗。

七殺空亡：同正官空亡。女命官殺混雜，其逢空亡（如七殺空亡，正官不空亡），反而有利婚姻。

正印空亡：權位、學術難成，母緣差或早喪母。行運至正印空亡柱的年歲，與母親感情生變。

偏印空亡：同正印空亡。若命中正偏印俱現，只偏印空亡，則影響不大。

正財空亡：財貨不聚，財來財去。易破財，財政旁權落。男命妻緣薄，晚婚或喪偶、再婚。太太身體差，比自己早喪。家庭易生風波。

偏財空亡：同正財空亡（無正財以偏財論太太）。偏財代表父親，亦有父緣差，不得父之助、父早喪之預示。

傷官空亡：男命傷官空亡易犯性系統疾病，與子女不合，經商缺乏貴人之助。女命傷官代表兒子，傷官空亡為不生男，多生女，或子早喪之虞。婚後不得翁婆所喜，與子不睦，有損胎、流產之虞。

食神空亡：食神表福壽，空亡為福份減少。女命食神代表女兒，食神空亡為不生女多生男或女兒早喪或損胎、或流產之虞。食傷亦為才能技藝的表現，食傷空亡亦表示技藝難顯之示。

比劫空亡：兄弟姊妹之間感情生變或自始不佳，緣薄有早喪者，手足不得力，合夥事業不成。朋友、同事無助力。

大運流年逢空亡，視行運之年為吉或凶，若在行運之年為吉時，逢空亡則減吉，行運為凶則減凶。在命局中，限運空亡之影響亦大。

七 天干與地支關係

熟悉所有應用到該背的干支各自的關係之後，再來就是如何應用判斷的問題了，八字實質應用上仍有幾個困難點需要克服，一是干支之間生剋關係的比較與判斷，二是變格的判斷，三是用神的選取，四是研讀古書籍時會遇到自相矛盾的狀況。

（一）天干與地支

天干：1甲、2乙、3丙、4丁、5戊、6己、7庚、8辛、9壬、10癸。

地支：1子、2丑、3寅、4卯、5辰、6巳、7午、8未、9申、10酉、11戌、12亥。

干支以單數為陽，雙數為陰。天干地支的組合，天干十數與地支十二數輪迴相配，第一輪為甲子，乙丑，丙寅……癸亥。

組合一定是單數配單數，雙數配雙數，如第一旬由甲子、乙丑、丙寅、丁卯、戊辰、己巳、庚午、辛未、壬申、癸酉、天干十個配完地支十個，剩下二個未配到的地支戌、亥就是空亡。由甲子起始的稱為甲子旬。

第二輪由以天干為主配地支接續未用到的地支戌亥，即由甲戌起始，依次為乙亥、丙子、丁丑、戊寅、己卯、庚辰、辛巳、壬午、癸未，稱為甲戌旬，地支未配到的申酉即為甲戌旬的空亡，以此類推，六十甲子可分成甲子旬、甲戌旬、甲申旬、甲午旬、甲辰旬、甲寅旬，每一旬各有二個空亡。空亡代表「力量不足」，也代表「無」，可以說是起始即無或先有後無。

六甲旬（六十干支）

										空亡
甲子	乙丑	丙寅	丁卯	戊辰	己巳	庚午	辛未	壬申	癸酉	戌亥
甲戌	乙亥	丙子	丁丑	戊寅	己卯	庚辰	辛巳	壬午	癸未	申酉
甲申	乙酉	丙戌	丁亥	戊子	己丑	庚寅	辛卯	壬辰	癸巳	午未
甲午	乙未	丙申	丁酉	戊戌	己亥	庚子	辛丑	壬寅	癸卯	辰巳
甲辰	乙巳	丙午	丁未	戊申	己酉	庚戌	辛亥	壬子	癸丑	寅卯
甲寅	乙卯	丙辰	丁巳	戊午	己未	庚申	辛酉	壬戌	癸亥	子丑

（二）天干與地支的關係

天干代表先天，八字以天干先天為主為定。地支代表後天，後天為輔為用。先天不足後天補，後天不足先天補。天干代表外在的顯性，為外像，表徵，距離較遠的關係，是表面性格，力量是橫衝直撞的，強橫地作戰。地支為勢力、氣勢、靠山力量、環境，天干用植物代表，地支就是氣候、土壤、養分、水、陽光等……也代表內在的性格，為暗藏的內心世界，距離較近的關係；對天干而言是潛藏的支持或壓抑的力量，兩者性質不同但可互相支援或抵銷，卻無法合化。所以天干不能與地支產生五合，地支也不能與天干產生三合，六合。兩者只能論生剋。

舉例說明，以手機在市場上作戰的產品為天干，手機H的公司為宏電公司，手機A的公司為芒果外國公司……。手機在市場上競爭為天干顯性的作用，背後有各公司的行銷策略，專利權攻防……等作為，以公司代表地支主氣（地元），各種策略為地支藏干（人元）。同樣（H牌）手機可能同時搭配幾種款式（比劫），與A來競爭，當某款（H甲）手機受宏電公司大力行銷時就如同天干在地支有強根，為透干通根，當某一款手機（H乙）已過時，宏電公司雖然仍在賣，但只是清庫存，不再對其做行銷時，此款手機如同天干無根，虛浮在干是無力的。銷售必定是無力且緩慢。若仍有一些行銷策略，但只搭配性質，並未砸錢大力指定行銷，可說為地支中有藏干，仍有弱根，微根（干透支藏），力量大於虛浮在干，但仍遠遜於透干強根。

若芒果公司針對H甲手機做出相對應的策略，發展出A1手機來與其對打，這芒果的A1手機就是H甲的相剋之物，芒果公司就是H甲在地支的相剋五行。當宏電公司推出H甲時若正好是送禮季節，或其他有利銷售的時間點或某種政治氛圍促使大家愛用國貨，H甲為得天時（月令），銷售必定更強勢。可以下表說明：

	天干	地支
年	A1	芒果公司
月	H乙	宏電公司
日元	H甲	XX
時	X	XX

手機H甲與H乙可以合起來搭配行銷（比劫之助），也可搭配電信公司優惠方案（天干五合），宏電公司與芒果公司也可以合作（三合、三會、六合），但單純賣產品手機不會將公司一併賣掉的。兩者性質是不同的。即天干與地支間不可論合（舉例不將此種可能性列入考慮）。

以上舉例，以擬物法加強理解干支之間的關係。天干稱為天元，地支主氣為地元，地支藏干為人元，即天干、地支含有「天、地、人」三氣，天干，地支都是「氣」，天干的氣很純都只有單獨一個氣，所以強度很純。地支除了四正（午除外），都有二至三個氣，以地支主氣為主來運作，地支藏干為暗藏性質，代表有這個氣的性質傾向含在地支內，但並不喧賓奪主地出頭搶本氣光彩去運作。如同宏電公司有行銷部門，研發部門，生產部門……等。各部門對外做各種採購，申請政府文件，與各種廠商配合……等都是以宏電公司的名義運作，出了包，媒體也是針對宏電公司批評，不會單找某個部門。

天干地支中，日干（日元、日主、命主）代表八字的主人，日干為甲即為甲木命人，辛為辛金命人。日干顯性為何，為命主論命所要維護最大利益的唯一考量。八字交互之間的影響最終要歸到日主，以日主之喜為喜，忌為忌。

天干之氣為純，表現力就很一致，木就是木，火就是火，為五行之力的作用。地支含雜氣，由本氣來運作，是對天干的強弱影響力。天干之間，要合就合，要打（相剋）就打，很乾脆，是直接有力的。地支彼此之間因氣之雜，就有了刑、沖、剋、合、會等分別，有時彼此間作用力直接，有時又優柔寡斷，有時欲迎還拒、耦斷絲連牽拖甚多。地支對天干有「加強」或「削弱」力量的作用。天干五行木，地支有本氣五行木之支，天干出去打架的「木」的力量就加強了（透干且強根）。天干五行木，地支有本氣五行「金」之支，金剋木，地支（金）就會削弱了天干木的力量。每一個地支皆會對整體八字產生影響力，除了四地支之間互相影響外，也會影響四天干，同柱影響力最大，原則是愈近的影響力愈大，如日支對日干、時支、月支影響力大。反向，天干對地支也一樣地影響。至於干支何者影響力大，所謂「干多不如根重」，若天干為火，以加上一天干，一地支作比較，地支有以「火」為本氣的地支，是為透干通根五行力強。若有一比肩火在天干，地支全無火木氣，雖天干有２火，仍為虛浮。可知地支的生助力大於天干的生助力。

地支（本氣）有但不出干，則地支本氣五行無法如在天干一般有方向性的直接作用力（指五行方向，非方位的方向性），只能與其它五行做生剋比較，為影響力的作用。好比有政治勢力家族，沒有浮出枱面的代言人（民意代表、官員……），只能透過合縱連橫與其它政治勢力家族（地支）或民意代表（天干）合作或制衡來謀取自身的利益，影響力大不如有自己的代言人（透干）。

天干對地支又如何？常看到「出干有制」的語詞，是不是代表天干力比較強？再舉手機之例，其實也適用各種產品；當芒果公司推出一款強勢產品（透干通根），就可能使某些弱勢手機在市場上被打趴，甚至讓其公司瀕於（休、囚、死）倒閉狀態。這是地支的本氣出干力道甚強。就算是虛浮在干，有時力道也不弱，如盜版的音樂光碟，並無真正的公司大廠（無地支），就是非法做的人多形成一股力量（天干出干，地支無本氣），結果打掛了一票唱片公司（擾亂市場，使正版唱片漸漸無銷量，唱片公司經營不佳的逐漸收手，不是一次性的全倒）。但「出干有制」還是要比較力量，若在地支無氣只天干虛浮的出干力量雖有但力不強，還要看被制的力量強弱才能判斷夠不夠力。若出干一位，想要制八字中其它有三位以上的對應五行，恐怕力有未逮，反而會被消滅。「出干有制」不是消滅對手，只要牽制就有作用；所以虛浮在干就有了作用力，擾亂對手對命局的絕對影響力，以達到往中和靠近，脫離偏枯境地的目的。

五行力強弱的原則，也是十神強弱的原則。每個人對五行名稱皆相同，就是金、木、水、火、土，但日元不同，同五行就有不同十神的名稱，如甲日主，五行庚為偏官（七殺），己為正財。丁日主，五行庚為正財，己為食神……。庚在甲日主與丁日主中，十神名稱不同，在其它的八天干中代表的十神名稱亦不同。當日主定了以後，十天干、十二地支皆有對應的十神名稱，取決於陰陽五行。也就是說十神等於五行。只是因日元不同，因人而異。

干、支之五行強弱原則（十神強弱原則）為：

❶ 月令得地支本氣且出干——天干有，同地支在月支本氣，稱得令且透干最強。

❷ 透干通根——不得月令，天干出現，地支本氣也有。（此為日元在地支有比劫可任財官之

理論依據）

❸ 天透地藏——天干有但在地支只在藏干不在本氣。

❹ 月令之本氣。

對天干地支的相對關係與強弱原則清楚後，用神及十神對命主的作用就可做較明確的詮釋。

至於《子平真詮》中有提到：「長生祿旺，根之重也。墓庫餘氣，根之輕也。得一比肩不如得支中——墓庫，得二比肩不如得——餘氣，得三比肩不如得——長生祿旺。陰長生不作此論，蓋比劫如朋友之相扶持，通根如家室之可住，干多不如根重。」以上說法並未說得完整，我們看古籍時，常會有矛盾或難以理解之處，通常是古書中只說出很多條件情況下的一種結果，我們讀了以後會將之應用在所有條件情況，然後又發現不適用，以至覺得八字艱澀難懂，無法深入。在談論之前有一基本前提要提，甲、乙屬木，丙、丁屬火，戊、己屬土，庚、辛屬金，壬、癸屬水，亥卯未三合木（其它五行同理），亥為木長生，卯為木帝旺，未為木墓庫，當我們用合、會來談五行時，必須使用「陰干從陽論」。當看十二長生表時，陰生陽死，陽生陰死，陽干順行，陰干逆行。甲，乙木的十二長生位不同，甲長生在亥，乙長生在午；甲帝旺在卯，乙帝旺在寅；甲墓庫在未，乙墓庫在戌。（因火土同宮，戊、己土的十二長生同丙、丁火的十二長生。）當我們說木的長生在亥，這木是包含了甲、乙木（用五行看），木的帝旺在卯也是講甲、乙木（用五行看）。這就是《子平真詮》中「陰長生不作此論」之理。

當講個別干支時，就要用十二長生表，乙木長生在午，帝旺在寅，墓庫在戌。你會發現午中藏丁火己土，無五行木的性質；戌中藏辛金及丁、戊，也無甲或乙木的藏干；午、戌是不含有五行木的性質的。乙的長生、墓庫無五行木之性質，不適用三合概念，其它陰干五行亦同此理。背景清楚再進入正題。我們要先假設，局中只有比肩及十二長生之比較，無其他刑、沖、合、會破壞，才能比較出子平真詮中文字的真意。（第二、三點參與干支變多，就無法單純比較）

❶ 得一比肩不如得支中一墓庫：以日主甲為例，當天干有二甲（日主及比肩），地支中無本氣及藏干之地支，此比肩為虛浮在干，無力。若日主甲之外，地支中有未，（未中藏干乙、己、丁為木的墓庫）有乙木之氣在藏干，為有微根。兩者作用力的比較當然，地支有根比較強（依前述之天干五行強弱原則，為第三強），所以無其它條件破壞下，日主地支有微根，確比只一比肩虛浮在干有力。

❷ 得二比肩不如得一餘氣：以甲日主為例，天干日主外另外二甲比肩，若地支中仍無寅、卯等本氣及藏干木的地支，甲的比助較強，但仍是無根，若有剋合則無用處。若天干無比肩，地支中有辰（寅卯辰三會木，辰為木餘氣），辰中有乙、戊、癸，有乙木藏干，辰為三月令，為春月，木氣強，又有木藏干，必定較地支中一墓庫（未）強。若天干二比肩有生扶無剋合，這時不得不將其它條件列入參考，如天干之間剋合問題、月令為何、地支間剋合問題等，就無法以「得二比肩不如得一餘氣」，一言論之。

❸ 得三比肩不如得一長生、祿旺。其論法如同二比肩之理，必須參酌其它條件才能論。

比劫在十神中含意就是兄弟、姐妹、同儕朋友。地支如同家庭。兄弟、姐妹也是會有自己的家庭，我們白天在外工作，朋友互相扶持，最後還是要回家，多數人工作就是為了家庭。家庭的支持，是我們心理安定之本。以人性為例，有些人有了家庭之後，朋友就漸漸疏遠了。「干重不如根重」，以家庭喻地支，以朋友兄弟姐妹喻天干是很貼切易懂的。因八字組合太多種了，六十甲子六十年，每年有十二個月，每個月三十天，每天十三時辰（子時分早子、晚子），八字組合至少 60x12x30x13=280800 種，以上談的是大原則理當如此，但仍是要個別八字組合去比較，不可一概而論。

例：

七殺	丙午	正官
偏財	甲午	正官
日元	庚戌	偏印
食神	壬午	正官

乾造日柱庚戌是為魁罡格之條件，因局中見火破格，又壬水出干制火原可再成格，但壬水虛浮在干，無根無力，水火不成比例，壬水被五個火燒乾，魁罡又破格。局中地支只有日支戌偏印生扶，但午戌半三合，偏印被合去，日主弱至極。月令午火正官，官煞為局中最旺之神，故可入從煞格。從煞格忌食傷，因天干出現壬水（食神），此壬水（食神）虛浮無根，格局不真為假從煞格。若壬水有根，假從煞格就不成立了。壬水雖造成格局不真，但有保護日元的作用，反而對命主平安有利。

此例壬水出干有制，但三個火以上就制不了，男命魁罡破格，為貧寒潦倒，幸而魁罡破格後，還能入假從煞格，又為一富貴格局。大運在戌，流年戊子年考上建築師，目前為一名建築公司主管。

八 干支合、會專論

（一）天干五合化

天干為外在的顯性反映，一遇外來的挑戰就會有反應，因此天干五合之變化極為重要，須詳細討論。

甲己合化土。乙庚合化金。丙辛合化水。丁壬合化木。戊癸合化火。

❶ 天干為先天，只要五合兩干在天干出現皆可合（不被近剋）。合化時必兩干相鄰才可進行。「合」表示合作、合夥，拘絆之意。合化為兩物化成一種五行，「合」不一定「合化」，合化與否由地支及鄰干決定，條件較嚴格。

❷ 日主為論命主體，可合而不可合化（就算化氣格成立或日干合化條件成立，命主仍以日干論命）。天干論合、合化時，月干及時干可看成相鄰，不必因日干阻隔而看成隔干之關係。日干被合使日主本身才能無法完全發揮，財、官、行運皆受影響，但日主被合受拘絆的程度較輕，仍有可為之餘地，其他天干之間的五合（不合化），天干受拘較重，幾乎完全不作用，無法發揮，除非歲運來解合或命局本身有他干可解合。天干有五合，須視全局綜合判斷，才能知道是吉或是凶。

❸ 日干與鄰干（月干、時干）合化條件成立，加上其他條件符合成化氣格時，日元仍不能改變五行，仍以本字日元論命（但化氣格以合化之神論喜忌）。同理月支為命局強弱標準，季節當令的主角，月支本字不能改變五行。

❹ 變格之化氣格，日元必須符合「合化」之條件才能入格。

❺ 合與化不同，合有合的條件，合化有合化的條件，解合有解合的條件（合化兩方有一方被

剋），解化有解化的條件（一方被生助或一方被剋）。解合一定解化，解化不一定會解合。

「合」如同合作，有真心真意與虛情假意之分，也可看成男女結婚，一起生活，有的同心，有的不同心。「合化」或稱「化」，是兩方生出一個新的「物」出來，如同結婚生小孩，小孩就是「合化物」，此時父母生活雖然以小孩為主，但仍保有自主性。

1 **甲己合化土**：合化後甲木化為戊土，己土不變，其合化條件為——

❶ 甲坐下地支為火或土，有生助合化物「土」之氣，甲才會合化。己土本為土，地支不用顧慮。

❷ 甲己合化成土後，甲仍保有本性，不能完全以戊土看待。（如同從格之日主概念），合化為化學變化，轉換成另一種五行，若甲完全變成戊，就不會再還原，也沒有「化神一字還原」之事了。

❸ 合化後遇大運、流年、流月、流日（後文稱歲運），來壬、癸水，甲（木性及戊土）得到生助對合化呈現三心兩意之情，會還原為甲木，此時仍合只是不化，但甲會剋己土。

❹ 命局中甲木旁邊有壬、癸水生助，就算地支符合條件仍不會「合化」但會「合」。若己土旁有乙木（乙木剋己土），甲旁有庚、辛金（剋甲木），則不合化且不會合。

❺ 歲運有乙木（剋己），庚、辛金（剋甲木）來臨時，為化神一字還原。甲己解合化，且解合。

❻ 若八字月干及時干皆與日主五合為妒合、爭合，化土格不成立。

❼ 甲己合化土為有情之合，兩者皆土，若不符條件只合不化，為虛情之合，甲木會剋己土。己土雖合，但也受傷，有丙、丁火時可轉化。

A. 合化

B. 不合化，解合、化
<1> 命局、歲運：壬、癸水（生甲木）解化，仍合。
<2> 命局、歲運：庚、辛金（剋甲木）解合且解化。
<3> 命局、歲運：乙木（剋己木）解化，且解合。

2 **乙庚合化金**：合化後乙木化為辛金。

❶ 乙木坐下地支為土或金，有生助合化物「金」之氣，乙才會合化。庚本為金，不用地支條件即可化。

❷ 乙庚合化成金後，乙木仍保有本性，不能完全看成辛金。

❸ 合化後歲運壬、癸水來，乙（木性及辛金）即還原為乙木，此時仍合只是不化，但庚會剋乙（與甲己情況同）。

❹ 命局乙木旁有壬、癸水生助即不會合化但仍合。若乙木旁有辛金，庚金旁有丙、丁火則不化且不合。

❺ 歲運有辛金（剋乙木）及丙、丁火（剋庚金）時為化神一字還原，乙庚「解合」且「解化」。

❻ 若八字月干及時干與日主五合為妒合、爭合，化金格不成立。

❼ 乙庚合化金為有情之合，兩者皆為金，若不符條件只合而不化，為虛情之合，庚金會剋乙木，乙木雖合，但也受傷。

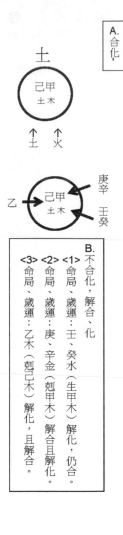

A. 合化

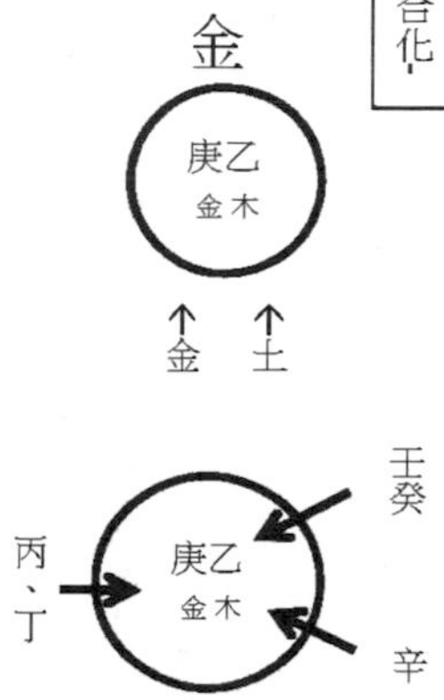

B. 不合化，解合、化
<1> 命局、歲運：壬、癸水（生乙木）不化，仍合。
<2> 歲運辛金（剋乙木）解化且解合。
<3> 命局、歲運：丙、丁火（剋庚金）解化且解合。

3 **丙辛合化水**：合化後，丙、辛皆化為水。

❶ 丙坐下地支金或水（辰為水庫，視為水），辛坐下水（若辛坐下為酉金，則金強旺，不合化），地支條件符合，丙辛才可化水。

❷ 丙辛合化後仍各自保有本性（若無本性就不會還原）。

❸ 合化後歲運甲、乙木（生火）或己土（生金）來，丙辛對合化三心兩意會還原，呈現只合不化，丙火會剋辛金。若丙合化（化水），辛不合化（丙真心，辛無心）辛會生助丙，但丙火本性仍在，會傷辛金，辛金以受傷論。若丙不化而辛化（化水），辛金化癸水剋丙火，丙火反受剋。

❹ 命局丙火旁有甲、乙木，辛金旁有己土（戊為乾土，不生金。但戊與水同時存在即可），得到生助皆不化但有合。若丙火旁有壬癸水，辛金旁有丁火，受剋不化且不合。

❺ 歲運有壬、癸水（剋丙火），丁火（剋辛金）為化神一字還原，丙辛解化且解合。

❻ 月干、時干出現爭合、妒合時化水格不立。

❼ 丙辛合化水為有情之合，兩者皆為水（本性壓抑不顯），若不符條件只合而不化時，為虛情之合，丙火剋辛金。辛金受傷。

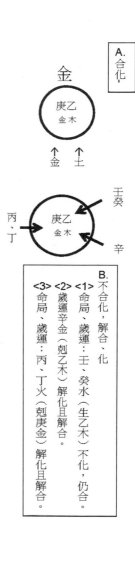

A.合化

B. 不合化，解合、化

<1> 命局歲運甲乙木（生丙火）不化，仍合。

<2> 命局歲運壬癸水（剋丙火）解化且解合。

<3> 命局歲運己土（生辛金）不化，仍合。

<4> 命局歲運丁火（剋辛金）解化且解合。

4 **丁壬合化木：**合化後丁火化為乙木（合化物為木，可生火。甲、乙木不能解合化），壬水化為甲木。

❶ 丁、壬坐下地支為水或木符合條件可合化（壬坐下子或辰，水強旺，壬子、壬辰不化）。

❷ 丁、壬合化後仍保有本性（若無本性就不會還原）。

❸ 合化後歲運庚辛金（生助壬水），壬呈三心兩意，還原為壬水，此時仍合只是不化，變成壬水剋丁火。若丁化木，壬不化，壬水生木但也有傷丁之實（丁本性仍在），丁火以受傷論。若丁不合化，壬合化（化甲木），壬水化木生丁火，丁火有佔便宜之勢。

❹ 命局壬水旁有庚、辛金，丁壬合而不化，壬水剋丁火。

❺ 歲運有戊、己土（剋壬），癸水（剋丁），為化神一字還原，丁壬解化且解合。

❻ 月干、時干出現爭合、妒合時，化木格不成立。

❼ 丁壬合化木為有情之合，兩者皆為木，若條件不符只合而不化，為虛情之合，壬水剋丁火，丁火受傷。

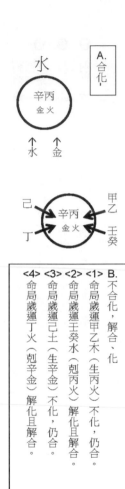

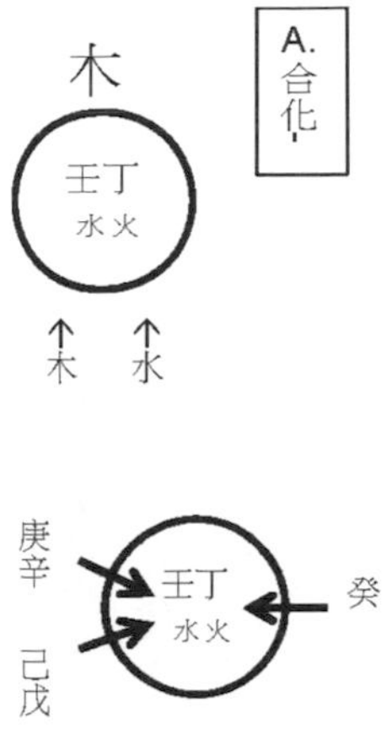

B 不合化，解合、化
<1> 命局歲運癸水（剋丁火）解化，且解合。
<2> 命局歲運庚辛金（生壬水）不化仍合。
<3> 命局歲運戊、己土（剋壬水）解化，且解合。

5 **戊癸合化火：**合化後戊土化為丙火，癸水化為丁火（合化物為火，可生土，丙丁火不能解合化）。

❶ 戊、癸坐下地支為木或火，可生助化合物「火」之氣，可合化。
❷ 戊癸合化後仍各保有本性。
❸ 合化後歲運庚、辛金（生水），使癸三心兩意還原為癸水，此時仍合但不化。而金正好是土、水相剋之通關物，形成戊土生庚辛金生癸水，戊土不剋癸水。戊化（化火），癸不化，戊土本性因火而有增旺之勢，戊土會想剋水，但癸水不化合會反撲，此合為土剋水，水剋火，勾心鬥角之合。戊不化癸化（化火），戊土有增旺之勢，此合癸吃虧，戊佔便宜。
❹ 命局癸水旁有庚、辛金，戊癸合而不化，且戊土不剋癸水（因有金轉化）。
❺ 歲運有甲、乙木（剋戊土），己土（剋癸水）為化神一字還原，戊癸解化且解合。
❻ 月、時干出現爭合、妒合時，化火格不成立。
❼ 戊癸合化火為有情之合，兩者皆為火，若條件不符只合而不化，為虛情之合，戊十剋癸水（無金轉化時），癸水受傷。

A.合化

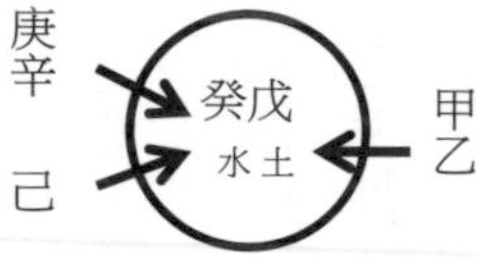

B 不合化，解合、化
<1> 命局歲運甲乙木（剋戊土）解化，且解合。
<2> 命局歲運庚辛金（生癸水）不化，仍合。
<3> 命局歲運己土（剋癸水）解化，且解合。

地支之合、會

地支的合、會有特定的意涵：六合是貴命，三合是外緣，三會是內緣。命局中地支有六合即有貴命，歲運流年來成六合亦同。貴命，並非一定是富貴之人或貴婦人，也可能收入不豐，或原本生活不安定，卻不愁吃穿，不愁沒錢花，可以生活得輕鬆，可以做自己想做的事情。三會的內緣佳是指家族所有親屬對自己都喜歡，有好感，很得他們的緣。三合的外緣佳就是對外所有接觸到的人都喜歡自己，對事業、對生活都是有助益的。

（一）地支六合（貴命）

子丑合土。寅亥合木。卯戌合火。辰酉合金。巳申合水。午未合火。

❶ 地支氣雜，不論三合、六合，都只可論合而不論化。

❷ 地支六合必兩支相鄰緊貼才能合。

❸ 合的結果是參加相合的地支被拘絆，無法發揮作用，所合的氣（類似環境、氣氛之意非如天干可作用之氣）增強，參加的兩方要論五行生剋，以判是何者受傷，何者得利。

（三）地支三合（外緣佳）

申子辰三合水。巳酉丑三合金。亥卯未三合木。寅午戌三合火。

❶ 三合為長生、帝旺、墓庫之合，是力量團聚加大之意，代表這個五行在這八字內極為強旺，但不會「化」。若命局排列上被他字隔開，其力會減弱，而且要加入他字五行生剋論斷。

❷ 三合以本氣（子、午、卯、酉）為中心，無本氣之合則力量呈現不足，半三合為申子、子辰、巳酉、酉丑、亥卯、卯未、寅午、午戌。

❸ 無本氣的合不列入半三合，而以五行生剋論斷為主，如申辰之合（不算合）為辰土生申金，加強金的力量。巳丑之合（不算合）為巳火生丑土加強土的力量。

❹ 命局三合全無沖剋或歲運加臨使三合齊全為「三合連珠」，代表凡事「一帆風順」，但五行生剋之剋應在十神，親屬、身體事項仍會發生。

（四）地支三會（內緣佳）

寅卯辰三會東方木。巳午未三會南方火。申酉戌三會西方金。亥子丑三會北方水。辰戌丑未四庫土。

❶ 三會為建祿、帝旺、衰之會，本氣力量更大（本氣佔有兩個），聚氣之量加大，但不會「合化」。

❷ 三會要三字都全才算，歲運補齊也算，缺一只能用五行生剋論斷。以本氣居月支力量最大。

（五）地支合解沖

1例：因合解沖（依年、月、日、時先來後到之順序，前面先發生的沖，後面才來的合）

X	日元乙	X	X
申	巳	亥	X
合		沖	

地支見巳亥沖，若時支有申成巳申合或有酉成巳酉三合，八字有「貪合忘沖」之說，合可解沖，但有發生就有現象，合的現象與沖的現象都會發生。只是沖的現象被合減輕了。

2例：因沖解合（前面先發生的沖，後面才來的合）

X	日元甲	X	X
X	子	午	未
	沖	合	

例1是月支沖日支，此例為日支沖月支，月支本與年支午未合，因子水來沖，月支分力抵抗因而解了午未之合。

③**例**：因沖解沖

	日元		
X	甲	X	X
寅	申	寅	亥
沖	沖	合	

年月支寅亥本合，因日支申沖月支寅而解了寅亥之合，可是時支寅又與申沖，使日支申不能全力沖月支寅，終使月支寅又與年支亥又合。

④**例**：

	日元		
X	癸	X	X
戌	卯	子	申
六合	刑	三合	

日、月支子卯相刑，而年支與月支申子三合，以及日、時支卯戌合皆使子卯刑之危害減輕。但三者現象都要解釋：命主與子女感情好卻對父母不敬，父母與祖父母之間極為和諧，命主因子女與祖父母的感化、勸導而改善對父母的態度。

5 例：

X	X	日元 戊	X
子	子	午	X

年支子、月支子　沖　日支午

兩子沖一午，戊土生冬季，幸得坐下午火調候，但月支子沖已夠嗆了，年支子水再加重水的沖力，午火一下就被澆熄了。二子是加重子水的力道，而非「二不沖一」之說。

以上五例比較是學術探討，大略知道一下就好。命局解釋上，不管如何沖剋、合、會、刑、穿、破，無論如何沖如何解，只要有發生，就會有其現象，就必須做命理上的解釋。一切以五行生剋論斷為主。

暗合之說

暗合用來學術研討即可，不必用在實際命局討論上，坊間很多鉅作都有以暗合來解釋命局及行運，若試著不用暗合的觀念，只用公認的地支六合、三合、三會來解釋，其實過程有異結論相同，若下列所有的暗合都成立，都要列入命局研討，那地支會合不完，命局根本無法解，本書列出讓讀者知道有哪些被稱為暗合，看看就好。

❶ 地支四暗合

卯申暗合金：卯本氣為乙，申本氣為庚，因乙庚合所以卯申也合。

午亥暗合木：為丁壬之合。

寅丑暗合土：為甲己之合。

巳酉暗合水：為丙辛之合。

❷ **通合**：兩地支所有藏干都能相合，有兩組符合。

寅丑合：寅中甲丙戊分別與丑中己辛癸合。

午亥合：午中丁己分別與亥中壬甲合。

❸ **通祿合**：相合的兩天干（甲己、乙庚……）他們的祿（地支）中的藏干能暗中相合。天干在地支的祿必含有天干本身（比肩）的存在。

甲祿在寅，己祿在午：寅中的甲與午中的己相合為「寅午」合。

乙祿在卯，庚祿在申：卯中的乙與申中的庚相合為「卯申」合。

……共有五組，其他為巳酉、亥午、子巳合。

❹ **通祿合**：天干坐下之地支為所合干之祿。

己祿在午：「甲午」為甲暗合午中之己。

壬祿在亥：「丁亥」為丁暗合亥中之壬。

癸祿在子：「戊子」為戊暗合子中之癸。

丙祿在巳：「辛巳」為辛暗合巳中之丙。

丁祿在午：「壬午」為壬暗合午中之丁。

戊祿在巳：「癸巳」為癸暗合巳中之戊。

（乙申、己寅不合干支原理，有陰陽問題，所以不存在。）

❺ **餘刃合**：丙戌合：戌為金餘氣為辛金之羊刃，丙與戌中之辛暗合。

庚辰合：辰為木餘氣為乙木之羊刃，庚與辰中之乙暗合。

有十天干，所以共有十組。

原意為此十組干支暗合為「上下情協」，干為君，支為臣，君臣同心，天覆地藏。干支相吸有情，若是存在日柱，而未遭刑沖破壞，命中在日柱限（中年）必得際遇。但這十組之中丁亥、辛巳、癸巳、庚辰為十惡大敗日，先賢們為何拿石頭砸自己的腳？一下講大好，一下講大壞，知道其道理，參考就好。看法是天干不能與地支相合，更何況地支中之藏干。滴天髓：「暗沖暗會尤為喜，彼沖我兮皆沖起」。就是有關「暗合祿」、「暗合貴」、「暗聚財官」等「向實尋虛」之意，就是從八字中原本有的字（向實），去暗合原來沒有的字（尋虛）。

❻ **暗合祿**：甲見亥（暗合寅祿），乙見戌（暗合卯祿），丙見申（暗合巳祿）……癸見丑（暗合子祿），可得出丙申、丁未、戊申、己未、壬寅、癸丑（合干支原理）。當八字中沒有祿時，經由暗合可「暗中獲取」。若已有祿則「填實」，不能再暗合。暗合祿主有意外之福祿（無意中得到的利益）。六壬趨艮格、六甲趨乾格屬此類。

❼ **暗合貴**：

甲戊庚生人見子、午暗合丑、未貴人（甲戊庚牛羊）。

乙己生人見丑、巳暗合子、申貴人（乙己鼠猴鄉）。

丙丁生人見寅、辰暗合亥、酉貴人（丙丁雞豬位）。

壬癸生人見戌、申暗合卯、巳貴人（壬癸蛇兔藏）。

辛生人見亥、未暗合寅、午貴人（六辛逢馬虎）。

暗合貴者，主得貴人暗中幫助。暗合貴也必須八字中無且不受破壞。

其他還有很多，這些有關暗合、遙合，原八字中「無」的衍申，若八字本來就沒有，討論其實沒意義，可暗合、遙合也可暗沖、遙沖、暗刑、遙刑，原有的八字討論起來已經霧煞煞了，還再引進八字中沒有的，引進之後也要與其他干支字做比較，多一個字進來，命局的變化就難以想像，更難正確論斷原命局，真的不必多此一舉。就命局中有的八個字及大運、流年，細一點再加入流月、流日討論即可。

九 論用神

命局選取用神，第一先判斷是不是「變格」，變格用變格的取用。若為正格，有三種取法：A調候、B通關、C扶抑。先看是否生在夏（巳、午、未）或冬（亥、子、丑）二季，此二季因夏天偏暖過燥，得氣之暖，會遇寒而成。冬天過寒偏濕，得氣之寒，會遇暖即發。不論身強身弱都要先「調候」。冬天寒濕用暖燥醫，宜見火，用火木土忌水金，火令命局轉為溫暖，木可生火，土制水寒氣。夏天暖燥用寒濕治，宜見水，水消暑，金可生水，土洩火氣。用水金土忌火木。若調候之需正好又是日元強弱之所需則用神更佳。若選用有衝突，不用管強弱一律以調候為選取。這也是命局先天上的缺陷，莫可奈何之事。

日主以中和、均衡為貴，去掉了變格及調候，還有「扶抑」及「通關」兩種，通關是命局中兩種五行強勢且勢均力敵的對立，須取一五行通關（如水火兩強相剋取「木」通關，由水剋火而變成水生木生火），使兩種對立五行變成順暢。「扶抑」是最多最常用的方式，要先判斷出日元的強弱，強者用官、財、食傷剋耗洩之，弱者用印、比劫生扶比助之，以達中和均衡之勢。

用神之選取

用神必須有力不遭剋合沖，才是好的用神。用神無破損則命必佳，用神無力有破，命必劣。用神之優劣有幾個原則

❶ 最佳——

為第一的選擇，如需要旱土制水時有戊、戌、未可選（以戊土為最佳，氣純又有力）為第一選擇（相同條件下，天干優於地支，因天干力量集中）；己、丑、辰濕土可選為次佳。須木疏土時有

甲、寅木可選為第一選擇（以甲木最佳，氣純又有力）。

❷ 有力——

A. 用神在天干不被干合或干剋，在地支不被沖、剋、合、會，為無破。破有救亦不論破（如甲用神被庚近剋，為有破，若逢乙、庚合，則甲有救，就不是破了）。

B. 用神透干通根月令最佳（如用神天干甲，月令為寅），透干通根得月令生助（如用神天干甲，地支見卯、寅，月令為亥或子）次之。

❸ 直接——

用神在日干鄰近（月干、日支、時干），能對日主產生最直接最有效率的作用。用神坐下如有天、月德、天乙貴人、將星……等，力量更加強，更添富貴。若逢空亡或凶神惡煞，命運就坎坷了。

例

丁未
壬子
日元 戊申
癸丑

乾造戊土生冬季，調候用神由火、木、土中選取，優先取火。命局中見年干丁火但被月干壬合，不可用。局中五行木未現，只能由丑、未土中選擇。時支丑土與日主較近，但丑土為濕土，命局生冬季且水多，局勢偏寒。未土為乾土，且頭上有丁火生扶，雖離日主最遠，用神仍以年支未土為佳。

例

	庚戌	
	癸未	
日元	癸丑	
	丙辰	

坤造癸水日主生夏季，調候用神，由金水土中選取，地支全土，土過旺不取，月干癸水在日主旁又有年干庚金生扶，因此取月干癸水為用神。癸水之下雖有未土截腳，但年干庚金通關，形成未土（乾土旁有水可生金）生庚金生癸水。未土對用神的危害不大。

例

	庚辰	
	甲申	
日元	癸卯	
	丁巳	

癸水生秋季，用分數計算同黨一四〇分，異黨九〇分（差距大，不加計一〇％算，後節詳談）為身強，身強取剋（土），耗（火），洩（木）五行為用神。辰土太遠，月干甲木被年干庚近剋，日支卯木被月支申近剋皆不取，時干丁火有時支巳火比助，月干甲木生扶又近又有力，為一上佳用神。

例

丙辰
壬辰
日元 丁酉
丁未

坤造丁火生春季，但是在辰土月，並未被春木生扶。同黨之氣只有年干丙、時干丁，月干壬水（正官）合日主，表示很得夫緣，丈夫對其照顧有加。壬水被合掉無法剋年干丙火，也不會再去合時干丁火。此為正格身弱，喜用神為木火。局中土重取木為佳，木可疏土並生扶日主，惜局中未現，只好取時干丁火，丁火有年干丙火比助，還算有力，只是命局火土過旺，幸好有日支酉金順洩土勢。全局日支酉金為亮點，讓一個不佳命局轉危為安，代表其丈夫除了呵護她之外也是她生命中的貴人。（日柱為夫妻宮，天干代表自己，地支不論十神為何，皆代表配偶）

日主強弱判斷

（一）傳統方式：依得時（得令），得地，得勢之情況判斷。

A. 得令：日干同月令（月支五行）之五行或日干被月令之五所生。

B. 得地：日干五行通根於地支內。

❶ 日干五行在當季三個月份地支為有根，如甲乙木在寅卯辰三個月。

❷ 逢地支藏有日干五行的非當季之三個月，在其他地支也屬有根，陽干只要有相同五行不論陰陽即可算有根，但陰干只有同樣的陰干暗藏才算有根。

陽干為強可以陰干為根，陰干為弱，不能以陽干為根。如亥中有（壬、甲）。未中有（乙、丁、己）。甲日干在亥（有甲），未（有乙）都屬有根。乙則只在未（有乙）有根，在亥則無。

C. 得勢：四柱八字中印、比、劫的數目（地支只看本氣）多寡。

日主強弱以得令、得地、得勢多者為強，有時容易判斷，有時又含糊難斷。

（二）簡易法

直接計算八字中與日主同黨（印、比、劫）的數目，若含日主只有一個或二個，可能為變格，三個要看其它五行生剋關係較不一定，但多為正格。七、八個通常也是變格，六個則不一定，也是要看其它干支五行生剋。但這之中最大的變數是月令。若月令同日主五行，沒有沖剋合會，通常為正格。常會見到日主同黨只有三個，因含月令，為身強。有五個之多，因月令為異黨，反而為身弱。若兩邊四比四，則由月令決定強弱，同月令的一邊較強。當遇到難以判斷，或月令在較少的那一方時，最好用數字計算，以求正確，強弱判斷錯誤，用神必取錯，全盤皆錯。

（三）數字法

八字強弱以「月令」五行來決定，將其他七干支與月支論生剋給分，分成旺、相、休、囚、死的旺衰程度，同月令最「旺」，定五十分（月令最強，本身即五十分）。被月令所生為「相」定四十分。生月令者「休」定三十分，剋月令者「囚」給二十分，被月令剋者「死」給十分。一陰一陽雖然較有情，但其勢較弱，分數不變動為基本數字，又同陰陽者作用力量較強，加計一〇%，若得分相同時，以得月令一方為強。八字中每一個字皆與其他七個字有作用，只因距離遠近而作用力大小之別。

例：

		日元	
庚辰	甲申	癸卯	丁巳
乙戊癸	戊庚壬	乙	庚丙戊
養	死	長生	胎

（1）傳統方式：

❶ 水生金月，為得令。

❷ 只辰中癸一根（申中壬為陽干，癸陰水不算有根），為弱根。

❸ 得年干庚，月支申之勢。

綜合以上，似乎不甚強，但得月令，就較難判斷。

（2）簡易法：日主同黨只有三個似乎為弱，但得月令，仍難判斷。

（3）分數法：以月令為比較基準。

	日元		
囚	相	死	旺
丁-	癸-	甲+	庚+
20	40	11	55
22	10	50	33
巳+	卯-	申+	辰+
囚	死	旺	休

旺 50分
相 40分
休 30分
囚 20分
死 10分

同黨	水 40 金 50+55=105 145
異黨	火 20+22=42 土 33 木 10+11=21 95

日元同黨勢有一四五分，異黨勢九十五分，屬身強。差距頗大，甚為明確。

（四）**身強以財、官、食傷為喜用**，月干甲木有年干庚金近剋，日支卯木有月支申金近剋，皆不用。取時干丁火偏財為用，丁火有月干甲木生助，坐下巳火通根幫身，為一上等用神。

例：

比肩	乙亥	壬甲	正印
偏印	癸未	乙丁己	偏財
日元	乙巳	庚丙戊	傷官
傷官	丙子	癸	偏印

（1）傳統方式：

❶ 木生夏季失令。

❷ 只在未中有一根為弱根。

❸ 同黨五位為得勢。

（2）簡易法：同黨共五位，但不得令，可能為強。

以上兩種方式都不太確定。

（3）帶入分數法得異黨勢一一〇分大於同黨勢力七十六分，故為身弱。

	日元		
休 丙	囚 乙	死 癸	囚 乙
30	22	11	22
11	30	50	10
子 死	巳 休	未 旺	亥 死

同黨	水 32 木 22+22=44 76
異黨	土 50 火 60 110

旺-50分
相-40分
休-30分
囚-20分
死-10分

（4）身弱喜印（水）、比劫（木），但生在夏季忌火木，生在未月，若其他干支無火則木仍可用來幫身，單忌「火」，因有丙、巳火在局中，用木會生火，故木不可用。若生巳午月，木則一定不能用。喜水金土，故其最佳用神為水，調候兼生扶身，局中水三見，以月干癸在日干旁邊最為有力，惜坐下未土截腳，取時支子水距離較遠，雖不得近鄰生扶，也是中上之用了。

（5）命造身弱，傷官兩見，以偏印為用神，既制傷官又生身為「傷官佩印」。

（6）綜合以上，以「子」水為用神，局中有亥、癸水相助，實屬絕佳用神。

當用傳統方式及簡易法無法立即一眼判斷時，最好直接用分數法，以免出錯。

例：

	日元		
癸亥	癸卯	乙巳	壬子
壬甲	乙	庚丙戊	癸

（1）傳統方式：

❶ 水生夏季失時。

❷ 癸水年支為本氣，稍得地。（亥藏壬為陽，癸為陰，不得地。）

❸ 八字中水有 5 字，得勢。

（2）簡易法：日干癸水同黨共 5 位，但不得令，以上難以判斷。

（3）分數法：

癸	癸	乙	壬
20	20	30	22
22	30	50	20
亥	卯	巳	子

同黨	水	104
	金	0
		104
異黨	火	50
	木	60
	土	0
		110

旺-50分　相-40分　休-30分　囚-20分　死-10分

兩方極為接近，異黨一方較強為身弱，喜金水。但巳月出生以調候為主，故忌木火喜水金土，調候、扶抑兩種用神相同，用神最佳。取時干癸水為用神直接，坐下亥水比助用神有力。且局中食神乙、卯生月令巳火正財，水生木生火，巳火正財火力不絕，生扶不斷，一輩子有財，是巨富命格，只要行運配合，一輩子「好野人」，只差命中無官殺星，富而不貴，只能靠行運來補。

例：

日元

壬午	庚子	辛酉	癸未
丁己	癸	辛	乙己丁

（1）傳統方式：

❶庚金生酉月得令。

❷只在酉中有一根（但為月令本氣）。

❸同黨勢四位，得勢。

❹判斷身強。

（2）簡易法：同黨勢四位，且得月令，判斷為身強。

（3）分數法：

壬	庚	辛	癸
40	50	50	40
20	40	50	30
午	子	酉	未

同黨	土	30
	金	150
		180
異黨	水	120
	火	20
		140

旺-50分
相-40分
休-30分
囚-20分
死-10分

（4）身強用神由剋（火）耗（木）洩（水）五行中選取，且要最為需要並有力。局中金有三位、水有三位，金水過旺，以木為佳。局中無木，時支午火被日支子水時干壬水包圍，無法做用，只能從五行水中選擇。天干地支若同樣條件以選擇天干為佳，因天干是作用力的表現，力強且集中，因此以時干壬水為用神。壬水有月干辛金生扶，但局中水勢過強，五行之力集中在水（三金生三水），用神雖有力，但五行水過強為命局之缺憾。

此例由傳統法及簡易法容易看出的，就可不用再用分數法計算，若數字強弱有較明顯差距就算用分數法也可先不用分陰陽加減一〇%，速度較快，有疑慮的再分陰陽加減一〇%，以求正確。

有些用數字計算的看法是不列入日主，只計算其他七字；或天干分數比重較低地支較重，看法很多。既是要找出日主的強弱，其他七字對日主的影響固然是要找出來，但日主本身才是命局的操盤者，命主本人的本性、好惡、行為對其一生一定有決定性的影響，沒理由將日干排除在外。再者天干為先天賦予的，地支是後天加強的部分，同等重要。在地支有，天干無，如何引導行為出現。甚至行為、行動才是推動人生的因素，只心中有想法，有理想，不付諸實行，豈不是廢人，天干的重要性應強於地支，而天干中以日干為最重要。鑒於影響強弱的因素太多，有些又無法量化，因此以節氣為五行強弱的決定者，天干、地支同等份量（距離、暗藏……等都排除），簡化之後的計算方式，已足夠判斷強弱了。考慮太多太複雜終究無法面面俱到，不見得更準。至於傳統方式與簡易法用起來幾乎一致，因此可以只用簡易法來判斷，有疑慮再用數字法求證即可。

將命局中五行代入十神來找用神，就出現很多命理上的名詞如「食傷制煞」、「官印相生」、「食傷佩印」、「食傷生財」、「木火通明」……，還有較特殊的「六壬趨艮格」、「壬騎龍背格」、「丑遙巳格」、「合祿格」……等多不勝數，這是八字入門踢到門檻而跌倒的障礙。這些富麗堂皇，頭暈目眩的名詞，可將之看成障眼法，只要抓出原則，判斷出來結果相同就對了。若能判斷無礙，想要炫耀再去背這些名詞不遲。學習過程應先置之一旁。且有些特殊名詞的可行性是可議的。

原則上應用可參考如下：

（一）「變格」及「調候」取用不算。依命局身強身弱找出命局上有且最恰當的五行為用神。若格局高，就會出現特有名詞。不用去背特有名詞想套入命局中。

例一

食神	日元		
丙	甲	X	X
子	X	X	X
正印			

若命局甲木日主身弱，食神為忌，以時支子水正印為用神，除扶身之外又可制食神，此為「食神佩印」。（設子水無剋破得用）。

例二

	日元	食神	
X	辛	壬	X
X	X	申	X

秋天不用調候，辛金生秋季，身強用食神壬水洩秀，稱「金白水清」或「金水相涵」。（設壬水無剋破得用）。

例三

正官	甲子	偏財
正印	丙寅	正官
日元	己未	比肩
正印	丙寅	正官

己土生春季，同黨四位但失令，身弱喜印、比劫生扶助身，取月干丙火為用神，年干甲及月支寅、木生助丙火，且有子水順生甲寅木，用神近日主直接又有力，日主真用丙、癸皆俱足，為一上佳之命局，貴不可言，此為「官印相生」格。

所以，用神選取不用去管特殊名詞，依身強弱五行所需去找就可以了。等熟悉度夠了，再去搭配特殊名詞。

（二）再談到地支藏干中有暗合、暗拱、遙合之說的合理性：

《滴天髓》中提到「甲申庚寅真為煞印相生」。分解「甲申」，天干地支看天、地、人三元，天干為天元，地支本氣為地元，藏干為人元，地支申中有戊、庚、壬，戊土生庚金再生壬水（氣的集中點），壬水再生天干甲木為甲的印綬；申為水長生（申子辰三合水），故謂印綬長生乃絕處逢生。看似言之有理，但要了解，地支以本氣（地元）為實際作用，藏干（人元）是含有人元五行的個性，而不是人元也可參與作用，如同成年男性也有陰柔的一面也有赤子之心，不能因此認定他是女人，他是小孩，他還是以中年男子的身分、外表、社會認同的價值行走江湖，身分證登記為男性。地支「申」就是金的本氣在作用，只是摻有戊土及壬水的個性而已。

我們講的「鋼」劍，鋒利無比，也含有鎳或鉻等其他金屬。其實就是陰陽之道，太極的黑魚中有一點白，白魚中有一點黑，是陰中有陽，陽中有陰之理。另一面向來分析「申」，「申」處在甲木十二長生的「絕位」。若日柱為甲申稱為「絕祿」，也有一生無祿之說。甲祿在寅，申沖寅是為「沖祿」，申對甲是有傷害的，此種說法方向與煞印相生又不同了。當要取甲為用神時，若地支是申，則甲被申金所剋能不用就不用，不會因申中有（戊庚壬）為煞印相生而變成第一選擇吧！所以有衝突的看法，不見得要照單全收。

六乙鼠貴格：為乙日主生於子時而合格。《明通賦》云：「陰木獨遇子時，沒官星乙鎮鼠窠最貴」，依五鼠遁法，乙日子時為丙子，此處意以丙子時之丙來合辛，辛為七殺，命中無官以弱殺為官，此為引出暗官之格也。《真寶賦》云：「鼠貴帶食資印曜，蓋六乙生於三夏令，食傷當旺，無水滋潤，木性枯焦，見時上子水為救必貴格。」六乙生夏季，必以水調候為貴，若八字全見水寒局冷，印旺身強，用水（印）則調候與扶抑衝突，格局不高，六乙鼠貴不真。依《明通賦》之意，由丙引出辛，暗合官，若以第一點甲申為例，地支中之藏干只含其意而不參與作用，只有本氣才作用，暗藏在命局地支中且不能參與，更何況命局中明現、暗藏俱無的辛如何能被丙引出來用？再怎麼合，除非大運流年有辛加臨。六乙鼠貴應貴在《真寶賦》所云食傷佩印兼調候，即乙日主生夏季身弱，無官星，用神印（水），剋制食傷（為忌神）且生日主，並在夏天調候，調候、扶抑兼制忌神三用，才是真貴之處。

例：

傷官	日元	偏印	比肩
丙子	乙巳	癸未	乙亥
偏印	傷官	偏財	正印

坤造。乙日主生夏季，時柱丙子，身弱用水（印）調候、扶身制忌神，其貴在食傷佩印兼調候而非引出辛之官格。「食傷佩印」也是因身弱食傷強取印為用神，生扶身並制食傷而下的名詞，實際上真正的精神是「用神的選取」，而不在名稱。

子遙巳格：

	日元		
丁卯	甲子	壬子	壬子

甲日主生冬季，水星（印）五顆，宜以土（財星）來制水。即以財破印。命局中有地支三子水，便可引出巳中之戊土為用神，子藏癸水，巳藏庚丙戊。戊與癸相合，所以可由子遙合巳，合出戊土財星來剋水印星。（又有一說不是逢巳而是用子遙合申辰〔財官〕丑〔財〕，但既然合就是拘拌，失去作用，來做什麼？）這是子遙巳格之說明，但一樣地，戊在命局中明暗都無如何遙合？

依我們的原則論，水（五）木（二）共七位，無土（財）無金（官），此為母吾二人同心格之一富貴格局，與遙合無涉。

其相似的還有很多，如六壬趨艮格，六甲趨乾格，拱祿格……，只要用格局及用神去判斷即可，不必被這些炫爛的名詞迷惑了。

日主真用神

《窮通寶鑑》最強調的日主真用神，依日主的屬性取用其用神，有擬物法之意。如甲日主要有庚、丁，其名為「庚金劈甲引丁火」，庚金須見丁火煅煉方成大器。甲、庚、丁為一組互相為用。丙、壬互用其名為「太陽照湖海相映紅」。乙木為陰木，為小草、小樹苗，要太陽及水照顧發育，其用為丙、癸。辛金用壬水淘洗為金白水清，辛之用為壬。戊須甲木疏土、丙火照暖、癸水滋潤，戊之用在甲、丙、癸。己土為農田土，本已鬆軟，只須丙火照暖，癸水滋潤。癸水無特殊需求。將十天干以實際金木水火土來引申其所需為用，書云：「有用論用，無用方論格。」為其原則。現有一甲日主正格身弱，須木（比劫）幫身及水（印）生扶，若命局中庚（金）丁（火）為忌神，若走庚、丁的流年大運是吉或是凶？命局如何取忌神為用？

這日主真用神的取用順序應是排在格局之後，格局判斷完是正格或變格是調候或扶抑，之後取用神，才將日主真用神列入評比。若與其他干支相比，條件相同則優先取用，若有更好的取用仍以日主所需為取用。若命局中不管用神為何，日主真用神都能為喜神且命局中都有，則此命格局更高，富貴更多。若是為忌神，仍是不得用。若依日主真用神分析，以正格論，甲喜庚丁，甲必身強。乙喜丙癸，傷官偏印並用為「傷官佩印」，乙為身弱。丙喜壬水偏官為身強。丁喜庚（正財）、甲（正印），身強用財剋印。戊喜甲（偏官），丙（偏印），癸（正財），財官印皆為喜……。看到這裡，應看出來，沒有一定的格局模式，其意應是「有什麼十神對日主最好，能提高日主的格局富貴」。

有這些不同的取用看法，就要先瞭解何為「用神」？

「八字」是治病（人生之病）之用，治病最有效的藥就是用神，每個人八字不同，用神也就不同，就算恰巧兩人用神同一個字，在命局上的效用也不同。用神必定在命局中選取。若最需要的五行正好命局中有，還要比較其相關位置及生剋、合、會、刑、沖之關係，來決定是否選取，或另擇一更有效的五行為用神。也就是說最需要的五行並不一定就是可為用神之用，最重要的是那一個「字」對命局是最有療效，才是用神，稱為「命局用神」。若是命局最需要的五行（稱為真用神）正好可選取，且近日主（時干、日支、月干）又有力，對命主幫助最大，稱「真神得用」。選取的用神離日主愈遠當然愈使不上力。若命局上找不到有幫助的用神或只能找到被沖、剋、合、會、刑的用神，其人生是堪慮的。用神只能在命局中選取，且不能是地支中的藏干。在命局中沒有好的、適當的用神，若行運正好有也有極大的幫助，稱為「行運用神」，大運一運有十年，影響極大。流年只有一年，來去較快。常得之復失，較難守成，且只一、兩年，要有大成就也很難。假如某人命局水多，八字用神為土，戊土為其真用神（真正最需要的用神），但八字中只有己土（用神）可用而無戊土，在沒有其他沖、剋、合、會、刑的情況下，走戊、戌、未（乾土）土大運，比己土（用神）更佳。有時行運走真用神大運，帶給命主的好處是他一輩子的精華之年。問題只在命主自己知不知道，知道了信不信？

由以上用神的選用對照日主真用神，其實是兩種不同的概念，卻又可互相結合，日主真用神是在顯「富、貴」，命局用神定在治病。如同人的身體有病痛治不好，富貴如浮雲。若能兩者兼顧，人活得既健康又富貴。

日元	甲	乙	丙	丁	戊	己	庚	辛	壬	癸
眞用神	庚丁	丙癸	壬	甲庚	甲丙癸	丙癸	甲丁	壬	丙	無

將用神運用到行運時又如何看？一般而言，在不考慮有刑、沖、合、會的情形下，走用神運是大發富貴之年（依命局富多或貴多）。因正好是命局最需要的五行到來，是命主最能發揮之時。若用神被破，其行運之年災厄阻滯難免。行運上判斷是要將大運、流年之干支與命局中八個字放在一起討論，將其相關之位置及五行之互相影響討論出來。那一個五行、十神有發生作用？是吉是凶或無涉？有被沖、剋、合、會或受到傷害？傷害到的那個干支，其代表的身體部位、親屬關係、十神的精神含意，就有受到傷害，這種行運之討論用神就派不上什麼用場，用神也是干支之一依其五行、位置被討論著。討論出來看用神是更有力或變無力，對命局是否有進一步影響，其十神之剋應也是相對應的，但無涉於其他干支的剋應。就算結論是使用神更吉，也無法化解其他確定被傷害的五行相關十神含意、親屬關係、身體部位之剋應。這也是八字討論上有時明明走喜用五行大運及流年卻有凶事、衰事發生，就會認為用神有誤或用神無用的誤謬。

其實是應依所尋求的是那方面的解答來決定討論的方式及參與討論的「成員」。用神絕對是八字上的靈魂，「看命看用神」，看用神就知道命好不好，運好不好。命好、運好不見得就一生平順，再怎麼健康的人，就算不會感冒，不見得不會跌倒，不會車禍！天干是以木火土金水（地支土分佈在四季末）的順序在走，沒有人五行全是吉的，總會遇到不佳的運。但若八字差排列又不佳，五行全凶也不無可能。命及運既然可以因積極行善而改變，當然也可能因壞事做太多而破壞。

日主五行生剋之角色

前面書中的敘述中有兩個看起來衝突的地方。一是算強弱時日主要列入，表示日主是有參與八字作用。二是天干看生剋時又可跳過日元，似乎不關日主的事。

其實並不矛盾，天干是代表先天，只要出現就可作用。看天干五合時，不被隔干不合的影響，只要出現五合的兩個五行就可以合（若所合之干受近剋，不符「合」之條件時仍不能合），亦即隔干亦合（地支必須是相鄰才合，隔支不合）。但要合化時仍要鄰干才能合化（因合化會產生另一種合化物，相鄰才有此作用）。算命局強弱是在看命主的五行能量，日元也是命局的一個天干，也是八字的能量之一，當然要算。在對抗流年入侵時，日元不可能置身事外，一定要挺身而出，所以日元的能量也要列入計算。如電影賭神見到的劇情，一個人在賭場將籌碼輸光了之後，他會拿手、拿腳甚至拿命再下注去賭。古時賣身葬父也是，資源用完了，只能拿身體去賣。日元絕對是命局的資源之一，且是最重要的，八字其他干支被消滅命主都還能活，日元被剋盡，命主就難以存活了。

第二種狀況屬內部的調和過程，是命局中五行彼此之間在做比較、調整、作用，此時日元的立場是超然的，是個旁觀者，等其他七干支比較完了之後（天干、地支各自比完後，再互相比做總結），所得的結果（資源、能量）全歸到日元身上，最後這些總合（加上日元後）才是命局強弱、五行分佈的最後結論。因此，月干與時干的作用可跳過日元彼此作用，若月干與時干相剋，年干只要是通關的五行就可通關，不必考慮彼此位置，這是天干的特別之處。天干的五行重在通透（有相生五行存在即可），不必一定要順生（由年生到時或由時生到年），不用管排列。但在對抗流年來襲時或討論天干個別作用時（天干被近剋，作用會受損），排列的位置就很重要了。流年來時，日主要加入作戰，且外敵是由外圍（年柱、時柱）先攻，日主是所有干支要保護的對象，這時討論的是命局與流年的對抗，不再是命局自己內部的生剋較量。狀況不同，用法就不同。

十 十神對日主之影響

日主：又稱命主、日元、日神、日干。為八字推命的主體，代表擁有這個八字的人。八字中日主與其它干支五行之間陰陽生剋的關係，用十神代表，十神又稱「通變星」、「六神」、「十星」是以日主（日干）為主體，八字既然是討論個人的命運與親屬之間關係，當然是以個人日元為基準，來討論其他干支，例如張三日元是戊土，他的正印為丁火，正財為癸水。李四日元是丙火，他的正印是乙木，正財是辛金……，以此類推，可知用十神來代表日元與其它干支五行生剋的必要性。當十神定出來後，對每個人而言，十神代表的意義都相同，正印代表母親，偏財代表父親，男性正官為兒子，七殺為女兒；女性傷官為兒子，食神為女兒……等。張三的母親（正印）五行是丁火，李四的母親（正印）五行是乙木……。十神中可分為五類，為「印、官、財、食傷、比劫」。每類又分陰陽，所以有正印、偏印；正官、偏官（七殺）；正財、偏財；食神、傷官；比肩、劫財。

介紹一個音義背法：

同陰同陽：偏印、偏財、七殺、比肩、食神（偏偏七比十）。

合陰陽（一陰一陽）：正印、正財、正官、劫財、傷官。

只要記住「**偏偏七比十**」，十神一下就記住了！

為何同陰同陽與一陰一陽要區分「偏」與「正」呢？

《易經》有言：一陰一陽謂之道。世間萬物皆由陰陽而生，所謂一生二，二生三，三生萬物；無極生太極，太極生兩儀，兩儀生四象，四象生八卦，而萬物生焉。人體陰陽調和則氣順，就算相剋也有情，同性之間的生剋則較無情。

舉個小例子，當路上兩車發生擦撞，若車都是男生開的較會有互相叫罵或互毆情形，若是男生與女生的車發生擦撞，彼此之間的忍耐度比較高，再凶狠的男性，也有軟化的可能，氣氛相較起來較和諧。日常生活中相似例子我們都可以找到，合陰陽與同陰陽之間的比較，不管學校男女合班、男女分班，家中都是男性，或家中有男有女，氣氛上的不同……等。

同陰同陽相生或相剋，作用力就比較無情，力量也較大，衝擊力比較強。同性間較不留情面，引申出來的涵義較負面，代表著人性的劣根性。若同陰陽的十神（偏偏七比十），在命局上出現，而沒有被制化的話，惡劣一方的性情就顯現出來。所謂制化有兩個涵義，一是此類十神（同陰陽）為命中忌神，而在命局中未被制化，會有單獨的作用；一是此類十神（同陰陽）為命中喜神，它顯現出來的就會是正面的性情，劣根性惡的一方會隱藏住，但並非永久不出現，當流年或大運，走到不利的局面引動此類十神的作用，在該流年或大運，此類惡的性情就會在命主身上出現，過了該流年或大運年，則又隱藏消失。

十神

❶ 生我者為印綬，有父母之義，陰陽相見為正印；陽見陽，陰見陰為偏印。
❷ 我生者為食傷，有子、孫之義。陰陽相見為傷官；陽陽見、陰陰見為食神。
❸ 剋我者為官煞，有我受制於人之義。陰陽相見為正官；陽陽見、陰陰見為偏官，偏官無制稱七殺（七煞）。
❹ 我剋者為妻財，是人受制於我之義。陰陽相見為正財；陽陽見、陰陰見為偏財。
❺ 同我者為比劫，是我同輩兄弟姐妹、朋友、同事、合作夥伴。陰陽相見為劫財；陽陽見、陰陰見為比肩。

十神之生剋關係

❶官怕傷，被傷則禍：所謂「傷官見官，為禍百端」，是指官殺、食傷皆忌之人，如正格身弱之人；若身強，兩者皆喜神則無妨，流年官煞到，不論喜忌，皆要看保護神夠不夠力，才能斷吉凶。

❷財被劫，被劫則分：指財為喜，比劫為忌之人，如正格身強者；若身弱，有財而不能任財，則喜比劫助身得財、任財，但比劫仍會分財，所以身弱之人有財亦難守。

❸印怕財，貪財則禍：所謂「貪財壞印」，正格身弱之人喜印忌財。若局中財剋去印則喜神受制，忌神為禍。

❹食怕梟，逢梟則奪：「梟神」即偏印，身旺以食神洩秀為佳，食神最怕偏印，當命局偏印、食神同現稱「梟印奪食」，不貧則夭，女性有生產上的風險。

行運時，依當時流年、大運是何十神駕臨，十神所代表的事項會產生，也會剋應在十神對應的親屬身上，再依本身對十神的喜忌判斷吉凶及可能出現在何事何人身上。

十神代表的意義

依十神的數目多寡強弱，十神彼此間的作用，十神所處的位置綜合起來，再看命主身強或身弱，是命主所喜或所忌，得出對命主之影響及所造成命主之個性。歷代先賢整理出來流傳後世，準確率頗高，極具參考價值。但其中未論排列狀況及格局屬性為其不足之處，讀者要明辨。

十神坐下的日干十二長生星為代表十神的相關親屬運勢強弱判斷。

正官：

官乃利他心之表現，以合作手段為社會服務也。社會服務外誘極多，故官不宜見過多之財。若貪圖利己、結黨營私，則官傷。又或一意高傲，縱情詩酒，則官亦傷。社會服務，尤須有強健之體格，故云身旺方可任財官。

❶ 官為祿，代表官位、有職業、名譽地位。

❷ 其性光明正大、品性端正、奉公守法、負責重譽、重視效率、不喜投機。要面子，介意別人看法，承受壓力之能力較低，不易發脾氣。

❸ 當正官為忌：正官過多，反而刻板固執，意志不堅，墨守成規，難有作為。四柱正官過多變「殺」，不入從殺格若再遇官運，無解者，勃然禍至；正官過多，無干合支合，則家貧少子，多災禍；超過三柱以上，若非從殺格，從政必失敗。

❹ 外貌上女性漂亮端莊，大眼睛；男性五官端正，天庭飽滿。

❺ 正官在年柱多為長子命或掌家權。若為喜用神，表示有祖蔭，少年得志，學業佳，家境不錯，父母長輩有名聲、地位。

❻ 正官在月柱為喜用，求學順利，父母疼愛，一生少勞苦。能交到好朋友，異性緣佳，正直盡責有名聲。

❼ 正官在日柱為喜用，聰明應變能力佳，男得端莊賢慧妻助，女得貴夫，且中年大發達。

❽ 正官與七殺同時出現在四柱，一生都不太順利，須有食傷壓制或合掉一個才能化解（去官留殺或去殺留官）。

❾ 正官在時柱為喜用，子女敦厚賢孝，晚年運佳。

❿ 正官干合日主，或正印同現命局，讀書、學術能力佳。

⓫ 自行創業者命局中官或殺得用不被破壞，較有機會成功。

⓬ 行運遇傷官年要特別注意官星被剋，特別是創業、簽約部分。

⑬ 四柱正官坐日干十二運星，若坐長生、冠帶、建祿、帝旺，無刑沖空亡者，利升官，適合公職；坐衰、病、死、墓、絕，不利升職，宜避免公職；男性正官坐死無子。

⑭ 正官見傷官於命局，無解救者，一生將不斷為意外災難困擾，或犯官司牢獄之災。男命易不平不滿，事事多阻逆；女命與先生貌合神離或常意見不合爭吵。

⑮ 女命之正官：（命局無正官時，以七殺代表丈夫）

（1）女命正官（七殺）空亡又合日主，有再婚之預示。

（2）正官坐沐浴，先生好色風流（七殺亦同）。

（3）正官與桃花同柱，福壽得良夫（七殺則否）。

（4）四柱正官多合，本身異性緣佳，較有外遇情事。

（5）正官、偏官（七殺）為忌，命局皆現為官殺混雜，感情婚姻困擾複雜，二者均合者，妾命或事二夫。

（6）女命正官一位無剋破，為喜用神，得夫疼愛蔭助；若為忌神或破壞者，夫緣差，受夫欺凌。

（7）正官坐長生、冠帶、建祿、帝旺，主嫁貴夫，夫運揚；坐死、墓、絕，夫緣差，夫運不揚。

七殺：

七殺性質與正官同，唯手段採取競爭。競爭需力，故喜身強，畏財多以分其心。若能使之對私利採取合作，對社會力圖競爭，則為人剛而黠。若對己對人，一律採取競爭手段，勢必兩敗俱傷，毫無成就。

偏官與七殺：剋我（日主）且與我陰陽相同者。有制（食神、傷官）為偏官，無制為七殺。男命七殺代表女兒，女命七殺代表先生或情夫。

❶官為祿，代表武職官位，軍警、司法之業，也代表有職業、權力、事業；負面代表為壓力、災難、小人、猜疑、霸道、缺側隱之心。

❷其性積極進取，個性強，有氣魄，好勝心強，嚴厲威權，叛逆違紀，偏激霸道，死要面子，易三心兩意，好酒色，愛夜生活。

❸偏官（七殺）為忌：七殺過多，倔強剛烈，易入岐途。七殺或正官超過三位以上，抑日主太過，命主反而較懦弱膽怯無能，易衝動。

❹七殺宜合不宜沖，身旺有合大吉利，逢殺論貴，合多反不吉。身弱有殺又逢財，貧困多厄。

❺女命帶七殺，平時看來很普通，打扮起來很漂亮，容易有外遇或感情上困擾。男命帶七殺，感覺起來有股殺氣，不笑時很嚴肅。

❻七殺在年柱，多半不是長子，若為忌神，出生家庭貧賤，小時易有血光之災，脾氣不好。父母對事業很積極，且從事製造、營造、加工類型工作居多。

❼七殺在月柱，若為忌神，家境必差。坐下又羊刃者，父母難全。年柱、時柱有食神、傷官制者（食傷制煞），反為貴命。個性好強愛面子，但易交到壞朋友，小人多，脾氣差。

❽七殺在日支，不論喜忌，多半配偶性烈剛毅，倔強暴躁。若為喜神或有食傷制或逢支合則較不明顯。若為支沖且無制者，夫妻不睦，配偶多災多病。

❾七殺在時柱，為忌神時，子女多半難言孝。有制者反生貴子。在事業上有魄力、企圖心，領導有能力有謀略。

❿官殺混雜於命局，多半成不了大事，易流於小人。男命一生勞碌，一年換十二個工作。女命不安於室。若身旺或有印於命局或有制、有合（合官留殺或合殺留官）則命運不同。

⓫干支皆七殺皆為忌，諸事不順，男為子女招勞，女為夫招勞。

⓬身弱七殺為忌且過多無制者，萎靡不振。有財星（生殺）者，非貧則夭，或肢體有損。

⓭日主旺，七殺羊刃同柱，貴命權威顯。當官殺星旺且為忌神時，喜逢羊刃助身抗殺，當羊

刃之勢旺過於官殺時為「羊刃駕殺」，顯權貴。（只就官殺與日主、羊刃五行做比較）

⑭ 女命之七殺（當命局中無正官或正官被合時，以七殺論夫）。

（1）干支皆七殺又有正官，再嫁之命。

（2）四柱多七殺無制者，意志不堅，易被異性強暴欺凌，有多夫之虞。

（3）正官、七殺同柱，且有比劫者，姐妹或姐妹淘爭一夫，或三角習題，婚姻不順。

（4）七殺坐桃花或沐浴，先生較易風流及有色情糾紛。

（5）官殺混雜又多又旺，有再婚之預示，若局中有財星更驗。

（6）七殺坐長生、冠帶、建祿、帝旺，夫運揚，夫榮顯；坐死、墓、絕，夫緣差，夫運不揚。

（7）日主弱，七殺旺，孤獨之命。

官殺星皆有利他之心，正官以合作為手段，性較溫和。七殺以競爭為手段，性較偏激、霸道。正官穩健外向，七殺衝動內向。

印綬：

印為稟賦，自有強弱之分，命理強者宜洩，惟印不能洩，因我受生於印，無力支配。若印過弱，雖作用不大，仍可生扶我身，聊勝於無。印要不弱不強才是最佳扶身之用，又可護衛日主。

正印：

生我（日主）且與我不同陰陽者，代表母親、長輩、貴人。

❶ 正印代表權利、地位、事業、學位、貴人、父母、長輩、祖產（動產、不動產）、宗教信仰名譽、同情心。

❷ 其性仁慈樂善，聰穎敦厚，慵懶主觀，寬容大度，不喜變化，滿足現狀，逆來順受。

❸ 正印過多，反而缺乏真誠，易小聰明，庸碌少成，且少子息，若見財星可有子息（財剋印）。

❹干支皆正印，若為喜神表自信心強，若為忌神則一生多敗。

❺女命財星多旺，正印薄弱，難言良婦。再現傷官（生財），恐較不守婦道。

❻女命身旺，正印又多又旺（洩官），有剋夫之象，先生體弱多病或早喪之可能。與翁姑不和（印為忌），子息亦少（印剋食傷），見官殺（補官煞）星或運，可生兒育女。

❼男命帶正財和正印（財剋印），容易有婆媳問題。同柱則病厄勞苦，丟官罷職。

❽正印多的人比較忙碌，為別人付出多，身強的會自己動手，身弱的會叫別人動手。心性比較悲觀，第六感強烈，有仙佛緣。

❾正印與傷官同柱，多與母親不合（印剋食傷），名利難全。與偏印同柱，欠缺果斷力，慾望多且難滿足。

❿正財、正官、正印同時出現於四柱天干為三奇貴，其命必佳。（不受剋、合且得用才算）

⓫正印坐長生、冠帶、建祿、帝旺，多半父母富貴、榮顯，仁慈賢明。坐沐浴則職業多變化，母親多花俏。坐衰、病、死、墓則父母蔭薄，家境出身不高，尤其正印為忌時更不利。

⓬正印為喜在年柱，多半是長子，家庭富貴，讀書學業佳，長輩是貴人。在月柱，月干為心地仁慈善良，聰穎健康，慵懶貴人多，被動依賴性強，有宗教信仰。女命局中只月支一正印，易成為少奶奶。若月支正印沖日支，則母家零落。在日支配偶有貴氣，仁慈善良，慵懶被動。在時柱，晚年有宗教信仰，子女文學氣息重，事業上有貴人幫助。

偏印：

生我（日主）且與我同陰陽者。偏印代表繼母，四柱無正印以偏印代表母親。

❶偏印代表偏業上之權位，如藝術、律師、宗教、技藝、醫師之類，自由業，服務業之發展與地位。

❷其性自我主觀，尖酸刻薄，精明幹練，固執孤獨，聰穎善變，膽怯衝動，不通人情，不滿

現狀。

❸ 身強以食傷洩秀最忌偏印，謂「梟印奪食」，命劣。女性逢之，生產不順利，又命帶血刃者，必剎腹生產。用傷官洩秀則不忌。

❹ 偏印多，福氣變薄，口才好，易影響別人的看法，點子多，喜與眾不同，領悟力強，適合開創性、設計性動腦的工作。脾氣差，易找到命帶食神的對象。

❺ 身強者，偏印主小人，口舌是非多。身弱者須印星生扶，偏印比正印佳，以收轉弱為強之助。

❻ 命中偏印多而無解者，剋傷食神所代表的聰明才智，使思想行為離奇怪異，與世俗規範脫節。福薄災疾或子女緣薄，有偏財可解。

❼ 命中正、偏印俱現的人，喜正職外再兼他業。印為喜反而偏業較易成功。

❽ 命中有偏印再現官殺混雜者，多成多敗之命。

❾ 干支皆偏印為忌時，離鄉謀營，易招盜賊，病災，子緣薄。

❿ 以偏印為用神者，多半多才多藝，從事特殊行業較易成就，但忌耍聰明而誤事。

⓫ 日坐偏印之人，多半有晚婚傾象。

⓬ 女命偏印多且旺，子息少，有產厄。遇寡宿（神煞），易剋夫寡身。命中又見食神無子息或早喪兒。

⓭ 偏印逢長生、冠帶、建祿、帝旺，多半與生母較無緣，能成就於偏業。坐衰、病、死、墓、絕且為忌者，多半一生勞苦，與父母無緣，做事虎頭蛇尾，有始無終。

⓮ 偏印主為人性格較為孤獨離群，以地支為甚，尤其在月支。對宗教、玄學有興趣但不會迷信。

⓯ 偏印現年柱為忌時，祖業破敗，家譽有損；在月柱表示適合往偏業發展（第一點——行業）；在日柱偏印為忌，配偶不佳，如逢食神運，病窮不安，又有刑沖者易罹難；在時柱為忌，子女不利；事業上常有人扯後腿，是非口舌多。適合在設計、發明、五術、命理工作。

⓰命同時有（1）食神、偏印、七殺兩種組合者，充滿凶險之暗兆。

⓱命中有偏印與食神並存時，偏印的強悍個性會被激發出來且十分強烈，若只有偏印無食神，則偏印的殘暴性便不會顯露，只要偏印與其他星取得平衡，就無凶兆。

⓲偏印以傷官配之，食神由正印配之較無害。

正、偏印同為生我之物，正印陽陰相生，生而有情。偏印為同性相生，陽生陽，陰生陰，生而無情，得偏印者有愛之欲其生，惡之欲其死，過份愛惜或過份管教之像，無法中庸。正印代表心地善良有人情味，重面子，對宗教有偏好，較易迷信，偏印亦喜宗教玄學但好追根究底，信而不迷。若正、偏印過旺，就會把食傷制住，以致生活在自己幻想空間之中，嚴重者孤僻自閉，無法表達自我。

財星：

印云強弱、財論多寡、財多支配為難、易招災禍。遇人分劫，重累可減。若過多，則我放棄一切，專行理財。若僅足以養生，不可去之。故曰用之為財不可劫。

正財：

我（日主）剋且與我陰陽不同者，男命代表妻子。

❶財為養命之源，正財代表不動產、固定財源、固定資產、滿足現狀，勤儉保守，也代表心理的慾望。

❷其性勤勞節儉，現實勢利，保守理財，佔有慾強、好享樂、不喜讀書。花錢較懂慎，事事計較。

❸正財過多（剋印），不論喜忌，貪玩好逸惡勞，不喜讀書，為人小氣。

❹命局中正財、劫財俱現，一生易逢小人而破財。

❺男命中全無正財，較大男人主義，對太太不懂體貼，不擅表達情感，有晚婚傾向。

❻男命正財多且旺之人，異性緣佳，不論身強身弱多半懼內，身弱之人財為忌，妻話會偏聽，造成自己的傷害，家中以太太為主。

❼正財怕刑沖，易破財。逢空亡，財權旁落，身無巨款，妻緣薄，易再婚，尤其落在日柱夫妻宮更驗。

❽女命正財過旺，財剋印，易有婆媳問題，最好不與公婆同住，以免不合。

❾正財坐沐浴或桃花同柱，妻多情花俏易移情別戀。命局再現比劫星（比劫劫財），妻易有偷情外遇事。戀愛時易有三角習題困擾。

❿正財宜藏於地支較能守。露出天干錢財易浮動，守不住，也較輕浮好面子。

⓫正財與日柱合會，夫妻恩愛，太太較遷就丈夫。若正財與他柱合會，代表妻心向外。

⓬正財坐死、墓、絕，夫妻緣分差，尤其坐墓，妻多半病弱。

⓭男性有正財且四柱官殺旺，妻必壓夫（財星生官煞剋日主）。

⓮正財為喜在：**年柱**——祖上富有；**月柱**——父母勤儉富有，得父母蔭助，求學時期易分心，不想讀書；**日支**——得妻財，因妻助致富。若有刑沖破壞，則夫妻不和；**時柱**——子女富足，個性小氣。

⓯男命四柱天干正財爭合日主，多半有雙妻命或婚外情。

⓰身弱財旺，為富屋窮人，遇印、比劫流年可有得財機運但留不住，盡量把握機會用理財方式留住短暫的財富。

⓱身旺命局中財星旺有巨富機會，命局中又有正官，且財官皆得用，即富且貴且得賢妻助。

⓲正財在庫逢沖必發致富，有意外之財。男命多半會金屋藏嬌，且較吝嗇。

偏財：

我（日主）剋且與我同陰陽者，男女命皆代表父親，男命無正財者也以偏財論妻。

❶ 偏財為流動的、大量的、較易得的財，也屬不固定的意外來去的財。有偏財為流動財，遠方財。

❷ 其性疏財重義，慷慨而投機，不重財而愛理財，愛戀而不強求。

❸ 偏財過多，浮華虛榮，貪圖享受，懶惰散慢不喜讀書。

❹ 身旺有偏財且無刑、沖、剋、破，多半殷商巨富人家，遇財運大發達，遇官運名利雙收。

❺ 偏財透天干，最怕逢比劫，既剋父又妨妻，早喪父或與父不合。

❻ 男命天干偏財兩位，好酒好色且金屋藏嬌，不愛正妻，愛姨妾。輕財重義易成敗家二世祖。

❼ 身強偏財得用，怕比劫運，既剋父又破財。易因妻妾破財招災禍。

❽ 偏財空亡，財權旁落，父早喪或父運不揚，妻妾早亡或破產損財。

❾ 女命偏財過旺且為忌神，易受父拖累，為父操勞。

❿ 干支皆偏財且為喜，財運佳，異性緣佳，理財佳，遠方經營致富。

⓫ 身弱偏財旺且為忌，一生財來財去，貧窮為錢財愁苦，且懼內，會因妻妾破財招禍。財剋印，太太與母親不合，影響母親運勢。

⓬ 偏財為喜：

年柱偏財——年干偏財他鄉發達，有比劫近剋，父不利他鄉。

月柱偏財——求學時不喜讀書，異性緣佳，愛玩，喜投機高報酬投資。

日柱偏財——妾奪妻權，不愛正妻愛姨妾。無刑沖比劫，中年發達。

時柱偏財——會賺錢但不守財，無刑沖比劫，晚年發達。時干偏財支比劫，傷妻妾，田園破盡，有食傷可解。

正偏財比較屬代表花錢態度，賺錢花錢來去的方向。正財為花錢謹慎，偏財花錢隨便，不懂計算。財藏地支人元中，表愛儲蓄，但仍聚不到財。真正留得住財的是要有「財庫」，如日元為火者金為財，丑為金（巳酉丑）的墓庫，丑即為丙丁日主之財庫。其它五行類推，甲乙木財庫在戌，戊己土財庫在辰，庚辛金財庫在未，壬癸水財庫在戌。有財又有庫的人才是真正可成巨富，真正善於賺錢理財與積聚財富之人。

食神：

食神以競爭手段達到其利己心。競爭比合作難，但成就多清高。身弱財多食強，多災多難。身強財多食弱，富屋貧人。食傷之別，乃傷官氣為橫為雜。食神氣為直為純。傷官氣為顯出的，食神氣為深入的。傷官雜食食神氣，不失其為混雜、淺浮。食神雜傷官氣，則失其為清標絕俗。正官及傷官為外向的性格。食神及七殺為內向的性格。外向者（正官、傷官）懶散，內向者（食、殺）精明。

食神──我（日主）生，洩我，且與我同陰陽者，女命之子女星，代表女兒。

❶ 食神代表福壽，仁慈好脾氣，好修養有口福，善良厚道有財運。

❷ 其性溫和有耐性，厚道好享受，有口福，食色慾強，活潑不叛逆，口才佳不強辯，聰明不虛幻，踏實不投機，付出不求回報⋯等。食神在感情方面較被動，且易自作多情，有才華但不善有表情的演出，專才型才藝，內向多情，多愁善感。

❸ 食神太多反而迂腐，好逸惡勞，縱慾酒色，假道斯文。

❹ 食神過多以傷官論。體弱多病（洩太過），父母緣薄，子息少。逢印（印剋食）能轉吉。逢七殺運方能得子女。且男傷子息，女剋夫。

❺ 食神太多或食傷混雜，容易三心兩意，好幻想。

❻ 食神與偏官（七殺）同柱，有掌權之機，但易惹人厭，勞苦，災厄，少子息。

❼ 干支皆食神，福祿豐厚，不宜任公職。女性有凌夫之嫌。

❽ 四柱有食神，偏官（七殺），羊刃者非凡之命，大好或大壞需全盤論判。

❾食神與驛馬同柱，遠離家庭獨立創業，或子女遠行。
❿食神最忌偏印，謂之逢梟，不貧則夭，有偏財方可逃災。
⓫食神忌坐墓，早夭亡。忌空亡，刧沖，坐死、病、墓、絕、凶煞等，為薄命人，福份少。
⓬食神與傷官三個以上，易流於酒色，損耗健康，若再加上比肩，就與雙親緣薄。
⓭命有食神之人，不愁吃穿，物質享受富足，有口福，體格稍胖。
⓮食神現——
年柱為喜，受祖上福蔭，事業可發展，小時很會念書。
月柱為喜，求學運佳，有口福常聚餐。適合文藝工作。
日柱為喜，溫柔儒雅，學習心強，有文藝氣息，衣祿寬足。
時柱為喜，事業上才華出眾，子女也才華洋溢，晚年享福。
⓯女命有食神最忌偏印，尤其月柱，易生產不順多災厄。若在時柱，與夫聚少離多或夫早喪。
⓰八字喜財星而無財星，食神可當含財論。
⓱女命與食神——
A. 食神坐沐浴、桃花：子女風流好色。
B. 食神過多，好色、妾命、尼姑命、風塵女郎、寡婦之兆，身弱尤驗（入從格則否）。
C. 食神坐吉神，貴人，子女聰穎秀慧。
⓲食神為喜怕逢偏印運；食神為忌則不怕偏印運。

傷官：

傷官乃利己心之表現，以合作手段為自己謀利益。因其為利己的，須驅使群眾，為我而活動。成就常較正官為難。驅使群眾，首在識人。傷官氣盛者，多能之輩，能者多勞，故需至強之稟賦。尤需多財，以盡其能。

傷官——我（日主）生，洩我且與我不同陰陽者。女命之子女星，代表兒子。顧名思義，傷官傷害正官。男性傷害事業、仕途、名譽、兒子；女命傷害丈夫、事業。

❶ 傷官代表易情緒化、感情用事、主觀好幻想、驕傲、叛逆、失權喪位、落選、落榜。

❷ 其性愛出風頭、逞強好勝、感情用事、聰明善辯、偏激不馴、屬通才型的才藝，多學少成博而不精、外向多情、言語快少心機，對表演藝術有天份，擅用表情來表演的演出，多才多藝。

❸ 身旺傷官傷盡（只有傷官無正官，或傷官強，正官極弱），又財旺印旺多半大富大貴之命（仍要看十神之排列）。無財者若不入從格為貧困之命。傷官生財，財有來源為富命之條件之一，只有傷官無財，則生不出財，只能靠流年財。又傷官旺若無印剋制易游走法律邊緣，為財犯事。再者傷官強財旺若非身強難駕馭，身弱不入從格者為劣命。但印會剋食傷，財會剋印，因此排列得當才能是大富大貴之命。

❹ 日主旺多傷官，成就於宗教、藝術、表演、技藝等偏業上。

❺ 正格身弱傷官又見偏官（七殺）最凶厄，坐下羊刃，下等之命；坐「死」嫉妒心強，日柱尤烈。

❻ 正格身弱，四柱多傷官，傷剋子女。歲運又逢傷官，災厄短壽。逢印運（印剋食傷），化傷官為吉。

❼ 有傷官無印（印剋食傷），多半好投機冒險，性格偏激，利慾薰心之人，無財多半不富。

❽ 命中有傷官，運勢不好要多拜拜（正印），心情不好會亂花錢，花完心情就好了（財可解傷）。

❾ 身弱傷官過重，最宜見印，為「傷官佩印」。生扶日主又抑制傷官。

❿ 傷官主發洩，食傷過重，多數任性縱慾或體弱多病。食神為對內的方式多行於夫妻，傷官多對外發洩，常有雙重感情存在。

⓫ 傷官旺，偏印多者好搬弄是非，傷官偏印同柱，破夫（傷官傷害正官）又傷子（印剋食傷）之命。

⓬ 干支皆傷官在年柱為短壽或富不長；在月柱為手足、夫妻分離。

⓭ 傷官為「忌」在：

年柱——祖業飄零。

月柱——手足緣薄，不敬父母。

日柱——男傷子，女剋夫。

時柱——子緣薄，不賢孝。但時柱有傷官，通常能力很強，很有才華。

食傷同見一在天干一在地支，代表外在與內在性格不同；若同在天干或同在地支出現，代表性格出現矛盾，有時悲觀有時樂觀，有時喜歡表現自己，有時又謙虛溫和。食傷混雜的人易三心兩意，猶豫不決，有藝術才華而無數學天分。若有三個以上不入從格，則性格極端矛盾，思想容易出現問題。

比肩：

同我五行，且陰陽相同者。代表兄弟姐妹，同儕，朋友，同事。

❶ 比肩代表同輩之關係，合夥關係，敢冒險，講義氣，剋妻剋父（剋財），爭財奪利……等。

❷ 其性自我主觀，果斷獨行。為朋友兩肋插刀，好勝不服輸，人際關係好。

❸ 比肩過強者，盲目衝動，倔強固執，爭財奪利。

❹ 天干比肩、劫財多，不管男女皆易有男女之三角習題，嫉妒紛爭事等。

❺ 四柱比肩多而無制者，手足朋友相爭失和，異性緣差，遲婚，夫妻不睦。太太病弱或父早喪。

❻ 比肩、劫財逢刑、沖、剋、破，兄弟姐妹不合睦、無助益或有災，若有合成別象可解。

❼ 干支皆比肩必掌兩家。

❽比肩、劫財逢空亡，兄弟姐妹不合睦或早別離，緣薄且無助力。尤其在月柱更明顯。

❾比肩、劫財坐死、墓、絕之運，兄弟姐妹緣薄且不全有早喪者。

❿比肩或劫財與羊刃同柱（比劫過強），刑父傷妻，財難聚，外表華美，內心寂寞困苦，若出現兩柱，易婚變，為財惹禍，富而不久。

⓫女命比肩、劫財多且旺，夫妻少愛情，婚姻多變，家庭不和。

⓬月干比肩，有獨立、想分家或創業之傾向，具爭財、理財之義。月支比肩如四柱無官星，性暴亂。日支比肩，遲婚或再婚，婚姻易變化（夫妻宮有別人）。

⓭女命比肩合官星（非合日主），與人爭夫。比肩、劫財同柱，夫妻多抱怨爭執。

劫財：

同我五行，且陰陽不同者。代表兄弟姐妹，同儕，朋友，同事。

❶劫財代表同輩之關係，合夥關係，剋妻、剋父，爭財奪利……等。

❷其性隨機應變能力好，個性變化大，比較魯莽，外表樂觀，內心想不開，胆大圓滑，口才佳，公關能力強。

❸劫財多者，蠻橫暴躁，獨斷獨行。

❹干支皆劫財，父早亡，男命且夫妻別離。

❺劫財與偏財同柱，對父不利，娶再婚之女或娶妾或有桃色糾紛。

❻傷官為忌且與劫財同柱，好賭無賴之徒，易流於流氓黑社會。

❼劫財、傷官、羊刃同柱，易犯牢獄之刑，意外、橫死、災厄、貧窮。

❽劫財有合（三合、五合、六合），兄弟無情無助益。

❾劫財為喜神，逢官來破，多半子女不孝忤逆或子女有災。

❿正財為喜，在天干被劫財剋破，必破財，損妻，貧困（天干為先天、外顯的，在天干被傷

的五行凶性必顯且較地支嚴重）。在地支較不嚴重，但妻病弱、短壽。

⓫劫財現：

年柱——喜：善理財，重義氣。忌：婚變

月柱——忌：難聚財，投機心、自尊心都強。

日柱——忌：遲婚、婚變或再婚（奪妻財）。

比肩、劫財都是同我之五行，性質相同，在天干當為喜用神時，比肩、劫財皆於我有助。為忌用神時，一生易被兄弟朋友同輩所累。比劫在性格上都會主動，樂於助人。比劫在地支代表內心的性格，代表著硬頸、固執，愈多比劫，情況就愈嚴重。比劫過旺若有食傷或官殺，可以使其固執化為堅毅，以致衝破困難，而最終邁向成功。

羊刃為劫財性質，是五行最旺之時。故有羊刃者，其人脾氣差，剛愎自用。陰刃者情況較輕微。

祿刃格：

❶建祿格十天干皆有，月刃格只甲、丙、庚、壬四陽干四種，二者喜忌與理論相同。

❷祿刃格因得月令，身強機率高，身強則喜財、官，局內再見比劫，則行運最忌行比劫運。若滿局財官，而只有單一比劫在月令，行運反喜比劫來助身。

❸若命局多比劫，而財星單，無官殺星制比劫及強力食傷來生財且順洩比劫，變成眾比劫奪財，則財留不住，主困逆。若財星虛浮在干形成母吾同心之變格，反成富貴格局。

❹祿刃格之人，要吃自己賺，若有祖產也守不住，會敗光之後再賺回來。

❺祿刃格之人行事較積極率性，幹勁十足，六親冷淡，喜往外跑，外緣佳，內緣較差。

❻祿刃格身強，財、官生旺有氣為貴，若不見官星，財星能通根透干有力，行官殺運必顯貴。財官星合日主則佳，合別干支則不利，財官被別人合去，一生破敗沈浮。

❼ 祿刃格身強局中多比劫，無財官星或財、官無力，行財、官星運則佳，得財得官貴，但運一過即無，如浮雲般虛名虛利。若行運多比劫運則一生貧厄、劣命。

例

偏印	乙卯	偏印	病	月德合、月破、將星、伏吟
偏印	乙酉	偏財	長生	破碎、大耗、災煞、天乙貴人、文昌、學堂、日破
日元	丁卯	偏印	病	金匱、伏吟、月破
七殺	癸卯	偏印	病	金匱、伏吟、月破、將星

乾造丁火日主生酉月，日元入囚，雖得五偏印生扶仍屬身弱（由分數法求得），八字喜木、火，局中無火，用神只能由乙或卯中取，月干、日支、年支的乙、卯皆受酉金沖剋，不取，只能由時支或年干中取，兩者皆可，條件一樣（條件一樣取天干，文中有述），取年干乙木偏印為用神。此例用十神來解釋命局——

❶ 八字全為陰，全陰全陽者有兩個人生缺點，一為婚姻不佳（若與配偶八字相合或配偶八字有助益則否），二為壽命不長（六十上下），全陰者年紀愈大愈容易看到奇奇怪怪的東西而導致精神出問題。

❷ 日支卯被酉沖，夫妻宮沖動，有夫妻關係不佳或妻早亡或離婚之預示。

❸ 偏印多，福氣變薄，口才好，易影響別人看法，點子多，喜與眾不同，脾氣差，易找到命

帶食神的對象。

❹以偏印為用神者，多半多才多藝，從事特殊行業較易成就，但忌耍小聰明誤事。

❺偏印逢「病」，一生勞苦，與父母無緣，做事上虎頭蛇尾，有始無終。

❻偏印代表繼母或乾媽、岳母。

❼偏印其性自我主觀，尖酸刻薄，精明幹練，固執孤獨，衝動，不滿現狀。

❽命中偏印多而無解者，剋傷食神所代表的聰明才智，使思想行為怪異，與世俗規範脫節，福薄災疾或子女緣薄，有偏財可解。

【現實上】

乾造小時候父母因車禍雙亡（父母緣薄）由伯父認為養子扶養，之後其伯父生了自己的小孩，就侵占乾造父母留下的財產，乾造長大後離鄉背井到外地工作（年、月柱沖）。在工作地認了一位乾媽，對乾媽非常之好，當母親一樣奉養。之後在他鄉結婚生子，果然其妻命帶食神，對岳母也極為盡孝（偏印多）。夫妻倆開小餐館營生，平時嗓門大，喜歡標新立異的造型。幸好偏印是其喜神，許多偏印太多而具有的缺點都沒出現。

其命帶大耗、月破，一生會破財多次（被伯父侵占財產），居住環境常變動。命帶文昌、學堂，有讀書命，可惜環境不允許，無法在學歷上成就。帶日破，平常家中待不住，配偶身體差。命帶金匱將星，有當老闆的能力及命格，目前只屈就小地方的小餐館有點埋沒人才。再者偏印太多，難免惡劣習性會浮現，幸而月支偏財可治，若偏財不在月支而在任何位置，一位偏財治不了五位偏印；因月支為月令，是八字中單一個字最強的，且用分數法看（詳看書中文），偏財在月令為五十分，五位偏印每位十一分共五十五分，兩造強弱差不多。因此乾造偏印雖有五粒之多，卻不會對其人格造成負面影響。且其命中有天乙貴人能幫他一把。天乙貴人在偏財柱下，其八字無正財，其父早亡，以偏財論妻，可知其妻為其貴人，且是治他惡習的剋星。下列其妻之八字：

劫財　丙辰　傷官
正官　壬辰　傷官
日元　丁酉　偏財
比肩　丁未　食神

其妻八字正官合日主，夫緣佳，丈夫對太太順服，命局比劫生食傷再生財再升官，全局之「氣」最後集中在正官（丈夫）身上，幫夫運強。日柱（夫妻宮）日元丁火剋日支辛金，其夫聽他的話較多，且地支夫妻宮有六合（辰酉合），夫妻感情好。其妻命局有天地德合存在，一生逢凶化吉，福分厚重。雖然乾造夫妻宮逢沖，但由其妻之八字化解，其妻為其命中之貴人無疑。未婚者單看當事人八字即可，若已婚者需夫妻同看才不致有失誤。乾造雖得妻之助，但夫妻宮逢沖仍會有某些事項的剋應（最終可化解），且八字全陰之缺點，最好能有宗教信仰，多祈福、行善，才有機會一生更平順。

十一 格局

八字的面向

八字基本上可分成兩個面向，第一為命局本身。先天帶來的是什麼格局，適合什麼行業？做官或從商？大運是何時？何時該守？何時該衝？用什麼方法達到目的？第二面向是行運，大運、流年、流月、流日對命主會造成什麼影響？那方面的影響？如何趨吉避凶？這方面直接用五行生剋判斷會更準確。

在本章論格局中會舉癸巳年國內「九月政爭」主角兩造馬英九、王金平的八字為例。分析當時發動政爭對兩造的影響為何？兵法上言「知己知彼，百戰不殆」！「不知彼，不知己，每戰必殆」。每個人都有八字，當兩人相爭時要求勝，用八字分析加入歲運流年，可知何時該屈何時該伸，甚至可選對己有利的時間來應戰。商場上亦如此，每家公司成立時大都會挑選良辰吉日（拜拜成立開張）為公司的八字，加上公司負責人的八字一起參照；當互相競爭時分析兩造八字也可知勝負，再依自己所需訂定戰略。國家與國家亦如此，國家成立時也有其八字，只是國家之地理範圍比較廣，人民多影響大，必須加入「玄空飛星」的九星判斷才能更精確。

只論「格局、行運」就只知人生方向，却不知日常生活吉凶何事？何來？何去？如何應對？生活及心理都受牽制。

只論歲運流年五行生剋之影響知道流年發生之事，却不知人生方向，兩者都能理解，都能應用，才真是八字命理的真正用途。

C 格局極強（從強變格）

B 五行、強弱、陰陽中和
五行流通、氣勢均勻

A 格局極弱（從弱變格）

論格局

八字以月令為命局強弱基準，參詳與其他干支之生剋關係而知日元之強弱。五行依十神的排列方式來確定格局，相生有情氣勢順暢為清，剋制重重為濁。清者人命貴，人品高；濁者命劣，人品差。這是原則性的判斷，還是要實際八字比較才能論斷。八字的組合有28萬種，用一條數線畫出來，兩邊極端代表格局極強與格局極弱，在中間部分為強弱及五行趨近中和部分。（極強，五行一定偏頗，極弱，則不一定；從兒、從煞格等偏於一種五行。從勢格雖極弱，五行可能較中和。正格的命貴格局中和有三種內涵——強弱中和、五行中和、陰陽中和。）此三區皆為貴命格局，但無極明確的界線。

「有病方為貴，無傷不是奇，格中如去病，財祿兩相近。」除中和之外尚有流通之貴，命理特重「五行中和」、「氣勢流通」。五行中和之作用是五行間之生剋俱存，生剋之間會有互相轉換之情形，如坐車須換車一樣要有等車及上下車時間，若不中和而形成偏枯即如計程車，上車後直接送到家，時間及速度是有差別的。中和的目的是延緩偏枯者的五行生剋加速變化。當歲運有不利之神來攻擊日主時，若天干全為一種五行十神且擋不住來攻之另種十神時，一下子就攻到日干，常有聽到「猝死」、「猛暴性……」、「意外」……等，若天干有「來攻之十神」的官殺，有食傷則有轉化之空間（將來攻之十神轉化），日主不見得會受傷，或者就算傷到也不嚴重。若命局五行愈平均，任何一種十神來攻，八字中都有可派出抵擋的對應十神，自然對命主更有平安的保障。

論命必以命主為中心，五行不得中和但五行得三流通或四流通，例如對命主而言，生命主者為「印」，命主所生者為「食傷」，此為五行中和之貴，有生的「印」、有洩的「食傷」，命主有被生也有生，五行有轉化，就是最佳保障，其作用就是「五行流通」。命局中有三或四種五行，若存在若的是官煞及食傷，其命局內官殺剋日主，食傷剋官殺，若排列不當，命局內交戰不得安寧。而五行中和雖吉，畢竟是屬「補偏救弊」，五行皆有，代表任何事都要遇到，生活中不如意之事難免，任何十神之六親變化也要碰到，也較為勞碌。五行有其三或四種，儘管不完全中和，若有氣勢流通，可得護衛日元之果，如同五行中和之貴。五行氣勢流通如滴天髓所言：「福壽富貴，永乎無窮」。得五行俱足且氣勢流通更屬上乘，其一生福祿財子壽，常兼而有之，稱為富甲連城，福壽綿綿。

八字既是治病（人生之病）之用，自然一定要有病才能治，有病有治為吉，有病無治為凶。正巧中和的八字是不存在的，當用各種條件算出來正巧在中和數值無法直接認定時，就要以月令來決定強弱。與月令同方的就是強，反之則弱。正常情況，強者抑之，弱者扶之才能趨近中和，這種正常格局稱為正格。在兩端極強極弱，不能用正格觀念來應用時，有如中醫「虛不受補」，或風水「以煞制煞」之概念，極強的要讓他保持在極強態勢，極弱的要保持在極弱態勢，才能以最佳的狀態顯現，若極強而洩耗之，極弱而生扶之，則打破了最佳的平衡狀態，導致運勢一洩千里，凶事剋應很強烈。（但極強極弱也有一定限度，超過日主承受範圍。五行偏到只剩傷害日主而無任何救應，命主仍是會回天乏術，書中會舉林醫師之八字為例說明）。這兩種極端所組成的格局稱為「變格」，計有專旺格（曲直，炎上，稼穡，從革，潤下）、從弱格（從財，從殺，從兒，從勢）、化氣格（甲己化土，乙庚化金，丙辛化水，丁壬化木，戊癸化火）、二人同心格（母吾同心，子吾同心）……。

正格格局計有正官、偏官、正印、偏印、食神、傷官、偏財、正財等八格。比肩、劫財為祿刃格。格局的認定是為了要找出富貴方向及喜用神。喜用神是整個命局畫龍點睛的部分，找出了喜用神，知道了五行的喜忌，才能知道流年大運吉凶，知道如何補自已所缺（加強需要的五行），知道什麼工作適合，什麼季節有利。即可以知道何時該守，何時該攻，攻在何處，用什麼來攻，就是論斷八字最主要的精神。才能「知命順命，知運掌運」。有看法是用保護神概念來推論行運，而不強調單一用神格局；並無不可，而且好用，因流年、大運是變動的，不是固定在某一個干支，用動態的干支來討論行運，看生、剋、合、會、刑、沖，那個十神受傷、得助就知會發生什麼事。那是針對流年行運而言，用神會因流年與命局八字排列的關係，而出現五行階段性的喜好，稱為行運用神，但不等同於用神格局有變化，而是此時用神受傷或用神無力而暫時退位，讓其他五行出頭表現以致對命主當時的行運影響更大，流年一過，還是會回復原軌道。而且要找出本身適合的行業還是需要找出喜用神為何種五行，找喜用神則得先確定格局。

格局的認定重點是在確定正格或變格；若是確定為正格，其是為哪一種局並不重要，只要用調候或扶抑、通關來找用神即可。

正格——以月支（月令）對照出干狀況取之，但不與日干同五行。

❶ 月支本氣有出干者：如月支巳（丙、戊、庚），本氣為丙，若天干見丙（不在日干），優先取丙之十神為格局，如丙為正財則為正財格。

❷ 月支本氣不透干，藏干透干：如月支巳，本氣丙，藏干庚、戊，若丙不透干，庚出干則取庚代表之十神為格局；戊出干則取戊代表之十神為格局。若庚、戊皆出干，則看庚或戊何者對命局最有利（喜用），則取為格局。

❸ 月支本氣與藏干皆不透干：如月支巳，本氣丙及藏干庚、戊皆不透干，則比較本氣與藏干何者對命局最有利（喜用），且無刑剋沖破壞者，取之為格局。

❹ 月支藏干與日干五行相同者皆不取為格。

❺月支本氣與日干相同者（比肩）為建祿格。如甲日主生在寅月，丁日主生午月……，十天干就有十種。

❻日干為陽干甲、丙、庚、壬，月支本氣為其同五行但為陰干者（劫財），為月刃格。即甲日主生卯月，丙日主生午月，庚日主生酉月，壬日主生子月，月刃格只有這四種。

陽刃與陰刃

比肩、劫財在地支為祿、刃，甲祿在寅，乙祿在卯，丙祿在巳，丁祿在午……。「祿」者為干在地支之本氣——比肩（見十二長生表建祿或稱臨官）。刃的原則為祿前一位（下一位）。陽干甲祿在寅，寅前一位為卯。丙、戊為午（火、土同宮），庚為酉，壬為子。「刃」皆為帝旺。有謂「在干為比，在支為祿；在干為劫，在支為刃」。「刃」為干在地支之劫財。但陰干有兩種看法，十二長生宮有「陽順陰逆」之原則。陰干祿的前一位（下一位）乙祿在卯，卯的前一位為辰（藏干：乙），丁己在未（藏干：丁），辛刃為戌（藏干：辛），癸刃為丑（藏干：癸）。陰干刃的位置在十二長生宮變成是冠帶而非帝旺。既然羊刃是天干在地支的劫財，依此原則找出來的羊刃卻都帶比肩而非劫財，且是藏干而非本氣；得出的四刃辰、戌、丑、未為墓地非旺地。刃者旺而過其分也，因刃太旺，故其性剛烈，其氣暴戾，即「帝旺」。此法找出之刃豈有「旺」之理？不足採信。問題出在何處？「陽順陰逆」原則無誤，陽干若找前一位（下一位），陰干就應找後一位（上一位）才符合陰陽反向之理，依此原則會找出來乙刃為寅（本氣：甲）、丁、己刃為巳（本氣：丙），辛刃為申（本氣：庚），癸刃為亥（本氣：壬），此四刃皆處帝旺之位，本氣為天干之劫財，旺極且與陽干得出之結論同。此才是真正羊刃。初學八字者對羊刃的說法莫終一是，頗為困擾。現依羊刃的特性及原則將兩種找法做一比較，相信採用後者，更符合原則更有說服力。

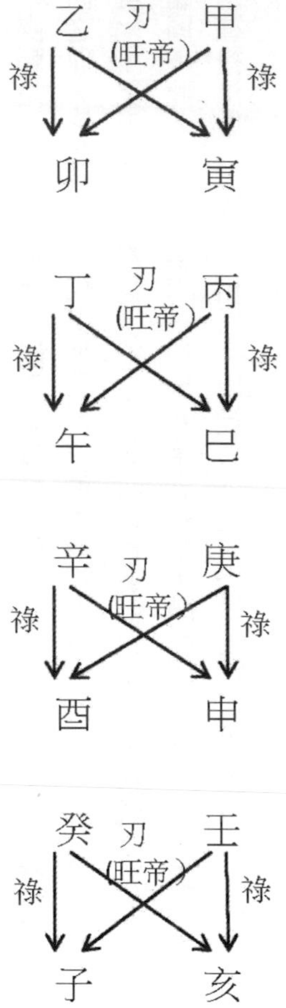

只要甲乙寅卯——木。丙丁巳午——火。庚辛申酉——金。壬癸亥子——水，照順序背，祿、刃在其中矣。祿前一位的用意是在指出「帝旺」之位，「前一位」非其目的，直接找出「帝旺」即可。當陽日主月支只有劫財之氣時是最強的。比陰日干劫財秉令更強，才名之為「陽刃格」，簡稱「羊刃格」。

四專子、午、卯、酉中，子、卯、酉單一氣純，甲日生卯月，庚日生酉月，壬日生子月最強，午中藏丁、己，除了丙的劫財丁，還存在有傷官己，丙日生午月，強度已次。戊日生午月，因午中的丁、己為戊之印、劫，為正印（丁火）秉令，所以不作羊刃格（月刃格）。至於五陰干（乙、丁、己、辛、癸）見支帝旺，以陰刃視之，仍有暗箭之傷、克制配偶之患，只是陰干力量較柔弱，陰刃之力也跟著弱，不以刃格視之，剋應較陽刃輕微。

例：王金平先生，一九四一年三月十七日

正官	辛巳	食神
正官	辛卯	劫財（羊刃）
日元	甲子	正印
七殺	庚午	傷官

乾造甲日主生卯月身弱（分數相近），天干兩官一殺，支中有食傷，剋洩交加，幸月支為羊刃，身弱「羊刃格」，坐下正印生扶，局中用食傷制煞，又官印相生，羊刃幫身化殺為權。官殺黨勢雖強但制化得宜，為其所用，且甲日主命局中庚、丁皆全（日主真用神），貴氣逼人。比劫為喜朋友、部屬得力相助。官印相生，一路由民意代表做到民意機關首長。

王金平的八字很特別，一個八字居然無所畏懼，幾乎無敵，如何說？日元甲生卯月為羊刃，八字強弱趨於中間值，五行有明現其中四種，缺土但暗藏在年、時支中，且陰陽各半。本身已近強弱、五行、陰陽中和之貴，但仍屬身弱一方，而身弱又得月令羊刃化煞為權，天干兩正官一七煞，一個羊刃不夠又有地支食傷幫助將官煞制得服服貼貼為其所用，全局的最大亮點在日支子印星，為其用神，「眾煞猖狂，一仁可解」，「一印化三煞」，子雖與時支午沖，幸子得天干三官殺相生力量強大，午火被子水制服，此處子午不沖（力量差太多，無法沖），子（印）為其貴人在夫妻宮，官煞所有後座力皆由其妻承受，可見其妻身體健康必不佳。甲日主庚、丁皆全，為庚金劈甲引丁，貴氣明顯又秀氣流通，為棟樑之材。

依其八字，弱勢應忌財（土）、官（金）、食傷（火）。個別論之，若歲運官煞到，天干已全是官煞，歲運再來官煞，正常狀況一定攻身凶險，此局日主於地支有印生扶，月令卯劫財再生食傷於年時支，強大的食傷已先擋掉了，就算大運、流年、流月、流日多重來攻，食傷無法全擋住，尚有日支正印化煞，但天干官煞流年來仍會有口舌、是非、壓力或意外。若來的是食傷火攻，有官煞（金）耗，正印（水）剋，也難以傷身，但會有名譽受損、官位搖擺之事生。若來的是財（土）星，天干有官殺金化土，地支卯羊刃劫財剋制，若土來勢太強，地支羊刃剋制不住，且又食傷生財，財生官，財（土）與官殺（金）齊攻，又如何？就算如此，官殺仍受到食傷及印的制化，變成五行相生通透順暢，危害仍不大。

依此看似乎財也傷不了身，由其在高雄地方選舉九連霸立委，即知（選舉為財星），財星他也不懼，雖然財（土星）最後被化解，若是由天干來攻的，會先生官煞剋日主，本人也會遭受某些傷害，可能是壓力大、身體變差、是非纏身、惹上官非……等。由於他身弱喜印、喜比劫，命中都有，看他五湖四海朋友都有，都能成為正面助力，貴人也得力。如此八字縱橫政壇確實有所依據。這是這個八字的優點，但沒有一個八字是無敵的，所謂「時也命也運也」。當地支出現可滅掉「子」印（一仁可解為其命局關鍵）的歲運出現時，「卯」羊刃再去除，他就有危機，地支若照顧不到天干，年、月、時三天干的官殺齊攻，沒甚麼可擋得了。而地支會照顧不到天干在歲運「丑」「未」「戌」重疊來臨，天干是戊、己、庚、辛同時加臨時，甲日主就會蒙難了。

再強的八字都有其弱點，只是何時來臨的問題，時間點常須大運配合，大運一柱十年，而此八字的破口在歲運地支逢「丑」、「未」、「戌」其中一歲運之時，流年也符合上述條件最有可能。而此時機來得早或晚，是由其個人福報多寡來決定，過不過得了，如何過，得看今世其人「善」、「惡」德行的累積是如何？八字變化萬千，如何變化，時也！命也！運也！以上主要講大傷害，當然行運中各級干支組合及順序造成的傷害仍避免不了。

有此八字頗令人好奇，進一步察訪，原來在王金平未出生前其父經營碾米生意，即時常救貧救苦，貧窮人沒錢買米，他不收錢用送的，已做了不少好事，在地方頗有名聲，積了陰德福報後才生下王金平。之後其家族經營東昌食品面臨財務危機，在存亡之際，也許是八字的引導，王金平參選他的第一次立委選舉，而高票當選，化解了家族危機，從此步上政壇。政壇也不是那麼容易生存，除了前面提到他有貴人有朋友外，天干七殺之特性讓他「敢」，有決斷力，敢要他要的，敢做別人不敢做的。地支子卯刑，讓他有事藏心裏，口風緊不易得罪人。地支食神在年柱，享祖上所積之福祿，且月支劫財生扶食神力強，傷官在時支有日支正印剋制，劣根性不顯，食傷不混，食神特性凸顯，皆在地支表示其智慧深藏不外露，情緒控制管理佳，能伸能屈，看似將失控時又可自我控制，能圓融不傷人，也就不傷自己。這些玩政治應該有的特性他都具備了，年柱巳中藏戊土財星，祖先有財產留給他，時柱中也藏己土財星，從政過程中他的事業也帶給他財富。八字財不露不會因財壞事。其命中無財星明現，但地支中有藏干十神財星，所以地方性選舉仍可克服，對大範圍選舉是不利的（天干無財）。

前面論的歲運財星雖傷不了他，但財星是他更上層樓的致命點，要大範圍全國性的選舉，需在財星歲運才較有機會贏。若他這八字不是從政而從商，必作為不大，八字財不明現，靠行財運時，食傷生財，但財又洩於官，得名不得利，且只限歲運財到時。

癸巳年時馬總統發動「九月政爭」，他應先看一下王金平的八字，再看發動時機，一〇二年九月六日，癸巳年庚申月乙亥日，對照一下前面五行分析，這種日子的干支如何傷害王金平的八字？癸巳年巳為其食神，加重命中食神功用，他反而能更有智慧，可以來處理。乙亥日，乙庚合而不化，乙為流日劫財，表示有外來的同輩要合掉他的官（摘他官位），但辛正官仍很安穩，官位不會動搖。亥為偏印，周圍有貴人又有選民、朋友相挺，亥與卯三合為比劫，朋友黨勢力更強；怎麼看他都是贏家。做大位者，若要發動一場鬥爭或戰爭，對對手底細都不清楚，如何能贏？

以上又針對格局、五行、十神特性探討，未深入討論親屬關係，身體狀況及大運行運。

既然談到「九月政爭」，有必要將馬英九總統的八字做比較。

傷官	偏財	日元	食神
庚寅	癸未	己酉	辛未
正官	比肩	食神	比肩

一九五〇年七月十三日未時生。

大運：己（五十九至六十三歲）丑（六十四至六十八歲）

❶生於小暑後五天又六個時辰。

❷八年七個月又十天上大運。

❸每逢戊、癸年小寒後十五天交脫。

發動政爭日：癸巳年庚申月乙亥日

乾造己日主生夏季，調候喜金水，命局土重缺火，為人固執且較冷漠。用分數算同黨分數一六〇，異黨分數一五九，有強弱中和之貴，命局正官有傷官蓋頭，幸好有月干偏財轉化，正官無傷，偏財生正官為選舉出身之官。（財星代表人民，正官為文貴，七殺為武貴）。阿扁總統是偏財生七殺，一樣為選舉出身之官。七殺手段激烈，屬街頭運動型之戰將，霸氣十足。正官為溫和之性，不靠衝撞等街頭運動之路，為正常選舉上位的。日支及時干近身皆為食神，屬喜運動健身之智慧型；比劫為忌，有助力的知心朋友不多，偏財在月干（偏財代表父親），為喜神，一生受父親影響大，受父親提攜教誨甚多（偏財轉化了傷官對正官之傷害），若非其之安排進入公職，恐怕他一生的官場之路又不同了，都與我們所知的馬總統都差不多。

一〇二年馬總統時年六十四歲，大運己運，己為比肩，己運當中己剋癸（偏財），本身意識太強，所行之事違背民意，民意基礎受剋導致聲望不佳。癸年時一直處於這種狀況（癸財星為喜神受剋），到了庚申月，乙亥日，天干乙庚合，庚傷官本為以合作為手段的利己表現（因其傷官為喜神），卻因乙庚合不續採用，被地支影響改變作法。地支巳酉合，食神被合致使思慮不清，未縱觀全局而行動，起因於流月支申沖命局之年支寅，寅又被流日支亥合，寅正官受到剋、合；正官乃其奉公守法重榮譽之本性，一受到剋、合，思考又受阻，為了他心中的正義，就停止與王金平的合作改成鬥爭。但在民意不佳情況下，又受到乙木（七殺）突襲（乙後與庚合所以未有持續更大危害），所以有口舌、是非產生，因此造成一〇二至一〇八年一堆政壇混亂現象。

若馬團隊能先由八字流年來分析，如此必敗之戰如何能打？這也是時也！命也！運也！

格局之清與濁

命局內五行相生順暢，互相依偎互為所需，彼此依靠字字有情，八字都有作用是謂「清」。若局內八字彼此扞格，生剋雜亂氣行不順是謂「濁」，如日元戊土，旁有丙火為喜，丙火又受壬水牽制，壬水又坐戌土被剋住，戌土旁又有寅木剋制，如此輾轉生助卻又制剋重重，就是濁命。

例一：

劫財	壬子	比肩
食神	乙巳	正財
日元	癸卯	食神
比肩	癸亥	劫財

這個八字只有三個五行，從八字的兩邊（年、時）往各自的另一方向觀察五行變化，五行好像有一條無阻礙的路走，天干兩側癸（時干）↓乙（月干）↓巳（月支）及壬（年干）↓乙（月干）↓巳（月支），天干五行水生木，最後生月支火，地支由亥（時支）↓卯（日支）↓巳（月支）也是水生木生火，最後全落在月支。意即這個八字的氣集中點在月支正財，是個財氣十足的八字且財（火）有來源（木），來源（木）又有來源（水）生助，如此源源不絕，生生不息，是巨富格局。年支子水比助年干壬水也剋月支巳火正財，因此命局身弱且調候喜金水，比劫為喜，可助身任財，且有卯木轉化，水先生木再生火，不會直接剋火，子剋巳水並不以凶解釋。局中官星不顯，只富而不貴。

例二：

偏印	庚申	偏印
正官	己丑	正官（空亡）
日元	壬子	劫財（空亡）
偏財	丙午	正財

坤造地支日支子午沖，又子丑合，申子合。

申子三合力強於子丑六和，而申子是隔支合，合力變小，子丑要合又有午火來沖，地支如此之混亂，天干地支五行生剋皆雜亂。查其十多歲就與父親衝突而離家，與一男性交往，此男之後往生（正官柱為空亡），後與另一男子交往生下一兒，未生之前此男跑掉了，毫無音訊，現與一年紀較大男性交往，正剋應地支混亂，生活、家庭狀況必混亂。正官空亡合日柱且日柱又空亡，又有財星來沖想解合，夫妻宮受剋合，正應命局混亂其命必劣。

命局清濁並無一定標準，由字義看，「清」者乾乾淨淨之意，命局少刑沖剋合，五行順暢不戰剋，格局易判，用神易找，且通常用神有力。「濁」者混亂不清，多刑沖剋合且糾纏不清，五行排列雜亂，遠沖近剋，格局不佳，有時難以判定，用神亦難尋，或用神不佳，甚至找不出用神。

中和之貴

命局清純為貴，但五行及陰陽未必中和（如上例一）。本例四柱陽陰各半，且陰陽間隔排列，陰陽順暢，五行齊全，天干「壬癸辛」為三奇貴之人奇，命局「財官印」全，另一種三奇貴也全，地支子、丑、寅、卯之排列為「地支連茹」。用分數算為身弱，生於冬季取調候用神，與扶抑用神一樣皆喜木火，取日支寅木為用神，有時支卯木比助三水生扶，用神直接又有力，亦是另一種貴命格局。其護衛全靠地支，正偏印及傷官不算弱。天干無護衛，天干流年進來官殺年份會有意外或是非之舌。正格之中和之貴有陰陽、五行、強弱三種面向，皆可成富貴格局，全看整體八字組合而定。至於有貴格能不能就富貴一生仍由歲運決定，運吉則貴顯，運凶也枉然。

例三：

七殺	壬子	正官
正官	癸丑	傷官
日元	丙寅	偏印
正財	辛卯	正印

論變格

從格（變格）

變格有從強變格的專旺，曲直格——從木，炎上格——從火，稼穡格——從土，從革格——從金，潤水格——從水，從氣化氣格及從弱變格的從格有從財格、從煞格、從勢格。另有其他變格，如同心格、雙清格、半壁格、兩柱格……等。

從格的特別是強弱兩極，五行之氣集中，用神明顯易找，且直接又有力，因此被認定是富貴之格局。從格之論斷流年吉凶，與一般正格一樣。從強即從比劫、印之意。若四柱比劫重重，印綬為輔，日主當令，無財星、官殺之氣，稱二人同心（印、比劫）；強至極矣，故可順不可逆，行比劫運吉，印綬運亦佳。命局有食傷，行食傷運佳，命局無食傷有印，行食傷則運凶（印剋食傷為剋出）。財、官運逆其勢則為凶。

（一）**專旺之格**：可順不可逆，依其專旺之五行，成全或順行流通之。旺而逢（洩）食傷生財則更佳。

（二）**化氣格**：之狀況有些不同，普通格局以身旺身弱而定喜忌，從弱及其他從強變格亦是以日元為主體來判斷。化氣格是兩種五行合化而成（含日主），要以化神之五行的旺弱而定喜忌。

❶ 化神旺（非身旺）而有餘，喜行化神之洩氣運—如甲日主與己合化成土，化神為「土」，全局以化神的旺弱定喜忌而非甲木的五行「木」，喜行之土洩氣運為「金」運，而非甲之洩氣火運。

❷ 化神弱，勉強可化喜行生扶化神之運。不管化神旺弱，一律忌行剋化神（剋入）之運。

❸ 甲己化土生於戌月未月，土燥而旺，若干透丙丁，支藏巳午，謂之有餘，行火土運以助化神，行金（食傷）運順洩其氣，行水運潤土。若生於辰、丑月，土濕為弱，火有而虛，若干支雜見金水，謂之不足，要順其勢，行火土運以助其化神，以求中和。

化氣格條件嚴苛較難成立，而其應用也有值得商榷之處，後文有詳論。

（三）**雙清格**：是天干四字相同，地支四字相同，全局只一干支，用神宜順其勢，以正格扶抑法取決以月令定強弱，得令為強，取弱的一方為用神以取中和。

（四）**半壁格**：命局中只有兩種五行，彼此相生、相剋皆可，以正格取用，取弱的一方為用神。因只兩種五行，看月令即可判定，日主同月令五行為身強，反之為身弱。

（五）**兩柱格**：即八字只有兩干支組成，以正常八字看待，先辨入不入從格，再看要不要調候，再用扶抑法之順序取用神。

（六）**母吾同心格**、**子吾同心格**：日主即「吾」為我自己，母為印綬，子為食傷。日土為吾，月令為印綬或比劫，全局比劫加印星達到六粒以上時，即可列為母吾同心格，條件以日元及印為主角，忌剋入、剋出之物，剋我者為官煞，剋印者為財星。我剋者為財，印剋者為食傷，如此母吾同心格就只喜印及比劫，以兩者之強弱定用神，取弱者為用神，財星官煞及行運皆為忌。食傷有順洩之用，不被印近剋為佳，若見一粒官殺虛浮為假母吾同心格（地支見主氣官殺星則不能入格）。子吾同心格，主角對象改成日主比劫及食傷，月支必為食傷或比劫，身強身弱不一定，但無礙格局與用神之選擇（有從兒格的影子），喜用由比劫及食傷中選取，官煞、印星及行運皆為忌。命局見官煞、財星一粒虛浮可入假子吾同心格。同心格主福澤深厚，百事現成，缺點與其他強勢格一樣，都是五行力量過於集中，而缺乏轉圜空間，容易隨行運的變化而大起大落、大好大壞，五行偏枯個性缺乏彈性，會對不同意見產生較強排斥。

母吾同心，因印強日主強，印為母親、家庭有日主「本源」之意，日主在為人處事上有追本溯源，追根究底的精神，雖利於研究學術，但亦受家庭及本身想法的牽制，宜放開心胸，不宜考慮過多瞻前顧後。子吾同心，日主及食傷皆強，食傷為洩的作用，主才藝、智慧、思想，也主慾望；與從兒格同，為大文豪、大藝術家之格，留意思想及慾望過於奔放而造成傷害。宜修身養性，將才能智慧及潛能慾望用在創新，創造文學及技能方面，也可在表演、運動方面方展長才。食傷生財，行財運時會有不錯的進財機會，財來自智慧及技能方面，有關設計方面財及生產產品財，而非投機方面，連貿易都不是。食傷的智慧不用在投機方面，那是劫財、偏財的行為。而財星為忌，錢財難守，宜有計畫地理財，將行運得來之財富留在身邊，此原則也適用從兒格。

（七）強弱變格

A．從弱變格

日干失時（失令），月支為財星，食傷、官殺、四柱多剋、耗、洩之物，日主身弱無依，只能棄命從之。可分成從財格、從兒格、從煞格、從勢格。有些共同的原則，依其所從之十神格（財、食傷、官煞）必當得月令，且透干，為局中最旺之神，透干通根（本氣），地支得令外要他柱有同五行之物或三合、三會、六合等也是地支中最旺之氣。所忌為所從之神的剋出（我剋）、剋入（剋我）之運及五行。若局中見剋出、剋入之五行則不能入格，若此物虛浮在干無力可勉強入從格。

從弱變格	月支	天干必見	地支條件	忌五行歲運	備註
從財格	正、偏財	正財或偏財	財星月支外，他支要有或三合、三會財局	（剋入）比劫 （剋出）印星	最忌比劫運，有破產、官訟、災咎。
從兒格	食神、傷官	食神或傷官（財星、比劫可在天干或地支）	食傷月支外，他支要有或三合、三會食傷局	（剋入）印星 （剋出）官煞	滴天髓：「一出門來只見兒，吾兒成氣構門閭，從兒不論身強弱，只要吾兒又得兒。」 食生財，財為條件之一。 不論身強弱，比劫可有。
從煞格	正官、七煞	正官或七殺	官殺月支外，他支要有或三合、三會官煞局	（剋入）食傷 （剋出）比劫 （強身）印星	最忌食傷運，有退職、牢獄、受傷、破產之厄。
從勢格	財星、食傷星、官煞星	財星或食傷星官煞星	當令者非最旺，三合或三會財、官煞、食傷局皆可	（強身）比劫 （強身）印星	以食傷最貴，現於月令或不在月令但全局最旺。 忌行運沖月令，若來沖之字為忌神，則有死亡、破產、危難等災厄事生。

◆從格所從之神必為全局最旺之物外，干支記為二分之一原則，即地支二個（含月令）天干一個所從之神（較易記憶）。

◆從格原則看似清楚，真正實用時也是狀況百出，如地支半三合卻不相鄰，天干剋入之五行兩個，一個被合，一個被近剋……。原則就是剋出、剋入物在地支無根，在天干被滅或弱到無法作用。地支得令為必要條件，且尚要有他支來助成最強之氣。

◆棄命從弱之人極能適應環境，對事能靈機應變，但因五行太偏，在親屬方面較有缺憾。

◆從格最忌見比劫、印使身強之運。若因歲運加臨，加強其身令其脫離從格範圍進入正格區域，則又不能往中和區域靠近，處於正格最邊邊，成偏枯之命，反而易遭災禍。

◆無財星之從兒格稱為「零暗從兒格」為一不幸之四柱組成，是最凶暗示的假從兒格。若有財星卻被近鄰沖合者，終身貧寒困厄。

◆木日火日之從兒格須見金或水，大多富命但短壽，若金水俱無一生反而貧賤困厄、災劫。

◆水日土日之從兒格最佳，金日次日。

例一：坤造

傷官	丁丑	正財
食神	丙午	傷官
日元	甲辰	偏財
食神	丙寅	比肩

◆坤造甲日主生午月，天干三食傷，地支只月令傷官，雖有比肩、正偏財，但地支條件不足無法入從兒格，月支、時支隔支不合，因此以從勢格論之。

例二：乾造

偏官	丙午	正官
偏財	甲午	正官
日元	庚戌	偏印
食神	壬午	正官

◆乾造日柱庚戌為魁罡，四柱見官（火）則破，壬水出天干制火，原可再成局，惜地支三午一戌，午戌合火，地支全火且丙火透干，火太強將壬水燒乾，水無作用，格破再成再破，其命凶矣，本應貧寒潦倒。幸日元坐下唯一生扶之偏印被合，日元弱到極點毫無依靠，地支全官，七殺出干，可入從煞格，有食神虛浮在干（但被燒乾），以假從煞格論之。

例三：乾造

食神	己酉	偏財
食神	己巳	劫財
日元	丁酉	偏財
傷官	戊申	正財

◆乾造丁火生巳月得令，但巳被酉合，巳酉半三合金，地支全為金氣，惜金未出干，從財格不真，以假從財格論之。此造若以正格看，生夏季調候為先。忌木、火，喜土、金、水，與假從財格之喜忌完全相同。

例四：乾造

正官	甲子	偏財
正財	壬申	傷官
日元	己亥	正財
傷官	乙丑	比肩

◆乾造己土生申月，地支有申子二合及亥子丑三會，因亥子丑三會全，且三會力量強於三合，所以全局全為剋耗洩之物，以身弱之從格論，全局財星最旺但不得令，以從勢格論，忌印及比劫。看命除論斷八字外還要觀相，當來者八字貴氣十足但本人卻不匹配時，找幾個相關問題了解一下，若不符貴命八字之應有現象，就要仔細再查看有哪個地方出差錯了。本例於三十二歲時前來，正好是在月柱限柱管轄期間，月支申的影響力最強。此前他的行運較符合：地支申子合財，時支比肩為日主之根，不入從財格，以正格論之正格行運歷程。三十三歲起若命主本人之思想、行事能更加謹慎、收斂，因行運已走到日柱，可走入從勢格。若因前柱之影響，惡習已成，不再改變自己，則好好的八字就被自己玩壞了，有類似八字排列的命主真的要當心了。

例五：坤造

比肩	丙戌	食神
食神	戊戌	食神
日元	丙辰	食神
傷官	己亥	偏官

◆坤造地支含日支共三食神，食神出干又有比肩，從兒格將成就差時支違逆了，也幸好時支違逆才未成貧命。

以下討論，三合、六合同論合即可。若——

❶時支為財星，則從兒格成真，比肩、財星皆俱為大富大貴之命。

❷時支為比劫或食傷，從兒格入格，但缺財星為「零暗從兒格」為最凶的假從兒格，終身貧寒困厄。

❸時支為印，則天干有比肩地支有印以正格論之。食傷過旺，命局偏枯，劣命。

❹時支為官煞，為此造之命局，天干比肩虛浮在干其他全為剋耗洩之物，以假從勢格論之。取月干戊土為用神，「食傷為用必有佳兒」，果然生出事業有成又孝順的兒子。

B．從強變格

❶專旺格：日干得令，且同一五行多且旺。【記住法亦為干支三分之一原則。出干（至少一個）透地（地支兩個，除月令之外，尚須他柱有同五行之支）】，原則與從弱變格雷同，依所從之神為主體。

專旺格	五行	日干	月支	干支條件	忌五行、歲運	備註
曲直格	木	甲乙	寅卯	・甲乙至少一個以上透出天干。 ・地支五行木必須二位以上或三合、三會木局。 ・五行木為局中最旺之物。	（剋入）強金 （剋出）旺土	・局中有「火」食傷洩秀，水」印生扶更貴。以「亥」最佳。 ・逢金運大凶，若局中有「水」透干，殺印相生可凶中反吉。
炎上格	火	丙丁	巳午	・丙丁至少一個以上透出天干。 ・地支五行火必須二位以上或三合、三會火局。 ・五行火為局中最旺之物。	（剋入）強水 （剋出）旺金	・局中有「土」食傷洩秀，「木」印生扶更貴。以「寅」最佳。 ・逢水運大凶，若局中有濕土，己、辰、丑，逢水運可逃災。 ・若無土或只有乾土戊、戌、未逢水運，滴水入命，有災厄。
從革格	金	庚辛	申酉	・庚辛至少一個以上透出天干。 ・地支五行金必須二位以上或三合、三會金局。 ・五行金為局中最旺之物。	（剋入）強火 （剋出）旺木 不喜印	・局中有「水」食傷洩秀更貴。若無水有「申」也貴，因「申」中藏壬水。 ・最忌火次忌躁土，逢之必凶，濕土則無吉凶。 ・命局多土、金之組合不佳。
潤下格	水	壬癸	亥子	・壬癸至少一個以上透出天干。 ・地支五行水必須二位以上或三合、三會水局。 ・五行水為局中最旺之物。	（剋入）乾土 （剋出）強火	・局中見「木」食傷洩秀更貴。以「寅」木最佳。 ・水生冬季冷寒過重，故不喜「金」印，反喜木火調候，故有寅、丙、丁則能言貴，木火俱無則小富不貴。

專旺格	稼穡格				
五行	土				
日干	戊己				
月支	辰戌丑未	辰月	未月	戌月	丑月
干支條件	・地支四庫或土多。 ・戊、己一個以上透干。 ・五行土為局中最旺之物。	・月令辰本氣為土。 ・辰中含水氣（癸）及木氣（乙）。 ・五行已具其三，最為中和。	・未為燥土，生於夏季，火炎土躁，以見丑、辰濕土或天干有癸水潤局為佳，若命中不見水（未中有乙木），行水木運俱凶（生木剋土）。	・戌土為躁土，與未月同，喜有丑辰濕土或天干癸水潤土。火星暖局不忌（秋季趨涼）。	・丑土為寒凍土，須見未戌躁土或丙丁在干（有調候作用）。無火星，只論富不論貴。
忌五行、歲運	（剋入）木	（剋入）木	（剋入）木 （旱土忌火）火	（剋入）木 （躁土忌火）火	（剋入）木 （冬天忌水）水
備註	・局中見「金」星洩秀為貴。 ・見「木」為破格。 ・依月令不同，寒燥及含氣不同，而有不同之需求。	・最佳之稼穡格，原局已具水木之氣，若再具水、火兩星，五行更近中和，行火、水運俱佳。單忌木運。	・未月喜濕土潤局以及「金」星洩秀。 ・命局含水氣，行運水為喜，木火為忌。	・戌月為秋末，季節轉涼，命局有火星為佳，可暖局（先大）。 ・行運仍是忌火運（後天）。	・冬季天寒地凍，喜行火、土之運。

❷化氣格之條件較為嚴苛，能符合的機率低，天干五合多半能合而不符「化」之條件，化氣格要日主在內與月干或時干符合「合化」之條件（爭合、妒合不入格）且月令為合化之神當令，四柱不見剋制之星才能入格。以天干五合（含日干在內）能「合化」為前提，下列化氣格之表。（日干合化條件成立否，日干都不能化）

化氣格	日干	月支*	化氣五行	天干地支（二分之一原則）條件	忌五行歲運
甲己化土格	甲或己	辰戌丑未	土	・地支含月令兩粒土星以上，且透干。 ・四柱忌木星來剋。 ・歲運忌庚、辛、乙使化神還原。	（剋入）木 （剋出）水
乙庚化金格	乙或庚	申酉戌巳丑	金	・地支含月令兩粒金星以上，且透干。 ・四柱不見火星來剋。 ・歲運丙、丁、辛使化神還原。	（剋入）火 （剋出）木
丙辛化水格	丙或辛	申亥子辰丑	水	・地支含月令兩粒水星以上，且透干。 ・四柱不見土星來剋，命局有丑、辰無礙（先天），歲運則忌（後天）。 ・歲運忌壬、癸、丁為化神還原。	（剋入）土 （剋出）火
丁壬化木格	丁或壬	寅卯亥未辰	木	・地支含月令兩粒木星以上，且透干。 ・四柱不見金星來剋。 ・歲運戊、己、癸為化神還原。	（剋入）金 （剋出）土
戊癸化火格	戊或癸	寅巳午未戌	火	・地支含月令兩粒火星以上，且透干。 ・四柱不見水星來剋。 ・歲運甲、乙、己為化神還原。	（剋入）水 （剋出）金

＊註：月支若非合化之神，必須符合三會或三合在地支成局，才能是非合化之神在月令。

化氣格為從強之格局，以合化兩物個別之剋入物（官煞星）之行運為化神一字還原之歲運，兩物之印星歲運不會解其化氣之格局。傳統用法上，當歲運使化氣格化神一字還原時災咎、禍事、官非立至。但試想會使化神一字還原的有三個天干（表內有列）加上化氣格合化之神所忌剋入及剋出之運，干支有一半以上為凶，比例幾乎走所有格局中最高，十天干固定有五至七個是凶（佔人生的五至七成時間比例），而且一來就大災禍，這種模式是貴格如何讓人接受。化氣格的成因是兩個不同的五行，在特定條件下（新合化神之氣夠強）合化成一種五行，新五行可能與日主同也可能不同（甲己合土，日主可能是甲木也可能是己土），命局中八個字由原本正格（或也滿足變格條件）因合化聚氣因素，變成另一種格局而影響命主，使命主由原正格的命局行運變成走化氣格的命局及行運；當化神一字還原時代表化氣格失敗，重新走回正格的命局及行運，一般而言，格局的條件越嚴苛，才能達成聚氣之條件成為富貴格局。道理易懂，但若很頻繁地此富貴格局因流年輪替會幾年就被打回原形一次，且伴隨大災禍齊來，這哪是富貴！

若由另一個方向解釋，先由正格來討論命局，而歲運流年加臨使命局符合化氣格局時即為其大吉的行運年份，當流年條件使其回到正格行運時，又重看五行生剋之影響走正格之運。止格於化氣格交接時由於氣的交換會有一小段氣不順之期，就如同季節交替人容易感冒一樣，會有短期的不順，但不致災咎、禍事、危厄等重大災禍。重點不在交接期的小小不順，而是看化氣格時歲運來的五行對化氣格的影響及走回正格時歲運來的五行對命局產生的影響才是真正吉凶根源之所在，會有大災禍也由此而來，而非化神一字還原就一定會怎樣。

以清太宗，皇太極（一五九二年十一月二十八日—一六四三年九月二十一日，得年五十二歲）為例討論：

傷官	壬辰	正印
比肩	辛亥	傷官
日元	辛亥	傷官
正官	丙申	劫財

大運：

4 壬 9 子

14 癸 19 丑

24 甲 29 寅

34 乙 39 卯

44 丙 49 辰

54 丁 59 巳

❶ 生於立冬後二十一天又二個時辰。

❷ 大運三年九個月又二十天上大運。

❸ 每逢丙辛年白露後十一天交接。

日元辛金，丙辛化水，月支日支二水，年支水庫，時支水長生，壬水出干，化氣有力格局得真。

依丙辛化水格之條件，忌土、火之歲運，亦忌歲運壬、癸、丁使化神一字還原。用清太宗一生重要事項年表，討論化氣格及正格之差異。

清太宗年表

一五九二年	壬辰	大運	出生
一六一六年	丙辰	丑	封和碩貝勒。
一六二六年	丙寅	寅	繼承後金汗位。
一六二七年	丁卯	乙	寧錦戰敗。
一六三五年	乙亥	卯	打敗林丹汗，取得傳國玉璽，尊號博格達汗。
一六三六年	丙子	丙	改國號大清稱帝。
一六三七年	丁丑	丙	征高麗，迫使朝鮮臣服。
一六四一年	辛巳	丁	淞山之戰打敗明將洪承疇。
一六四三年	癸未	丁	辛酉月，庚午日，丁亥時歿。

化氣格：忌火、土歲運及壬、癸、丁歲運，一六一六丙辰年大運在丑，丙合月干辛，丑辰為濕土，雖忌，仍無大礙。一六二七年丁卯年走乙運，流年干丁火與壬水傷官合，不會使化神一字還原，乙、卯木是化水格最喜但亦是戰敗。一六三五年歲運干支皆吉，戰勝。一六三六丙子年，大運丙，命局天干有壬、辛護衛，走子水運為吉稱帝。一六三七丁丑年大運丙，天干丙丁齊來，命局壬辛仍可抵擋。一六四一年辛巳大運在丁，巳有申合不為害。一六四三年癸未年大運仍在丁，由其命亡時辰看，癸未年庚、辛月正好在壬、癸水交接的空檔，壬水已止，癸水未進（此時流年天干無水），

大運丁合年干壬，流年時干丁攻入，使化神一字還原；地支未為乾燥土，為化水格之大忌，在此年亡命。

但在這之前，曾經歷乙未、丁未、己未、辛未，四個未年更有九個壬癸之年，四個戌年，五個丁年，五個戊年；尤其丁未年最為凶險，此年化神一字還原的時間應不少。若用化氣格原則來看，天干壬、癸（剋丙使化神一字還原，此時丙會剋日主辛，若再加流年丁火，日主辛危矣）搭配地支戌、未，能一水（天干）一乾燥土（地支）發揮作用地支破局，天干使化神一字還原。這命局就危險了，哪須等到五十二歲的癸未年。破局不代表是喪命，日元辛金不見得會被剋死，但災咎禍事會發生，一個朝代的建立者，哪經得起三不五時的災禍，如何建功立業？

正格：辛金日元生冬季，調候用神喜木火，忌金水，身弱可用土生扶，土亦有剋水調候之功，土亦為喜。大運第二柱丑運後一路木火土，大運皆吉，帶入年表年份干支，也是木火土居多。其歿之日，癸未年之前一年為壬午年，壬水走到癸未年的戊午月停止，癸水由癸亥月開始走，壬、癸水交接之間有己、庚、辛三個月空檔天干無水，辛酉月時大運丁合掉年干壬（此時命局及流年天干皆無水），流時干丁火一到先剋流月干辛、流日干庚，又攻入命局解掉丙辛之合，時干丙及流時干丁齊剋日主辛金，辛金因流年癸水來不及救應，地支辰酉、巳申合掉，午火生未土剋亥水，地支水被剋也無法救應，辛金日干就被剋死了。用正格原則可以解釋，可知其亡是因化氣格被破而走正格，此時日元又無任何護衛之星可救，正格亦無救而歿。（流年五行進氣原則書中有表列）

化氣格極難成立，格局成真為富貴之命應是無誤，只是化神一字還原的嚴重性應不似古人所說的嚴重，應將化氣格看成行運的一環，以正格為主體行運，化氣格能成立的行運，若流年不為禍，此運大吉。若化氣格化神一字還原，只是走完這一段化氣行運，改走回正格行運，用正格原則判吉凶。正格、化氣格交接如同運交接一樣會有短暫波折，等下次條件符合再走化氣格局，化氣格就同大運一樣，因其氣純力量大，吉更吉，凶更凶。走化氣格時以化氣格之原則判吉凶，十神論斷及親屬剋應身體狀況仍以日元為中心，而非以所化之神為中心。兩者的重點同樣在流年五行對命局的影響，若非如此，大概每位化氣格成立的命主，都官非纏身，災禍不斷，且壽命不長，如何富貴？

真假從格之辨（變格）

「真從之家有幾人，假從亦可發真身」能符合真從格者少之又少，多為假從格，而真從易辨假從難辨，「假化之人亦多貴，孤兒異性能出類」不管真假從格、化氣格都能顯貴，真假之差別在出生的家庭富貴或平凡。格局已成就要看行運，運吉為吉，運凶為凶，不分真假從格皆為如此。格局判斷上真從格比較容易，假從格認定較模糊，以前文論格局中直線兩端來分辨，真從格位於最兩端（極端），假從格處於從格範圍接近正格之端且與正格範圍相接，一不小心判斷錯誤會將正格辨成從格將從格辨成正格，用神、行運、喜忌皆不同，影響極大。

真假從格除前述之原則外，假從的認定較寬，但仍有其界限

（一）從弱變格之假從

從格除所從之神為月令條件外，必為全局最旺之物，「要出干，且地支含月令有兩粒以上」（二分之一原則），全局無所從之神的忌神出現（剋出、剋入），此為從格之絕對條件。

假從有幾種可明確列出的狀況：

❶ 天干全無所從之神，地支全為所從之神；或三合、三會、六合，使地支四星全為所從之神，且天干無所忌之物，或只有一粒虛浮在干。

❷ 天干全為所從之神，地支月令非所從之神，但有地支為所從之神且與月支三合、六合、三會成所從之神，除與月支三合、六合、三會之星外，無其他忌神在其中。

❸ 符合真從格之條件但天干有一忌神虛浮在干；或有兩忌神虛浮之外並被剋死無作用，或忌神被合成喜神。

例一：天干全為所從之神

傷官	丁丑	正財
食神	丙午	傷官
日元	甲辰	偏財
食神	丙寅	比肩

此造天干與月令全為食傷，全局除時支比肩外全為耗洩之物（時支寅與月支隔支合，合之力較相鄰為弱，但仍為拘絆），地支寅午隔支不論合，食傷星不夠旺，使地支條件不足不能成為從兒格，而列入假從勢格，若時支寅在午旁邊，使寅午半三合，則局中有財星，可列入從兒格。

例二：地支全為所從之神

食神	己酉	偏財
食神	己巳	劫財
日元	丁酉	偏財
傷官	戊申	正財

此造月令為劫財，本來不入從格，因與年支及月支三合成財星，地支全為財星，以月令所合之氣來判定為從財格，天干全為食傷，財星未出干，所以為假從財格。

例三：忌神虛浮在干

七殺	丙午	正官
偏財	甲午	正官
日元	庚戌	偏印
食神	壬午	正官

此造日支偏印，本來不入從格，因日支與其他三支皆為午戌三合官煞，月令官煞且出干為從煞格，因時干有忌神（食神）虛浮在干，所以為假從煞格。

（二）從強變格之假從

八字日主五行強旺至極且當令，四柱中生扶比助日主之物多且旺，剋耗洩日主之物極弱或全然不見時，此命造即可以從強變格來論，仍與從弱變格一樣用二分之一原則（天干出干，地支含月支至少兩粒同黨之物）。從強變格又稱專旺格，五行偏於一、兩種，造成五行之偏枯，算先天上之缺陷，最喜有「食傷」來流通其氣，讓運勢源遠流長。第一忌為官煞（剋入），第二忌為財星（剋出），行官煞運或月令逢歲運來沖剋有破敗、疾厄、意外、刑傷之凶。因本身用神必直接、有力且多為最佳之選，如行運又為其所喜之吉運，則多為富貴之命，富貴可期，財運亨通。化氣格僅以與日主化合之神作化氣論，其餘干支不再見化合為清，歲運來臨亦是。命局必須無爭合妒合，有則為假化，命局有一粒剋洩化神之星，虛浮或不透亦為假化。所有從格皆怕歲運來將原來格局由變格改變成正格之範圍，若落入正格，以正格之標準來看，五行幾乎都屬偏枯，淪為劣命，由天堂打入地獄般。此為從強最忌官殺之理，意即變格從強越強，從弱越弱才是保平安保富貴之道（但仍有其極限在）。從強變格之假從也一樣是最強與正格之間的範圍，行運不吉易落入正格範圍。假從之原則與從弱之假從一樣由二分之一原則引申，可容許：

（1）天干有財星、官煞一粒至兩粒虛浮或有剋合。

（2）所從之五行未透天干，但地支全為所從之五形或其三合、三會或六合之局。

（3）天干全為所從之五行，地支月令非所從之五行外，另有一粒與月令成三合、三會、六合之局，此外不能有財、官星。

從強、從氣、從勢皆同一使用原則：

例一

偏財	辛巳	劫財
正印	甲午	比肩
日元	丁未	食神
偏印	乙巳	劫財

此造丁火日主午火當令，地支巳午未三會火局，時支巳火，天干全無丙丁透出，辛金偏財虛浮在干，地支全為火，符合第二點為假炎上格。（忌金水）

例二

比肩	庚辰	傷官
偏財	甲申	比肩
日元	庚申	比肩
傷官	癸未	正印

庚日主生申月，申金當權地支金星二粒，庚金透干，有一甲木（財星）虛浮在干符合第一點為假從革格。（忌火、木）

從弱變格之特性（真假從格皆適用）

書有「陰干易從，陽干難從」之說，因陰干較弱無力，故以從人為佳。但從與不從依命局本身條件決定，不必預設立場。

❶ **從煞格**：從煞是日主弱到極點，而官煞強到極點，日主無力抵抗只能「棄命從煞」。一般人遇工作壓力，或任何心中不快之負擔的外在壓力（官煞）時，都會有排斥逃避的想法，主要是因日主保有「自我意識」對事物有主觀的想法與偏好。既然棄命從煞，就不要與官煞對抗，棄命即是放棄自我主觀的意識，心中對事物不要存主觀的看法；對外來的壓力（官煞）視為理所當然而對其服從，全力以赴，不將其視為「厭惡」的壓力，而視之為幫助命運之「事項」心中無排斥感反而有喜悅之情，希望多多益善。能夠如此，即遵從「從煞格」之運行，反而可以有所成就，所有從格皆有「棄自我意識，依所從之神」現象，皆可依此原則應用。從煞格逢官煞月，照樣有剋應，八字若無財星，則格局低，一生成就低。（官

無來源沒受到支持）

❷ **從財格**：適合走從商之路，善經營謀劃，愛財如命，一生與財有關的事多（賺錢、發財、婚姻、求官、選舉）。因命局財旺，運喜官煞，有財見官富貴雙全，若有財無官，只富不貴。命局如透官殺護財（官剋比劫），逢比劫運時，亦難破局。命局有食傷，為食傷生財，名利兼收，科甲有望。命局有食傷遇比劫運，以食傷為通關，亦可保無大凶險。比劫無力時不為忌，反而有用，與人交往，能相互幫助。若走印運耗財，當印無力而順從財為吉，若印有力不順從財而與財對抗會出現印的凶性。

❸ **從兒格**：凡從兒格行運不悖，逢財未有不富貴者；且食傷生財，洩秀透氣流行，人必聰明出類，學問精通。比劫、財星為喜，若比劫根深、比劫蓋頭剋財為忌，以金水及水木從兒格較秀氣，火土從兒格生在未月較不具秀氣（火土過旺，命局乾燥）。有印星一粒虛浮雖仍能入假從兒格，但財星被耗，食傷被剋，大富無望，格局已次。若有官星一粒虛浮仍可入假從兒格，但官星被制，仕途不顯。從兒格以食傷為喜，食傷代表智慧、名譽，有洩秀主人聰明，故從兒格之人必聰明愛惜名譽，適合發揮智慧的藝術家、律師、文學作家、學者等自由職業。當運行正偏印時食傷被剋，會有名譽破損，才能受制無法發揮情形。命局有財星亦可從商，行財運時更有利財富累積。唯缺點是食傷過多，食多為傷，會比較情緒化，個性硬，不易妥協之情況。

❹ **從勢格**：從勢格較複雜，多為當令者卻非最旺之神（當令又最旺，則依所從之神為格局），使得命局內部一旦由一種十神主導，就有異類星剋制抵消情形出現。能入格表示印、比劫不強先不做討論。

（1）若全局以官煞最強，會有食傷破壞，則五行交戰不吉，若局中有財可化食生官殺做通關之用則為吉。

（2）全局以食傷最強，會直接剋制官殺，仍以有財星通關緩解為吉。

（3）全局以財星最強，起通關作用，局中食傷洩於財不會去剋制官煞，五行通暢最為吉利。

可知從勢格以局中有財為佳，若無財只食傷與官殺對戰，則無財又無貴，反而不佳。遇有印及比劫虛浮時財星也有剋耗之作用，因此從勢格以遇財為佳。

從強變格之特性

從強變格優點在於局中旺氣聚於一方，命局之方向明確，日主能量充足，有主見強勢而為，不畏艱難，堅持到底，是成功立業之條件。運順則順，若運凶，由於命局之氣勢偏枯（五行集中在一、二種）易遭大敗。也由於格局強旺，人格特質明顯，並不好相處。五行偏枯，六親方面有缺憾，行運吉凶明顯，易大起大落。能知命順命做好命運規劃（掌運），趨吉避凶，調適心態，才能生活得平順安穩。

從弱變格	特性	應對	適合工作
從煞格	• 適合封閉的從屬關係，對上下關係敏感，可掌握自己立場並適時應對。 • 做事全力以赴，遵從團體組織中上級的命令、指示，並完成上級交付之任務。 • 有堅韌的耐力，強烈的使命感。 • 不適合自由隨性的工作，不適合創業，適合有上級長官的工作。	• 順從長官可受惠，完成上司的託付能從其中獲得成功。 • 拋棄主觀，多聽長輩、長官、專業人士的意見，可讓運氣更佳。 • 固執己見會帶來厄運。	• 政府單位 • 軍、警單位 • 法官、律師、法律相關單位 • 企業之管理職
從財格	• 體力佳，財運強，服務精神佳，人緣好。 • 個性溫和，圓融，擅交際，花錢不手軟。 • 男性異性緣佳，常有美女、才女圍繞。 • 擅長賺錢，愛賺錢，也很會賺錢，投資，投機皆宜。	• 拋棄自我主觀，多為他人著想，運勢自然開。 • 固執己見以自我為中心會帶來厄運。 • 運用好人緣，發揮交際手腕建立人脈關係，對財務累積有助益。	• 財經（銀行、證券）方面 • 實業家（創業、生產、貿易、店鋪型皆可） • 不動產投資、買賣 • 各種商業皆宜
從兒格	• 聰明伶俐，能言善道，多才多藝，社交手腕佳。 • 靠才能（設計、企劃、藝術、表演、工藝、發明）賺錢，若八字有財，一生都不缺錢，只財多財少之分而已。 • 擅長掌握潮流，掌握先機。 • 有特殊才藝能成就高名氣。	• 越幫助他人運勢越旺。 • 喜歡運動，也重肉慾享樂，將過多之體力、慾望轉化成奉獻社會、幫助他人的付出，對自己更有助益。 • 固執己見以自我為中心會帶來厄運。	• 各類型藝術家 • 政治家（民意代表） • 服務業 • 各種設計、創意類型之工作 • 演藝事業

從弱變格	特性	應對	適合工作
從勢格	・個性圓融人緣佳，不同場合能隨機應變地應對進退。 ・命中若正偏財多，表示與金錢相關事有緣，財運佳。 ・有多方面才藝，並能充分發揮。 ・適合面對大眾的事業，演藝、傳銷、演說。	・多接觸人群，不同的事物多方學習，為自己創造條件。 ・接受工作的挑戰並與人相處愉快。 ・接受環境的改變，堅強且樂觀的面對，能為自己開運。 ・固執己見以自我為中心會帶來厄運。	・各類型演藝工作（唱歌、戲劇、跳舞） ・藝術家 ・政治家（民意代表） ・依命局強旺的十神而定 ・食傷生財——商業、貿易、傳銷 ・財生官——選舉、為官、公職、軍警 ・食傷旺——設計、創意、藝術類

從強變格	特性	應對	適合工作
比劫旺	・元氣旺，自我觀念強烈，凡事我行我素，不易因挫折而灰心。 ・兄弟姊妹感情好，朋友間也相互照應，並可得助得力於他們（與正格身強比劫多相反）。 ・正格身強比劫多者，兄弟朋友為忌，一生獨來獨往，與他們感情不佳，且無相助之力。 ・運勢大起大落型，吉凶兩極。	・適當參酌別人意見，不過度自我會比較好相處，才能得到同儕之助，運勢會較好。 ・適合合夥創業。 ・運勢走法極端，最好對自己的行運流年充分了解，運佳時放手一搏，運背則保守以對，才能平安順心進大財且守得住。	・自行創業 ・依自己所喜（瞭解自己行運非常重要）
正偏印旺	・求知慾旺盛，聰明，學識豐富但自我意識極爲強烈。 ・週遭長輩貴人多，與家人感情佳，且得助力（正格身強印多相反）。 ・正格身強印多者，與家人感情不佳，獨來獨往。 ・無生意頭腦，不適合經商（財剋印）。 ・運勢吉凶兩極化。	・工作及爲人處事上多聽長輩、前輩之建言。 ・在專業知識上努力精進爲人類謀福利。 ・感覺運勢不佳時，多參加社團，多與親友聚會並尋求協助，能更平順。 ・運勢兩極又不宜經商，要做好財務規劃。	・有關教育方面工作 ・有關開發研究方面工作 ・考古、圖書類工作

五行特性

每個人依其所屬五行之屬性各有不同個性及性情。從弱變格之人其日主五行亦有此特性，但以棄此特性為佳，宜修正性格，從其所從之五行，放棄主觀。

- **甲木**：屬「陽木」，根部盤據大地往上生長，為人講信用，重道德，待人善解人意、個性堅強有骨氣、溫良恭儉讓、熱心助人、心地仁慈、有時會擇善固執。天性溫柔體貼，是令人心服口服的領導者。
- **乙木**：屬「陰木」，個性溫柔體貼，充滿慈愛，給人柔弱膽小的感受，內心佔有慾強，反應靈敏，善於見風轉舵。金錢嗅覺敏銳，不喜奢侈浪費。「甲木參天」、「乙木藤蘿繫甲」，乙木屬隨從型，不喜出類，喜歡有依靠。
- **五行木**：木之五常為「仁」，曲直格，丁壬化氣格者木氣強旺，有木性以「仁」為本的特性，及向上奮力而起的精神，講話實在、仁心、慈祥敦厚、誠實善念、不屈不撓有同情心。疾病部位以肝膽為代表。
- **丙火**：屬「陽火」，個性陽光、熱情、活潑開朗，做事積極、急躁，善於工作而不計較得失，心地光明無心機。金錢用度上比較不善控管，易奢侈浪費，容易顯得不耐煩。
- **丁火**：屬「陰火」，溫和消極、略帶神經質、疑心病重、重犧牲、不與人爭、富有同情心。承受壓力時會隱忍，別人不易察覺，一旦脾氣爆發又難以收拾。情緒起伏重，不懂自我反省。
- **五行火**：火之五常為「禮」，炎上格，戊癸化火格者火氣重，較外向、性情開朗、豪爽講信用、肯為朋友犧牲奉獻。自尊強、性急、對事氣躁易怒。疾病以心臟、血管性、眼睛為主。
- **戊土**：屬「陽土」，個性成熟穩重、重名譽，常為人情所苦。信實無欺，喜固定不變動，欠缺融通，慈悲心腸，逆來順受，默默付出型。

- **己土**：屬「陰土」，善良穩重顧家型。重視愛情與性愛，很會黏人、很有主見、卻很固執。個性叛逆不穩定，但很講義氣。外表好溝通，內心會猜疑，內心性格較複雜，易與人相處，也容易遭人利用。
- **五行土**：土之五常為「信」，稼穡格，甲己化土格之人忠厚老實，做事實在。有包容力、不計較、不重外表、凡事深思熟慮有耐性。屬土的人較容易接近宗教、政治與命理五術。疾病以脾、胃為代表。
- **庚金**：屬「陽金」，庚金剛強堅硬，其人強硬豪爽，好勝易衝動。個性不服輸愛出風頭，人際關係欠佳，講話直接易傷人。不畏困難、做事有魄力、眼光犀利、氣勢逼人。好權勢、好爭鬥、黑白分明、肅殺之氣太重。
- **辛金**：屬「陰金」，外表柔弱內心堅強，性格傲慢講義氣，自尊心強愛面子，柔軟度夠，感性、冷靜又講實際，重外表有點神經質，意志不堅常半途而廢。外表有氣質，對事重細節，多為俊男美女型，皮膚較白。
- **五行金**：金之五常為「義」，從革格及乙庚化氣格之人富有強烈的正義感，重視人倫道德，做人講義氣，個性剛毅，重視外表，眼光不錯，但具有破壞性，攻擊性。疾病方面以肺臟、氣管、皮膚為代表。
- **壬水**：屬「陽水」，為大海水。樂觀外向，才佳反應快，人緣佳，交際廣，手腕住。善於把握機會，度量大、能文能武、多元心又多疑包容，雖聰明卻又縱慾任性，適應力強擅商業經營，較無定性。
- **癸水**：屬「陰水」，為雲霧，小水溝之水。愛幻想，重情調，個性柔和心思細膩。外表平靜內心不安、眼光遠，感情豐富深藏不露、毅力堅強有耐性，心機深沉會算計，適合商業經營。

- **五行水**：水之五常為「智」，潤下格及丙辛化氣格之人聰明有智慧。性格機智，富幻想、有多元性、缺乏定性。任性但適應力強，易被同化，多情不喜拘束。疾病以膀胱、腎為代表。

十二 大運與流年

流年的吉凶判斷，是八字學習上最重要、最精彩的部分，也是書上最少細述的事。八字用來治病，是治「人生」的病，八字給的病是已定的數，無法改，但我們可以趨吉避凶，從行運去運用，流年大運可推知八字的病何時發作，我們該積極進取或保守退避。加上後天天運的綜合運用（後述），可以將我們生命的能量發揮到最大，也能將最不利的損害狀況壓到最低，而且已知吉凶，就能採取因應對策，不致走到凶運時措手不及而怨天尤人。

大運流年的干支對命主而言，有干喜支忌，干忌支喜，干支皆喜，干支皆忌，四種可能。干支皆喜當然是大吉運，干剋支為蓋頭運，支剋干為截腳運。干是外在的顯向，即行為或事件發生明顯的地方，地支是加強或減弱作用力的產生。

當❶天干生地支時，天干會減損三成力量，地支則增加三成力量（如戊申）。

❸天干剋地支時，天干減三成之力，地支被剋亦減三成之力（如戊子）

❷地支生天干時，地支減三成之力，天干增加三成之力（如甲子）

❹地支剋天干時，地支減三成之力，天干亦抵銷三成之力（如丙子）

大運一運十年，比之流年一年影響力較大，但反應較緩。大運吉流年凶，只是小感冒，不舒服而已不會要命；大運凶流年吉，是逆境中喘口氣，難有大作為（大原則如此，實際剋應仍要以歲運流年與命局五行生剋為準）。

八字命局為一定數，大運流年是外來的，當然一出生也已定了；只是有時間性，時間到才產生影響，不似四柱八字，一輩子都存在的影響。當大運流年來時，就要與四柱比較沖、剋、合、會，有時吉運因合會成凶神而變凶運，凶運合會成吉神而變吉運。有沖、剋時，有時會將原命局中已合、會的吉神或凶神解掉，有合時也會將原沖、剋之局解掉，原則就是將命局中八字與大運流年的干支字全擺一起重新比較沖、剋、合、會狀況，再判斷吉凶。合會成吉神為吉，合會成凶神為凶，尤其有出天干的五行，其代表的現象反應會更烈。看沖、刑到那位十神代表的親屬，身體那個部位，就知剋應在誰在那方面。

行運過程中，大運流年，命局與年限都要放一起綜合判斷。大運每運十年，流年為當年的天干地支，命局為自己的四柱；年限為限運，年柱管一至十六歲，月柱管十七至三十二歲，日柱管三十三至四十八歲，時柱管四十九歲以後。若大運流年的刑、沖正巧在所屬歲數的限運內（稱為本限），如年二十八歲，大運、流年刑、沖在月柱，影響更為劇烈，若不刑、沖在該年齡的限運，剋應的對象有可能轉為家人。

「大運重地支」：大運干支各管五年行運，大運十年間干支皆有影響力。為何又有大運重地支說法？其實並不矛盾，天干是顯性的表現，地支是內心的實質暗藏，所以大運或流年的天干所代表的十神，是影響比較表面的事物，是外顯的。例如戊土日主遇天干乙正官流年，代表此年沒工作的會找到工作，有工作的可能會換工作或工作上有壓力，會遇到亂流……等。若遇天干庚食神年，代表此年命主才能外顯，才華能充份展現……。十神代表的意思，在相對的流年、大運會有顯性的表現出來。地支則是影響大運流年運勢強弱的氣勢（是運行吉凶的來源，有力的靠山）。例如一個人元氣十足（地支吉），工作表現（天干）能充分發揮才能，得心應手。若氣虛（地支凶）之人，做三天工請假休息兩天；上三個小時班，趴在桌上休息五小時，能力再好也可能做得滿身是傷，而且還「做到流汗，被人嫌到噴口水」。

八字的強弱由月令來決定，月令是出生當時的季節。當夏季「巳、午月」到了，「申、酉金」就入囚了。四柱本限每柱管十六年，大運一運十年，若某人五歲起運，前幾柱為丁未（五至十四歲）、戊申（十五至二十四歲）、己酉（二十五歲），當其二十三歲時，會影響他的行運有兩個部分，在命局內的為月柱（管十七至三十二歲），其重要性會凸顯出來，這個限柱內的十神代表的含義及親屬關係，會較有波動，吉凶較他柱更顯著，五行的影響會加重。第二部分是命局外加進來的大運流年、流月等，本例在二十三歲為戊申大運，若流年為己巳，流月為庚午，此時戊申、己巳、庚午就要與四柱八字一起討論，這時命主的月令不再對外來的歲運干支有強弱決定權，這些外來的干支，都是當季（當下的時間點），與出生時月令「當令」同概念。出生時月令決定完八字的強弱後，八字已在一個平衡狀態（不論好或壞）。外來的干支皆是「當令」，作用力都是最強的。進入命局後會改變命局的平衡狀態，造成命運的起伏，因天地的「氣」不斷在運行，是一條不會停留、不會回頭的時間線，出生時當下那一點，八字已現，強弱已定，到下一個時辰，又是另一個八字，不同的氣。等到二十三歲要論命時，就以這個時間點的干支（代表此時的氣，包括大運、流年流月、流日、流時）進入命局中，與八字較量。八字不同，造成的影響結果就不同。

歲運加臨之十神與命局八字生剋論斷，可分較簡單的依喜忌來粗略地判斷影響，稱為「歲運懶人包」。另一種是較精細地細論概念（參考本書中歲運進階版）。兩者都實用，端看使用者依所需取用，若有心學八字，精細地論斷是必備的知識。

歲運懶人包

十神為喜：

（一）**正官運**（喜）：事業順利，公職人員官位提升，社會地位提高，過去的努力能開花結果，自信心大增。遇到任何亂流都能順利渡過，不會大傷。此運考運極佳，每考必贏必中（有盡心盡力才算）。家運、愛情運順利。女性的戀愛、結婚年，異性緣提升；已婚者要能愛家愛子女，守住家庭。

（二）**偏官運**（**七殺**）（喜）：七殺性較霸道、偏激，因此七殺的外顯要有「動」因會更明顯。此運期間，工作上會因處理能力突出而獲升遷或自行創業或被高薪挖角跳槽。能力得以發揮而獲得高評價。就算有官司上的問題也會順利解決。也是女性的戀愛、結婚年，異性緣提升，能修身養性，才能守住和樂家庭。

（三）**正財運**（喜）：財運強，上班族升官加薪或跳槽到更高薪公司。創業者業務上升，有努力就有財。可購置不動產或其他投資。健康狀況佳，學生會出現愛玩心態，荒廢學業。男性之戀愛、結婚年。已婚者有外遇情事的可能，要能把持。

（四）**偏財運**（喜）：財運旺，有機會獲得投機財。投資股票不動產或副業都可獲利。上班族加薪，創業者生意大好。體力充沛，健康良好，但學生不喜讀書，心定不下來。男性異性緣大增，有戀愛結婚的機會，已婚者要照顧好家庭，拒絕誘惑，才能守財守幸福。

（五）**食神運**（喜）：特殊才能充分發揮，創意不絕，表現能力增強。財運奇佳，心靈生活充實，工作和學業都很順利，休閒運動生活也能如意，口福增加，衣食無虞，身體也很健康。女性求子女者可在此運期間懷孕生子，生女兒機率大。

（六）**傷官運**（喜）：是學習藝術、技藝的好時機，此時頭腦靈活創意源源不絕，能充分發揮才能。健康或生活習慣不佳者可趁此機會找到方法改善，必有效果。女性求子者，趁此機運懷孕生子，生男兒機率大。

（七）**比肩運**（喜）：可得兄弟姐妹同儕之助，小人遠離，廣結人緣，人際關係變佳，工作運增強，且效率提升。會有新增花費，最好投資在不動產上，或有新的合夥投資機會，財運轉佳，身心能量皆充實。男性小心外遇，容易東窗事發。

（八）**劫財運**（喜）：創業生財之期，此期頭腦更靈光，思考判斷正確使工作更順利，財運更佳，得兄弟姐妹同儕之助，更能接受挑戰，上班族也得道多助，業績大有起色，花錢機會增加且不手軟。既要花錢不如花在未來可變現之財（如不動產、珠寶、古董⋯等），運過了還可留下資產。男性要留意太太身體狀況。

（九）**正印運**（喜）：生活環境較安定，外來壓力減輕，有機會可以進修，過去所學的也在此時開花結果。功課進步，金榜題名。對宗教玄學產生興趣，得長輩、貴人之助力，行事都順利。但運動量會變少，導至感冒多吃藥，應多注意飲食及休閒生活正常。

（十）**偏印運**（**喜**）：各種學習突飛猛進，考得文憑、執照，研究發明成果有突破發展。對宗教哲學、玄學更想了解也更加了解。得父母長輩幫助，貴人出現，但行為可能更孤僻，喜歡獨立一人，不太合群，重視精神領域勝於現實世界。

十神為忌：

（一）**正官運**（**忌**）：求職者難謀好工作，公務人員難升官，工作壓力大，面對各種刁難。上班族、自創業者升職難或有官非、小人。名譽聲望可能受損。金錢方面保守，小心因財惹上法律問題。女性小心爛桃花或感情遇波折或受男友、丈夫的拖累。

（二）**偏官運**（**七殺**）（**忌**）：上班族工作可能有異動，創業者可能轉行或改變營業項目，此運期間會想有大作為而大膽行動，却易失敗，而遭到法律問題，名譽受損，壓力大增而影響健康。女性小心爛桃花或感情遇波折或受男友、丈夫的拖累。

（三）**正財運**（**忌**）：財運差，愈拼命賺錢錢愈少，上班族工作難有成果，經商者事業難獲利。讀書人士心情浮動不想讀書。錢財常有預期外的損耗，可能要變賣祖產、家產來維持，或為長輩親人之事煩憂。身體也可能出現狀況。男性會將錢花在異性上，破財而無所獲。

（四）**偏財運**（**忌**）：業外投資遭逢損失，業務人員績效不振，經商者難以獲利，賺不夠賠。讀書求學者好玩荒廢學業。男性小心因異性而破財，小心爛桃花。健康狀況也變差。此運投資、投機皆不宜，保守因應。也可能因父親而受累。

（五）**食神運**（**忌**）：工作無法專心，得過且過，易與上司衝突，心生異動，離職想自力發展。熱衷自己興趣的事物或將時間、金錢花在旅遊享樂上，易有運動傷害。心浮氣躁，小心口舌之患。女性愛情運落入低潮，小心配偶惹事生非。

（六）**傷官運**（忌）：身兼數職，忙祿生財，卻勞而無獲。易與上司有口角，對父母長輩心生不滿。這時期會感到焦躁與焦慮，什麼都看不順眼，火氣很大。人際關係處理不當，與朋友反目或惹官非上身。愛情受挫，分手或離婚之事生。

（七）**比肩運**（忌）：有可能交到損友而造成傷害，也可能與兄弟、朋友、同事產生誤會與不愉快。自我意識變強，因本位主義而易與他人形成對立而出現爭吵、傷害之事。事業、投資方面也易因聽從別人建議而導致失敗或財務損失。戀情也可能因太過自我而導致分手。此時期儘量守分守己，工作投資保守，與同儕朋友暫時保持一些距離，太親近易受傷。小心爛桃花造成傷害。

（八）**劫財運**（忌）：易獨斷獨行在工作、事業上失敗，而造成財務上的損失。自我意識強，而無法冷靜判斷。兄弟姐妹、同儕亦無法幫助，反而有扯後腿之嫌。愛情亦可能因自己的任性而分手。此時期也是要修身養性，安份守己。小心太太身體變差。

（九）**正印運**（忌）：小人浮現，又有長輩過份干涉，導致事業、愛情皆不順利。依賴心重，沒有鬥志，自我封閉，有憂鬱的困擾。愛情也易因長輩干涉而破局。最好寄情於工，適度休閒生活，心靈要有所寄託。

（十）**偏印運**（忌）：缺乏鬥志，各種挫折齊來，開始悲觀，又有小人落井下石。愛情、工作、學業都易遭挫折。諸多不如意使判斷失靈，而受人利用或欺騙，如此不斷循環而萬念俱灰。還是建議提起精神工作，適度休閒生活，疏解身心壓力，心靈要有所寄託。

流年、大運與四柱

（一）流年「沖」或「合」**年柱**：易有不動產買賣、變賣祖產、房屋修造、搬家、遠行、工作職業變化之現象。

流年「沖」或「合」**月柱**：易有觀念、思想的轉變，兄弟朋友感情生變或家族中發生別離現象。

流年「沖」或「合」**日柱**：自己的健康或夫妻感情有變化。

流年「沖」或「合」**時柱**：職位、事業之改變，子女有恙或與子女有衝突，女性懷孕或生產。

（二）十神逢沖、剋、合易與對應的六親分離或不合或其它和合之事。沖、剋有兩種含意，原來不動者被沖、剋而產生「動」；原已處於動態平衡者被沖、剋而破，非全為負面之意。若正好在對應的四柱「如父母宮（年、月柱）沖父（偏財）、母（正印）……」則更驗。依喜忌之不同而有不同效應。

流年十神之現象

官殺：為職業、職位、事業、權利、官位、名譽，外在的壓迫、傷害，男性子女、女性的異性緣份、關係……等。		
正官	**喜**	金榜提名（尤其屢試不中者），職位官位高升，上司提拔，名聲大噪，有官司易勝訴。職業轉換順利，謀事求職易成。女性得婚姻，男性求子易成。
	忌	名落孫山，職位官位不保，與上司不合，名譽受損，口舌、是非，求職不順，女性已婚者易有家庭風波。
七殺	**喜**	有「動」的特性，表現方式比較強烈，大都要經過競爭才達成正面目的。主要剋應在事業，名聲，權利，職（官）位方面，並且全身充滿鬥志。
	忌	凡事易衝動。與人摩擦爭執，意外刑傷，錢財虛耗，事業失敗，週轉困難，謀事難成，犯官刑、口舌、是非……等

官、殺為女性的異性星，凡官殺大運流年女性異性緣大增，逢沖、剋、合，未婚女性有結婚機運。沒對象者也有戀愛機會，反而已婚者要注意有異性追求，婚外情之機會，要以家庭為重。不能太浪漫，因官殺年一過，流年的異性緣就回復原狀。若促成大錯，會兩頭空，得不償失。

正、偏財：多與財相關之事項如動產、不動產、交易、買賣、物質享樂、健康有關或相對應之十神親屬、父親、妻子等。		
正財	喜	工作財運佳，財源穩定，生活無憂，慾望高，功利心重，易購置不動產，但有點吝嗇。為男性結婚年。
	忌	有財務上糾紛，意外破財，因財而惹禍上身。財運不順，事業不順，男性妻子健康違和或運氣不佳，或因異性破財。
偏財	喜	生財管道增，且大多有獲利，投資、投機皆順利，外面應酬增加。易購置不動產，未婚男性有戀愛、結婚之機運。
	忌	事業起落大，有意外破財或因異性而破財之可能，身體健康出現狀況或意外之災。父親健康、運勢不佳。

財星為男性異性星，凡此流年男性異性緣大增，沒對象者有戀愛、結婚之機運，已婚者小心爛桃花的出現，男性易在異性上花錢。

比肩、劫財：與兄弟、姐妹、同學、朋友、同事、人際關係、父親、妻子（比劫剋財星）、個人思想行為、合夥事業有關。

比肩劫財	
喜	可能獲得家產，財運佳，合夥事業入佳境，得兄弟同儕之助力。
忌	與兄弟朋友同儕產生口舌、誤會。或受其牽累而有破財，事業失利之事發生。

食神、傷官：多半與特殊才能技藝、思想有關。創意的表現、手工藝、口才、表演、文藝創作、田宅、財富、部屬、子女、性慾……等方面。

食神	喜	才能技藝得以發揮，學習方面大步提升，創作、技術相關工作者能有好的名聲，女性有懷孕、生產之機運，男女感情升溫。
	忌	子女有損，男女感情生變，易有口舌是非、爭執、名譽有損，頭腦打結、思慮不清，縱慾過度，因酒色惹禍，女性丈夫運氣不佳。
傷官	喜	通才發展得宜，多方面技藝都能大幅進步。有機會因創作或發明而名利雙收，演說得心應手，幽默風趣。
	忌	子女有損，口舌是非官司加臨，易因說話不當而得罪別人，名聲受損，易受子女、部屬之拖累煩心，小人暗箭難防。

食傷為女性之子女星，凡食傷流年，女性有懷孕、生產之機運，食神生女，傷官生男機會大。

另因食傷剋官殺，於此同時女性之食傷運也會傷害丈夫的事業運。

正、偏印：所主之事多與長輩、母親、貴人、宗教信仰、求知慾望、權利、地位、白紙黑字的文書、契約類有關。

正印	喜	貴人出現，得父母長輩之助。對宗教、五術產生興趣，原在這方面的學習有所長進。權力、地位得到提升，學業、事業得意。
	忌	小心簽約不當受損，考試謀職較不順。權力、地位動搖，母親身體健康或運氣較差。
偏印	喜	同正印，但較孤僻，不喜人群。兼職事業原本不佳者會有所斬獲。未兼職者可能會有新副業出現。
	忌	有很多怪點子而出現異常行為，工作事業財務皆不順，事多阻滯。不得長輩之助，副業受損。

正印為母親（無正印以偏印論），逢空亡可能與母親感情生變。逢剋、合注意母親健康問題及意外的發生。

例：男性55年次

偏官	丙午	正官
偏財	甲午	正官
日元	庚戌	偏印
食神	壬午	正官

大運

6—15 乙未

16—25 丙申

26—35 丁酉

36—45 戊戌

46—55 己亥

乾造日支戌偏印與午半三合，日主身弱無依，壬水（食神）虛浮無根為假從勢格。官、殺為喜，大運行運不佳，前四柱走土、金運，土、金為忌，皆背運，建築師國家考試屢試不中。四十三歲時大運為戌偏印，流年戊子終於考上建築師。之前三年為乙酉、丙戌、丁亥。流年地支土、金、水皆為忌，流年不利。四十一至四十五歲大運戌（偏印：主文書、執照類事項），此期間較孤僻不合群，午戌半三合火，大運因三合由凶變吉（此假從煞格喜火、木，忌土、金、水）。四十三歲戊子年走水運，流年凶，流年支子沖命中三個午火，沖正官（正官為喜），屢試不中者終於金榜題名，拿到建築師執照。

有些大運流年來臨要特別留意，遇到不好的運將來到，要事先備糧過冬保守應對。若是對自己及家人的刑傷，最好的就是平常就要行善積福，修身修言行，除了可能重業輕報之外也可關關難過關關過，既可本世輕騎過關也可為來世植福。

歲運與命局之剋應

（一）流年與日柱天比地沖（天干相同，地支相沖如日柱甲子，流年甲午），天剋地沖（天干相剋，地支相沖如日柱甲子，流年庚午）身體刑傷或感情不利，財運受損。

（二）大運與命局為天剋地沖，若無沖、合解開，該十年行運多反覆。

（三）流年與命局四柱天剋地沖，無沖、合解開，該流年行運反覆。

（四）若大運與命局天剋地沖，該大運10年內又有流年與命局或大運天剋地沖，身體刑傷多凶險。

（五）大運、流年、命局形成三刑，且刑入本限，該年易有災禍，若三刑逢沖則更凶險。若大運、流年亦有被合或該限運有貴人（月、天德、天乙、龍德……）則禍轉輕。

（六）大運與流年天剋地沖（反吟）通常為凶。

（七）要富貴，修太歲。要破敗，沖太歲。流年與命局年支相同（同生肖年）為太歲年。對沖的地支為沖太歲（地支六沖）。如子年生屬鼠，每逢子（鼠）年為坐太歲，子午沖，屬馬的人（午年生）為沖太歲，沖太歲者較易有災禍，不宜投資、創業，保守為宜，也應避免出遠門。

（八）刑沖在本限，自己易受災。非在本限者，則家人易受災。

（九）每人行運一甲子後，第61歲的流年正巧為出生年干支，稱為「轉趾煞」，亦稱「真太歲」，通常親屬中會有別離情況，事業財運也波折。若大運的干支與出生年干支相同，經驗上狀況頗為類似，為大運轉趾煞，並非每人都會碰到，由於大運要十年，不同於流年只有一年，影響鉅大。十年會磨掉一個人的耐性與心志，不可不慎，要先做好心理建設，提早做好規劃。這世碰到大運轉趾煞的人，若轉趾煞出現在大運前2柱影響較小，因還在求學期。六十歲後已屆退休也無礙。若正值創業期，又有家累者，除了提前規劃財務、事業（上班族影響較小）外，宗教信仰頗為重要。

（十）流年干支與日柱相同時稱「日歲伏吟」（甲子日柱遇甲子流年），此年歲運較不順利，本人中年有災，身體刑傷、感情不利、行運反覆、破財或配偶有災。日歲反吟（如庚申日主逢丙寅、甲寅年）亦稱為征太歲，剋應如日歲伏吟，但更凶險。命局中有干支與之合、會者可解。

（十一）大運交接前一年易有操煩、刑傷事生，尤其吉、凶轉換之大運。

（十二）日干剋流年天干稱為「日犯歲君」，易破財有災厄。若日主坐貴人（月、天德貴人、天乙、龍德、福星貴人等）或流年天干與命局其他三天干有合或大運、四柱有官殺星抑日主者，可解。

（十三）歲運並臨：流年干支與大運干支相同（如甲子大運逢甲子流年）。并臨是一種重覆、強化現象，也許是吉愈吉，也許是凶愈凶，也許是無所謂，關鍵在喜用與否，若為喜用的歲運則為吉，為忌的歲運則為凶，且不一定剋應在本人身上，也可能是家人。

（十四）命局中某五行偏旺，若歲、運又來同五行，更增其旺，過旺則傾，為破敗之年，嚴重者甚至會喪命。

（十五）亡神、劫煞喜沖忌合。若流年、大運之地支值亡神、劫煞又與四柱地支有合、會，該歲運有破財、困厄之災。

（十六）大運與流年互為空亡，主當年事業無成一場空。

（十七）羊刃為司刑之特殊星，不沖不合有制方吉。所謂羊刃遇刑、沖，定做刀下之鬼。羊刃忌沖，羊刃遇沖，名為羊刃倒戈，喜忌皆同。其災常在羊刃流年之前一年或犯沖羊刃（飛刃）前一年之秋冬即顯現出來，若無解救，勃然禍至，主傷妻、敗業，禍出不測。逢沖災大，逢刑災小。若日主身強歲運又逢羊刃，此為羊刃會聚，為大禍臨頭運不通。

例：張作霖命造

正財	乙亥	食神
正印	己卯	正財
日元	庚辰	偏印
正官	丁丑	正印

25	丙子
35	乙亥
45	甲戌

五十四歲流年戊辰遇炸被害。甲戌大運與日柱天剋地沖——反吟（第四點）。流年戊辰與大運甲戌又天剋地沖（第六點）。

例：乾造五十六年次

年	丁未
月	壬子
日元	戊申
時	癸丑

21—30	己酉
31—40	戊申
41—50	丁未
51—60	丙午

身弱調候喜木、火、土。

乾造四十一至五十歲大運丁未與生年干支相同，為「大運轉趾煞」，此十年間，祖父、父親相繼往生，店開兩次倒兩次，靠親友幫助渡過難關，財運極差，幾乎無收入。若財運事業不佳是因大運丁合月干壬（偏財），使壬被合得更緊而造成財運、事業運差，到了未運（用神運），五年時間事業也應有起色；因地支「未」是用神所在，天干丁火生助用神更佳，照理走用神大運（用神又得生扶），應是大發富貴之期；此十年之間，流年天干走了一輪，其中甲、乙（木），丙、丁（印），戊、己（比劫）皆為喜神，結果十年都一樣，工作沒換，整整十年卻都沒起色，流年為喜神也無作用。「轉趾煞」還是小心為妙。運勢強旺者（非八字部分）可免災，能安然度過。書中舉過王金平院長八字為例，有注意的話，他在六十一歲辛巳年時，剛好是他第九任民選立委當選年，那年也是他的轉趾煞，就是因為他的運勢強旺，選舉票數雖不佳，仍然是當選。要化解轉趾煞，要看個人福報！

乾造三十一至四十歲戊申大運同日柱，查其行運戊運大吉大利發大財，命主生子月調侯喜用木、火、土，且身弱，行戊比肩大運大進財，調候、扶抑並用，戊得用不受日、運相同之「轉趾煞」影響。轉趾煞只要看年柱即可。

十三 八字之先天為體，後天為用

當八字與大運、流年排出來之後，若仔細一運一運，一年一年推敲，會發現命局強弱是會改變的，因歲運進來的有大運、流年、流月、流日共八組干支（流時先不討論），這外來的八組干支會在特定時間內影響八字的強弱與格局。八字是一個基本架構，有這個架構才能討論歲運吉凶，格局定出來才能知喜忌。若某人命喜金水，走金水大運當然為吉，如其大運庚子，五年金，五年水，皆為喜用才是，若庚運來合掉了財（命中乙木為財星），有五年破財；若子年時有四年流年加進來後變為凶。如此十年大吉運只剩一年是真正的吉運，此大運有用嗎？若不逐運討論，逐年討論，只講喜神運是什麼五行，是有誤差的。八字是先天給的，歲運是後天該做的努力，此為先天為體後天為用之理。不可偏廢！

命局八字先定格局，定強弱，定用神，而知取用，但外加進來的歲運也有八個字以上（大運、流年、流月、流日、流時），而且是會變動的干支，加入命局討論之後會改變原命局的格局強弱與用神及原命局五行喜忌（單就命局來，八字論出來的命局強弱，也可能因五行的分佈不當，使應為喜神卻不喜，應為忌神卻不忌，書中有王金平及林醫師命例可參考）。意思就是原命局是個最初架構，這個架構隨著時間的演變，變成是動態的八字格局。

舉例：（文中提到的「神」、「星」、都是十神之星的意思，為比劫，正偏印，正偏財，食傷，官煞之意）

例一：乾造

正官	戊寅	傷官
比肩	癸亥	劫財
日主	癸卯	食神
正官	戊午	偏財

大運
甲子
乙丑
丙寅
丁卯

癸水生冬季，要調候取暖。木火為喜用，最需要的是火，取時支午火為用神，得卯木生扶之力。用分數算強弱為同黨一五〇分，異黨一三八分，身強。

若走丙火大運理應為大吉運。若在丙大運中的丙寅年，己亥月，對日主有何影響？（為利於解釋只論到流月，流日加入也同此原則）。

天干二丙火生戊己土剋日主癸水。地支兩亥水生寅卯木再生午火。午火生天干戊土。此時除天干兩丙火生戊己土之外，地支（氣集中在午火）也加強了天干戊己土之力來剋日主。日主毫無保護，絕對承受不住官煞同時大舉來攻，意外或官非算輕的，最後都可能喪命。明明五行火調候是命局最需要之物，尤以丙火為佳，如今來了兩個丙火，卻反而可能喪命？流年進來的剋耗洩之物都有，同黨之物只有流月支亥水，原本強弱分數已經非常接近，再加上歲運流年進來之後，原命局就變成身弱了。

由此例可知，原命局架構找出來的喜用及命局格局強弱並非永遠不變。要先看命局五行的結構及排列狀況，所要討論的主角（日主或財或官……）其本身有無護衛之星，歲運流年來時便逐運、逐年、逐月討論與主角之生剋關係，才知當時最需是何種五行（用神會隨流年而變化），如此例若天干有庚辛金，則可轉化戊己土生金再生水，戊己土就不會直接剋日主（此時庚辛金為用神），或天干有甲乙木，可以癸水生甲乙木剋戊己土，保護日主。（天干兩戊癸皆合而不化，月柱坐下亥水，癸水不合化，日主本身不合化。甲己同時出現，甲與己合而不剋戊，乙剋戊無力，但仍有剋應。）戊己土攻日主之力減弱，同樣的時間點，其它的八字需求又不同了。

若此例八字改成：

例二

		日元	
戊寅	癸亥	癸卯	庚申

大運

甲子

乙丑

丙寅

丁卯

此時強弱不變，用神調候不變，一樣的日子，隔一時辰後生。

丙運丙寅年、己亥月。天干丙火生戊己土生庚金再生癸水，日主被生助。地支申金生亥水生寅卯木。最後癸水洩於寅卯木（食神），寅卯木再生丙火為食傷生財（丙火大運及流年天干），日主得財，財有來源，是大財。兩例生辰間隔一個時辰，命運大不同（一個有喪命之虞，一個發大財），此時的丙火就真的是大吉的財運。若換一個時間點，兩例狀況可能又翻轉過來，吉的變凶，凶的變吉。

這是在釐清原命局八字與歲運討論之不同。原命局八字先確定格局、強弱、用神的作用，是要知道是否為從格；若是則要以從格特性行事及選擇職業。若為正格要知道喜用五行為何，才知適合何種五行行業（要配合先天命卦，書中文述），平日使用之五行元素為何？先大略知道一下大運吉凶在何年歲，適合從事士、農、工、商那一種？此為「先天為體」的部分。等到要投資，自行創業或有大轉變做重大人生決定時，依當時歲運判斷時機對不對？方向對不對？平時注意歲運加臨時流年有何吉凶，會有問題時會出在那方面？那些六親？如何應對能趨吉避凶？此為「後天為用」的部分。是不是兩部分都很重要？

命局中任何一個字皆有可能因流年（大運、流年、流月、流日……等以流年一詞代表）而來的干支組合受到傷害。八字生冬天要火氣調候，局中有火氣存在，這火氣是可能被流年滅掉的。生夏天要水調候，局中有水存在，這水也可能被流年剋死或曬乾。不是一出生命格好就一輩都好，後天的努力也很重要，包括工作的努力，照顧家庭的努力，行善積福的努力及瞭解自身八字、風水問題，而做趨吉避凶的努力。

流年對命局的影響是：流年來的是命主的何種十神，則此十神相關問題就會在這段流年主宰期影響命主，命主這時期發生的事與此十神的相關事項脫不了關係，如流年正印來，則這段時期發生的與印有關如家中長輩的問題、貴人問題、學術、證書問題……等。若命局中有食傷，即會牽制食傷，使食傷減少生財或無法生財，也會使財運受影響，即流年來的十神的生出物為何？剋出物為何？受影響較大。且原命局架構之喜用找出來之後，十神的喜忌已可確定，但流年來了之後，既可能改變格局、強弱、用神，當然十神之喜忌亦可能被改變。

八字格局二十八萬多種組合，加上男女順逆不同，再算上起運年歲之不同，命局多到無法太詳細地分類列出來，只能個別命局加上流年討論之後，再來確定這時期十神之喜忌，推斷出影響為何？

命主一出生，八字就成立了，此八字即處於一個平衡狀態，八個字之間彼此都會互相影響，而八字主要討論的主體是「命主」，也就是「日元」，因此就將除日干之外七個字做一生剋合會比較之後（命局內的生剋論斷），看如何影響日主，若要看財運，就以財星為主體，看他字對財的影響，看事業、官運，就以官煞星為主體。討論時要看主體星的護衛之星（主體星之印及食傷），若主體星被生助有力，護衛完整，這顆星就強而有力。若被沖被剋又得不到保護，此主體星就沒有用。比如說看財：「何知其人富，財氣通門戶」，若命主財星，天透地藏，或得月令，有食傷生助，財氣極強；財星八字排列上旁有食傷及官殺護衛，財星不被剋合，能發揮其用，則財星這主體星就是強而有力。若財星旁就是印、比劫（耗、剋財星）；食傷、官煞遠在另一端，保護不了財星（仍視排列而定）或財星被合，此財星主體星就失去其用，八字有財卻得不到財，只能靠歲運、流年有化解時才能得財。歲運、流年與命局的判斷關係是歲運流年的干支彼此之間，及歲運流年與命局八字間都要論生剋合會。分成空間及時間兩部分：

（一）**空間**：歲運一來，大運、流年等各有干支，大運或流年的每個干、支字要與其他不同流年流月及命局八字干、支字個別論斷一次。先大運天干，大運地支再換流年天干、地支、流月天干、地支……。若依這種順序討論就論不完了，而且很亂，根本無法論斷。可將「天干、地支分開論」（各級流年天干要分別與其他流年天干及命局的天干論，地支同樣論法；干支一個字一個字個別論的論法會與歲運命局天干、地支分開論之後，再天干與地支總論結果一樣），論完之後，再看天干與地支最後關係論斷。

（二）**時間**：歲運流年之間，大運時間長，其次流年、流月……。流日一到，流月、年、運都已存在。流月一轉換，新流月一到，此時也已存在著流年及大運。即外來影響命局的歲運是有分層的，有分先來後到，「時」一冒出頭，上面頂著日、月、年、大運。「日」一冒出頭，上面頂著月、年、大運。「年」一冒出頭，上面也還頂著大運。因此，歲運流年的部分一齊先論，天干、地支分開論，有合先論合，沒有合的再與命局的八字論，併入命局之中。此為時間的部分。各級流年間又有順序的問題，隨時間變動，新來乍到的「時間」（時↓日↓月↓年）會改變原本已存在處於平衡狀態的流年結構。例如：

年	月	日元	時
辛 X	癸 X	丁 X	丁 X

大運	流年	流月	
戊 X	壬 X	壬 X	癸 X

命局年干辛生月干癸剋日主及時干丁火。

大運在戊，年在壬：

- 壬月時，大運戊合月干癸，流年及流月壬合時干丁。
- 癸月時，癸一到仍被大運戊合住，癸水無法剋丁火去解丁壬之合，全局沒變動。（看似仍戊癸合，丁壬合，全局沒變，這是結果，但仍有過程發生）；癸一出來時有幾個現象產生：

❶ 年干辛生流月癸水剋日主丁火。

❷ 癸水直接剋丁火。

❸ 癸水剋時干丁火解了丁壬合，但癸的氣一與上述三種氣一接觸，還來不及有任何反應，癸馬上又被戊合住了，想像太陽一出來陽光同時照射到萬物，樹木來不及生長，光線就被黑洞吸走一般（癸為陽光，戊為黑洞），因戊的存在，使上述三項反應最終沒發生。

❹ 以上三項的剋應事項在瞬時間可能會發生；凡走過必留下痕跡，只是明不明顯、重不重大而已，但並不會持續（因癸被合掉了）。

- 甲月時，甲剋大運戊土，戊癸解合，變成戊土生辛金生癸水生甲木生丁火，五行順暢。
- 丙月時，戊癸合，丙辛合，丁壬合。
- 己月時，己剋癸使戊癸解合，癸解合後會剋丁火，己也剋壬使丁壬解合，戊己土生辛金生壬癸水剋日主丁火。最後時干丁火及日主受傷，剋應會是在時干丁火（比肩）兄弟姐妹或日主本身受傷害或兩者皆受傷害。

歲運流年來時的判斷方法，是將命局當成一個城堡，日主是要受保護的國王，國王若被殂殺，就城破亡國了。國王受傷就是命主受傷，道理同象棋，命主如將帥，會傷日主的就是官殺（日主的剋入之物），其它的十神日主不太怕。國王旁邊必要有護衛的將士以抵禦外敵，保護國王最有效的是印（印化煞）及食傷（食傷制煞），若無此二物，官煞來時日主就很難抵擋。每一個十神，都各有其可以護衛之神。當外敵來攻時一定會先由最外面的護衛部隊先打（時及年），再一步步往裡面進逼（月、日）。另一種譬喻方式，先舉天干為例（地支比照），命局天干四字為放在桌上的四種不同物質（先假設都未被剋入及生入），流年的天干先放在一起作用，有合的先合掉（流年之間），合掉後就靜置不動，剩餘的再與桌面上的四天干（命局內的）反應一次，有合的仍先合掉（流年與命局）。八字有「貪合忘剋」、「貪生忘剋」之說，與命局若有合亦放在一旁（合或合化皆有其對應的事象解釋，但卻不再參與攻擊），將剩餘的再進行反應。若命局中有相剋的五行（以天干為例），如有土與水，而流年進來的天干有可以轉化的五行（金），此流年的五行（金）做通關功能，不再參加攻擊，剩下存在的流年的天干若是〈A〉攻擊的五行會先打年、時，八字外圍的天干，再往內攻擊月及日主。〈B〉若是生助的五行，生助的方向就是「氣」流動的方向。視最後氣聚之點（五行相生到何處停止），討論其對命局的影響，可能是通暢，如上例二，火（流年）生土（命局）

生金（流年）生水（命局），再生命局地支的氣，停止點在寅卯（木）。干與支之間可相生相剋，但不可相合。也可能先生再剋局中某五行如例一。火（流年）生土（命局），剋水（命局、日主）。天干論完，地支同樣論法，再將天干地支的結論論一次（但要留意天干地支的進氣及終止時間）。

外來的大運、流年、流月等，在每一個時間點一定同時存在著各級天干地支，只是各自的交接點不同，在十年大運，干支各五年管事期間，大運天干、地支各會跨六個年的空間（大運不太可能與年同時在立春交接），每年有十二個月，這些外來進攻日主的敵軍會先進行整合，先交互作用完了之後，「合、會、剋」再攻入，若無特殊狀況，也會個別攻擊，即歲運干支全與命局干支放在一起論斷，如大運來攻擊被流年解掉或大運流年齊攻被流月轉化……等不同狀況。

天干比較天干，地支比較地支，再上下較量。天干是外顯的，是力量的集中點，彼此對打是很狠的。地支是「氣」的比較，可增強天干或削弱天干之力。再看要討論的是那一個十神（如年干財星，或時干食傷，或月干官殺星……以上隨便舉例），因天干是表現在外的狀況，依「氣」流通所止的地方為討論重點。如上例一，天干丙火生戊己土剋癸水，癸水受傷，癸水（日主、比肩）就是討論的重點，而丙火為正財，其角色是轉化（過水）而已，沒受傷也沒得利，就不用討論了。但若想要談財運，就要看丙火（正財）所受的影響為何。此處是歲運而來的正財，既是流年財來必得財（有留不留得住的問題），但財又洩於官，因日主受傷，流年來的財可能用於打官司，或上醫院，買保健食品或發生車禍賠錢……。財來之後仍因官煞引起的事項花掉了，因財而惹禍、惹官司。財來財去還惹一身腥，最嚴重會「因財」喪命，（因流年丙火正財來才引發後續效應）。流年論斷有幾個面向：（1）是因何而引起的命局變化的十神。（2）是最後得利或受傷的十神。（3）是命主想知道的某十神反應。

＊五行流年進氣更精細論斷可參考司螢居士所著《八字洩天機》。

變格之流年五行生剋

變格為何也要用五行生剋論法看十神的剋應，舉林醫師八字為例：

比肩	戊戌	比肩
比肩	戊午	正印
日主	戊寅	七煞
正印	丁巳	偏印

2	己	未
12	庚	申
22	辛	酉
32	壬	戌
42	癸	亥
52	甲	子

甲運
癸巳年
己未月
壬寅日
丁未時

❶ 生於芒種後二十三天又十個時辰。
❷ 大運二年又二個月十天起運。
❸ 每逢乙、庚年白露後三天交運。

以日元看生死問題

戊土生午月，火乾土燥命中完全無一點水，五行極為偏枯，地支寅午戌三合成火局，寅木不破壞格局，入母吾同心格。命局中無金星洩秀，本非聰穎之人，幸大運第二、三柱為庚申，辛酉金運，大運二十年食傷洩秀，智慧大開，能考上並從醫學院畢業行醫濟世。火土之母吾同心格，行運忌木、水之歲運，命局戊土強旺能剋制水，水運來時有土剋制不會對火星造成大傷害，最忌日主之官煞木星，乙陰木剋不了戊土，所以八字最忌諱甲木流年、歲運，若非特別配置之流年干支到來，天干有丁火引化，地支也有火引化，命主仍能平安無事。五十六歲癸巳年時大運在甲（戊日主八字遇甲年就要小心），己未月、壬寅日、丁未時發生什麼事？先看天干，流日壬與流時丁合住，大運甲與己合（流月干），因有壬水生助（癸年午月癸水尚未開始走，壬年的壬水還未止，仍走壬水），甲己為虛情之合，甲木仍剋己土。命局丁火被壬水合住（此為壬年的壬水與命局的丁火），最後甲剋戊己土。再看地支有無解救？歲運及命局寅木生巳、午火再生戌、未土，大運在甲子，（地支子水可生寅木，但對付不了巳午火及戌未乾土地支巳午未三會火局，又有寅木生助，火勢強烈，子水洩於甲木外又被大火炎燒，子水盡滅無法剋火），地支無法解救。命局只剩下戊、己、戌、未土，大運甲木一次剋盡眾土（火勢強烈全為乾土），日主終於撐不住了。就算認為木無法剋盡眾乾土，以「土賴火生，火多土焦」之理，眾乾土（子水已盡滅）也是因火旺且有甲木生助，土被火烤焦成灰，日主仍是撐不住。

若不以五行生剋論法而單看大運吉凶，三十二歲壬運及四十二歲之癸亥運均為凶，何以娶妻生子升官發財，用五行生剋論法，就要看土與水的力量之比較，較量結果會不會傷到火、土（火土之母吾同心格），結果土夠旺夠強，水運來反成為其財運年。甲運大忌，甲運來也不是馬上就出事，而是甲運過了一半才發生，完全是要所有五行配合得剛好，當天干印星保護不了日主，反而因印星火太強，傷在印火的手上，地支也無水（滅火）、無金（剋木）可助時，日主才真正結束生命。

母吾同心格反而命喪在母（印）之手，這是變格極可能遇到的事。變格最好是日主極強或極弱，但物極必反，極強、極弱超過了一定的限度也是會遭反噬，每個從格的五行組合、配置都不同，必須個別論斷，這就是人生。運好、生活好、人生如意的時候要把握當下，計畫未來（含來世）。變格之人吉凶禍福風雲變色只在瞬間，不似正格命局之人有較長的反應時間。

流年入命局原則

（一）若流動的大運、年、月、日、時的干或支等與其他各級流年之間干與干、支與支有互相作用，只要不被「剋」，被「合」，仍可以再與命局作用。

（二）流年來的天干五行，若與日主天干相同者（其他十神五行也一樣），此流年的天干與其他天干的作用結果代表日主最初的剋應，再看命局有無其他反應（救應），有時在流年間的比較就結束了，不用再進到命局內去比較。若命局天干有財星，流年有相同五行到來（命局有財星甲，流年有甲，或命局財星丁，流年有丁……），則此流年而來的五行（財星）在各級流年之間較量完後，就是命主財星的初步反應，財運的剋應；再看命局有無其他反應（救應）需不需要做進一步的比較。

（三）各級歲運流年先較量的作法是「結果論」，在較量的過程中，會有某些十神或宮位受傷，稱為「現象」，有發生就會有現象，雖然最終是被化解，發生過的事也可能會傷到某些親屬或某些事，如日主甲木，月干癸水正印，當中大運癸酉年戊午月，戊一出來會被甲（大運）剋，被癸（命局）合，戊最終是無破壞性反而戊是受傷的，但是當（現象A）：戊一冒出來那一剎那（戊氣一進來時，所有干支包括流年、流日、大運、命局等都會碰一遍），就已先剋到命局癸水正印了（此時仍走壬申年的壬水，癸水尚未出來），戊癸為虛情之合，仍以土剋水論，最終雖（現象B）：戊被甲（大運）剋、癸合，（所有歲運、命局干支全被戊碰著後，才觸發有能力處理者，即甲及癸出手剋、合戊，將戊制伏）癸還是有傷過。若是改成己未月，（現象A）己土一冒出來那一剎那，一樣剋到命局中癸水正印（流年癸水在壬戌月才引發），最後（現象B）己土被甲（大運）合，癸水沒事。

以上兩種情形，命局癸水最終都沒事，但過程中仍有傷了一下。在解釋有關正印方面的事項或親屬時，他們可能發生一點小事故，出點小狀況，也可能事件小到沒有感覺，不值一提。（就像生病，病毒有潛伏期，身體抵抗力強或適時投藥或平常重視養生、保健或其他種種因素都可能感染病毒卻不發作，身體稍感不適就好了，或根本沒感覺，有些人卻會因小感冒引發肺炎、腎衰竭而喪命。）要看這種過程長短，才能斷定影響（有時小事累積了變大事，或是個觸媒，流年一變，引發大事），如此例作用期間為「月」，此月中癸水正印就一直受到A—B不斷循環。由於氣的變動快速，A、B會以一種並存的狀態存在著。若不是要討論癸水正印（如母親狀況、學業……），且是這特定的時間，這部分就不用看。

（四）命局中有剋有合或又剋又合，不管最終命局為何，只要曾經發生過，剋應事項就會出現，不會因為最終是合了，剋的部分就不發生。如命例：

	日元		
X	X	X	X
戌	辰	子	申

沖

地支年月日申子辰三合，命主與父母兄弟姐妹，祖父祖母等親屬關係諧和，感情良好。但日與時，辰、戌沖，命主夫妻與子女關係緊張（沖子女宮），可能導致夫妻失合（沖夫妻宮）。申子辰的三合雖是力強且先論，但三合並無法完全解除辰、戌沖的剋應，再看辰戌代表的十神是何親屬，

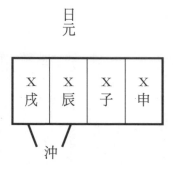

亦有沖的剋應。辰戌屬土，土土沖代表腹部腸胃消化系統會發生問題，日柱為三十三至四十八歲，時柱為四十九至六十四歲，故命主中晚年後，腸胃系統較差。

（五）以上應用方式可做以下原則來應用：

A 天干、地支分別論斷。

B 歲運之間的比較：歲運流年等外來的干支先看是否有合（各級歲運干支接觸順序為：流時↓流日↓流月↓流年↓大運）。有合的干支會失去部分和其他干支作用的力量。（假設合不被剋入，生入破壞）

C 歲運與日主：各級歲運一到，必先對日元產生剋應，如大運一轉「印」運，命主就有「印」事項的剋應，之後有流年為「官煞」，命主也會有「官煞」事項的剋應……。以此類推流月、流日、流時。此剋應只是過程，可能明顯也可能模糊，可能完全無感也可能要人命。（如七煞攻入而造成車禍，可能車子小擦傷而人無恙，可能身體擦傷、骨折、斷手斷腳……），之後再做全局論斷才知最後剋應的影響如何。

D 歲運的干支字，可代表命局中干支字，歲運間干支作用的剋應即代表命局八字中對應干支字的剋應，如流年癸年來，命局八字天干有癸，流年癸與大運流月、流日天干之論斷即代表命局中天干癸之剋應。若癸在命局日干，流年癸即代表命主。在年、月、時皆代表相對應的十神親屬身分、身體剋應……。

E 歲運與命局：將大運、流年……等干支與命局四柱做綜合判斷。生、剋、合、會、刑、沖等對相關十神親屬，剋應事項之產生做論斷。依命主想了解的事項（財運、官運、考運、健康……），觀察對應之十神在歲運流年干支進入命局後，此十神會有何剋應。

F 觀察所要論斷的十神之五行，天干地支之間互相支援狀況，有無互助或解救。

G 注意流年五行進氣及退氣之時間，以免判斷失誤。

例：

正財	丙 X
正印	庚 X
日元	癸 X
劫財	壬 X

論庚正印時，年干丙火會去剋月干庚金，壬水也會去剋丙火，加上庚金生助壬水更為有力。此時庚有壬水護衛，雖受傷但不會太重。論日主：若大運來乙木與庚金合，流年又來己土就會去剋天干的水，但己土不會一直剋日主癸水，而是剋時干的壬水（但癸水仍有被己土剋的剋應）。此為歲運流年來先從外圍進攻而非先傷日主之例。剋應事項可解釋　男性癸水日主。丙火正財為太太，庚金正印為母親，平時太太（丙火正財）對母親（庚金正印）態度不佳，有劫財（兄弟姐妹）維護，太太不敢不過份，或母親有兄弟姐妹照顧，太太不會直接傷害母親。若大運乙合掉庚，庚金無法生水，也無法化土，流年土來，會攻擊外圍的壬水劫財，即命主遇七煞來攻年有兄弟姐妹擋災，命主本身不會受傷之意。

流年五行進氣原則

（一）要先熟悉求月干支的五虎遁法，月支固定為一月寅、二月卯、三月辰……十二月丑。天干六甲年（甲子、甲寅、甲辰、甲午、甲申、甲戌）月份干支會一樣，六乙年（乙丑、乙卯、乙巳、乙未、乙酉、乙亥）月份干支也會一樣……六癸年一樣，即六甲年月份干支都相同，六乙年月份干支也相同……六癸年月份干支都相同。只要會甲年進氣原則，六甲年通用，乙年進氣原則，六乙年通用……六癸年進氣原則，六癸年通用。

（二）天干：五行有分陰陽，干支排列上以陽在前陰在後，進氣時以五行來分，不分陰陽，如甲、乙木皆從甲年開始，丙、丁年皆從丙年開始，地支寅、卯月從寅開始，巳、午月從巳開始……以此類推。月的進氣以年干為依據，甲戌年在甲月進氣（六甲年天干甲的月份，地支一定是戌），乙年在乙酉月（六乙年乙月地支一定是酉）……，結束點在剋入五行的天干。如甲、乙年木氣結束點在庚、辛金月（可能會跨到下一年份），丙、丁火氣結束點在壬、癸水月……。會有兩種五行重疊出現或同一五行分年頭年尾中間空檔的情形。以辛、壬、癸三年比較要特別留意。

（三）地支：地支起始月份同樣以地支五行起始月開始，到對沖月（最多因相剋月延到次一個月）。

- 寅年寅月進木氣，在申月結束（寅申沖）。
- 卯年也在寅月進木氣（同為五行木），在酉月結束（卯酉沖）。
- 辰年辰土在辰月進氣，在戌月結束（辰戌沖）。
- 巳年巳火在巳月進氣，在亥（沖）子（剋）月結束。
- 午年午火在巳月進氣（同為五行火），在亥（剋）子（沖）月結束。

原則大約如此，比較要注意的是丑年的丑土之氣在十二月丑月才進，在隔年（寅年）的未月結束，而寅年的寅木氣在寅月進氣，此時寅木與丑土之氣在未月以前重疊。

申年申金氣在申月進氣，在隔年（酉年）寅月結束，但會延伸到午月。酉年的酉金氣在申月（同為金）進氣，跨到下一年（戌年）卯月止，延伸到午月。亥年的亥水氣在亥月（十月）進，隔年（子年）巳月止，延伸至未月（土剋水）。

（四）辛、壬之年有暫時中斷再繼續的情況，辛年辛金起於庚寅月暫時中止於丁酉月中上旬，等酉月中旬左右丁火走完時，辛金會復活繼續走，到庚子月再加重辛金，一直到隔年壬年之丁未月終止。壬年壬水起於壬寅月暫時中止於己酉月中上旬，等酉月中旬左右己土走完時，壬水會復活繼續走，到壬子月再加重壬水，一直到隔年癸年之己未月終止。

（五）以上文字敘述很麻煩看，直接看後列表格，用表格體會，就一目了然了。干支逢金、水之年都要特別留意，因接近年尾，會有跨兩年或中斷的狀況，不留意會判斷失準。（實物上金屬有延展性，水有流通性，在五行氣上都有延長的特性）。

流年五行進氣月份表

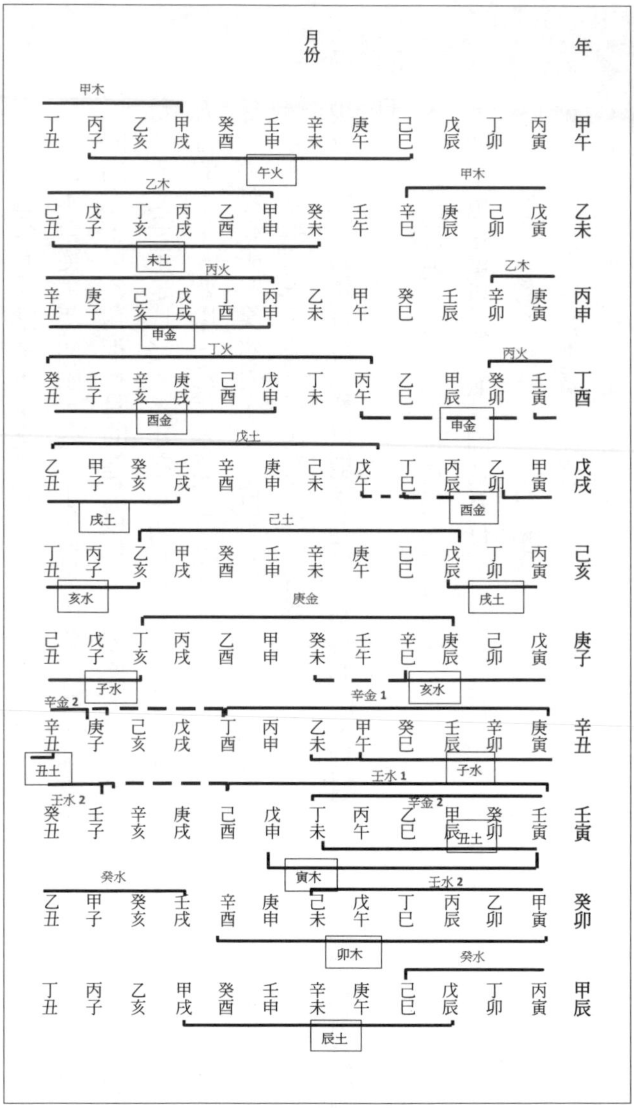

十四 進階版歲運流年對十神影響之判斷與應用

要判斷流年對十神對應關係及事項的影響，先要熟悉十神代表之意及所處天干、地支位置不同的意涵，歲運、流年干、支（代表八字相同之干、支）若在同為外來的歲運、流年之間較量後已受剋或受合，條件充足就不用進到命局中比較了。這部分內容必須對十神之關係、意義、五行生剋變化已很熟悉且運用自如，皆能在看到命盤時下意識地反應，使用上才能得心應手。

（一）天干、地支

❶ **天干**：代表明顯的、遠方的、公開性質、現場性質。於人身為外表的、皮膚、表面顯露的。空間而言是遠距的，如外國、外縣市，或家的範圍以外的。由於天干氣純力強，若發生事故或與人有糾紛，通常都是比較嚴重的影響，且會搞得眾人皆知。

❷ **地支**：代表私底下的、近處的、內藏的、幕後的性質。於人體為五臟六腑等體內器官。空間上為家裡的事，同一公司、同一單位內，事發之後隱埋得住的事。

（二）十神

❶ **正偏印**：長輩之統稱（祖父、祖母、外祖父、外祖母、父母、叔、伯、姑、姨、叔公、伯公、

舅公、岳父母、朋友之父母……想得到的長輩皆屬之），神佛、菩薩……。在年、月柱為得位，得長輩之助力。在日、時柱，主要功能為護衛日元，但長輩貴人之力降低要靠自己、平輩及後輩。「印」在行為表現上為「追根朔源」之意，代表求知、學習、貴人、文書、證書、支票、教育、醫葯、醫療之事……等。

❷ **比肩**、**劫財**：平輩之統稱，兄弟姐妹、同學、同事、朋友、客戶、合作夥伴、合夥人……。在年、月柱為兄姐……等，比自己年紀大的平輩，在日、時柱為弟妹及比自己年紀小的平輩。「比劫」在行為表現上為工作上的客戶。在天干為外縣市或外國之客戶，地支為公司附近，本縣市、在地的客戶。

❸ **食神**、**傷官**：晚輩之統稱，女命之子女。行為表現上有「生出」、「洩」之意，為吾人之思想、智慧、創意、言行、名氣、口才、才華、技能等為思想、才華發洩、生發之意。八字無食、傷之人較無主見；食、傷太多又容易三心兩意、猶豫不決。食神性溫和為文章才華之表現，傷官性烈除才能表現外並顯露出傲氣。食傷為「洩」之意，於人而言就有運動、性愛……等身體發洩、發生之意。有「洩秀」，思想才華得以發揮，一般說法是較會讀書，比較聰明，愛表現也會表現，若食傷受剋則會有表達不順，思想受阻，思慮不通，言多有失，意氣用事等事發生。

❹ **正偏財**：偏財為父，正財為妻（男命），部屬（我的部屬怕我、聽我的話，為我工作替我生財）之代稱，也代表選舉（民意、選票、選民）。財即代表財富，正財為職業收入、正業之財、房地產等。偏財為流動之財、偏業之財、投機之財，如股票、基金、房地產炒作，突然獲得之祖產，無固定數目之工作所得……等。偏財的數目比較大。

❺ **正偏官**：「官」乃管我、剋我、約束我、給我壓力，為男命之子息，女命之丈夫，「官」代表官貴、政府官員、長官、老闆、工作上的上司。以正官代表文職官職，為幕僚、文書，以文筆為主之文官。如軍隊之輔導長，學校文科教師。偏官（七煞）代表武職官職，武職

是勞力付出，在外奔走或掌握權柄必須做決斷之處置的官職，如郵差、檢察官、軍警、軍隊之排長、連長、學校之管理組長等。官星代表剋我之官煞，為給我壓力，盜賊、小人、天災地變，吾人所感覺不舒服之事皆算是，如中邪、見鬼、女性被騷擾、侵犯皆屬之。女性官、煞太多除異性緣佳外，在天干為有多段戀情或多個男友甚至多次婚姻，在地支為心中愛慕多位男性，以官煞混雜較驗；若都是官或都是煞，可能對象都是同一人，只是發生在不同時期。

（三）歲運加臨：若不言明喜忌，即普遍都有之現象（先不討論剋、合之問題）。

❶ **逢正偏印：**印能化官煞（官生印），即逢印運能化解工作及生活上的壓力，而壓力的舒解可能來自於進修、長輩關懷、接受信仰、接近神佛而改變的。印剋食傷，逢印之年也可能思考受制，而做出不當舉止、不當決策、因而受到損失，且發生的原因與長輩有關。食傷受剋運動量減少而易生病，要吃藥治療（印星主事）。若印為忌時，逢印運易與家中長輩尤其是母親有意見上的衝突，印剋掉食傷使求學期的學生，智慧受阻，讀不出應有的成績。女性食傷受剋也要留意子女的身體健康狀況或難產之危。

❷ **逢比劫：**「比劫來」，會交新朋友或與同儕來往更頻繁，客戶增加。比劫生食傷，使思考能力增強，工作更細心，更有效率。但也因生助食傷使得對房事更有興趣，更喜歡運動，更愛表現。比劫剋財，會剋掉命中之財，若財為喜（通常為身強，比劫為忌），則比劫奪財，財會因同儕而損失，或賺了錢與朋友花天酒地「匪類」掉了。若財為忌（通常為身弱，比劫為喜），則有朋友之助可得財；但因比劫剋命中之財，仍有財損之事，同樣會花掉，只是消費方向不同而已，建議用理財方式來保存財富。家中則會有些煩惱，與太太有衝突，

太太或父親健康出狀況。

❸ **逢食傷**：「食傷洩秀」通常食傷年會智慧大開，才能得到充分發揮。命中無食傷者，若大運前三柱無食傷，一輩子讀書無法有出息。「食傷生財」，會增加命中財星之力量，食傷年來會有想賺錢的意念。若為身弱，食傷與財是忌神時，可能會為求財而動歪腦筋四處鑽營，到處惹麻煩而一事無成，使自己名譽受損。食傷正面之力量一般都被忽視，命中財星的作用是得財，若只靠財星而來的財通常要勞心勞力，做多少得多少，財運一過就沒了，時間短數量少。若命中有食傷來生財，財有來源，且源源不斷，才有可能得大財。就算八字中無財，若有食傷或逢食傷運一樣得財。八字有財逢食傷運，命中之財星會受生助大暴發。食傷而來的財通常是靠智慧、靠能力而非靠「苦力」，來得輕鬆又多，是智慧財，輕鬆財。食傷又主發洩，花錢也是一種發洩，財花在那方面，留不留得住看喜忌可判斷，若已經知道了就要會做財務規劃。「食傷剋官煞」通常食傷年也是叛逆年，由於思想的改變（因流年而來），會產生對抗上司、對抗老板甚或對抗政府而有離職的衝動或官非的事發生。食傷年也是發洩年，身體覺得體力充沛，對運動、房事、休閒活動多有熱衷。女性要注意丈夫健康狀況。

❹ **逢正偏財**：逢財年必有得財，「財」又代表享受、享樂、縱慾。逢財年得財不厲害，能守得住才叫厲害。逢正財年走正財運，又「財生官」有機會升官加薪。逢偏財年，業務所得增加，年終獎金比平常年多，尾牙中大獎。相對的，工作壓力也會大增，出些小意外，身體變差也屬正常狀況。「財生官」若遇選舉年，參選者命局加流年有財生官者，當選機率高。財生官的另一種現象，可能因財而與官（上司、政府）對抗而產生官符、口舌。財剋印，男性家中可能太太與父母之間有衝突事生，家中長輩身體欠安或為了求財而背棄信仰、拋棄神佛之正道而惹上麻煩（財剋印，財生官）。

❺ **逢正偏官**（**官煞**）：小心官符、口舌是非、小人、意外、沖煞，生活及工作之壓力遽增，

因種種不順而求助於無形之信仰（官生印）。正向方面，官升印，因官來生印而使事業發展得以升官、掌權，即增加「印」之力量，使貴人顯，長輩之助力浮現。求學者能得學歷，論文可以過關，資格考試、國家考試都處在有利的時空。只要有關學歷、文憑、證書的考試都有機會考取。官煞剋比劫，除前述之事易生之外，家中之水電、汽車、舉凡生活用品易故障，為小孩煩憂……等，會覺得壓力很重，心情煩躁，此時有「印」來引化是最需要的；工作上要貴人，生活上要貴人，情緒上要貴人。知道原因，貴人要自己去求，能操之在己的只有「求神拜佛」了。

（四）十神之生、剋、合

A．生：

❶ **食傷生財**：既輕鬆又數目大的財富產生法。前面歲運加臨食傷處已述。做生意靠創意、靈感、靠比別人先一步想到，靠掌握到趨勢。賺錢後如何以錢養錢，以錢賺錢，如何理財，皆要有情緒及智慧來管理、處理。食傷生財才是「巨富」之命格。男性賺錢之後，除了想賺更多之外也會有異性戀情的發展，或涉足風月場所。

❷ **財生官**：對財、官為忌者，見財不利，見官不利，見財生官更不利，通常是因財惹禍（官煞）。若財、官為喜，財生官，為由選舉出身之民意代表、領導人必備的，財除了是財富外也代表「人民」。檢視李登輝、陳水扁、馬英九三位總統八字皆為財生官，都屬選舉戰將。而連戰、王金平八字無財，皆為官生印，由官來生印（權柄），無法做萬人之首，最多只能為副。（連戰之副總統選舉主要是選李登輝，李登輝會當選，他提名誰為副都會當選。）（王金平院長立委選舉之九連霸為地區型，非全國性的，且其八字極為特殊，書中有詳論）。財生官在男性而言為將財用來栽培子女，意味是愛子女的好爸爸。若對女性而言，財生官

有兩種解釋，財、官為喜是用財來幫助夫婿成功立業，女性八字有財生官被認定有幫夫運；財、官為忌是用財來養小白臉（七煞），八字中有此情況之女性易被騙財騙色，婚姻不幸福。

❸ **官生印**：若身弱用印，官印相生會有意外收穫，印愈旺愈有錢，印運佳於官運。業務人員身弱走印運時業績會大好，且有貴人相助。此格局適合為官不適從商，且也不利由選舉出身之官職（民意代表），官印相生者其官職必由上位指派，最多只能做到一人之下萬人之上，因其上必有官（上司）才有印（權柄）。女命官印相生表示先生疼愛，受到長輩呵護，婚姻生活必然幸福（命局流年不來破壞）。

❹ **印生比劫**：印、比劫為喜時，命中貴人多，能幫助自己得財、任財。若為忌，則小人叢生，處處受制，難以施展，動輒得咎，且財富有比劫爭奪，財富留不住，太太與家人關係不佳。

❺ **比劫生食傷**：才華洋溢，創意不斷，工作上頗有名聲。女命易懷孕生子，但也容易妨夫，干涉、牽制丈夫，不重視丈夫，造成婚姻之不和諧。

B．**剋**：

❶ **比劫剋財**：主破財，容易有財損之事生，賺錢留不住，夫妻感情不睦。

❷ **財剋印**（**財破印**）：身強財為喜，印為忌；財破印為得財，適合行商。且行偏財運尤佳，大運財（偏財）破印是最佳行運，能累積最大財富（因時間夠長，偏財數目大於正財）。若身弱財破印，因印為命中所需，被破變成劣命，易破財，員工不忠，妻子無緣。

❸ **印剋食傷**：才華不顯、思想受制，情緒管理不佳，容易受騙上當，成績忽然開始低落，考試易出現失常。

❹ **食傷剋官煞**：因思想、意識形態，而產生對長官、上司、政府官員的權威挑戰；若在八字裡存在，即一生都有此信念。若因流年而來的，則是因流年改變命主之思想、意識，使其向權威挑戰，可能因此與上司衝突、口角，甚至辭職、失業，或與官方對抗，之後可能是

找不到工作或自行創業、兼職，要其他五行、十神綜合判斷才知。若在單位機構內為最高單位主管，無上司可挑戰，即解釋成自身權力被挑戰、不受尊重。若在機構內有上司，解釋為對上司不敬、挑戰權威或辭職。

❺ **官煞剋比劫**：官煞剋比劫或日主，事項就多了。若是剋日主，輕的有口舌、小人、是非、官符、受人侵侮、壓力遽增、中邪、長官態度變嚴厲、老闆一天到晚緊盯著、意外車禍、身體損傷、家中種種電器、用具無故故障或受損、車子容易故障，生活忽然變得很不如意。官煞有財星生助情況會更嚴重。官煞攻身（日主）重者會喪命。八字若有比劫，最後的反應可能出現在比劫身上，日主可平安。若是官煞為喜，只要不強力直接攻擊日主（或有印化、食傷剋、比劫擋），反而有機會升官，金榜題名，獲得名聲。要看官煞的強度、日主強度及日主或比劫本身護衛的情況而定，但只要官煞流年一來，日主一定會有某種反應。本書中對這部分已有敘述。

C・合：

合在天干部分要留意有無「合化」的情形而要有「合化」的解釋，或兩干有合卻因他十的干擾（近剋）而不合，不是見到天干五合的兩造，就直接認定有「合」出現。「合化」代表兩情相悅、情意相投、產生出愛的結晶。「合」則分成有情之合、虛情之合……。地支的部分皆只合不化，只是加強相合五行之氣，並非化成相合之物。「合」有拘絆、牽制之意，被合掉的干、支其五行及十神作用性就變得不大了，通常可略過不討論（定格局強弱時則要看），但合有內緣、外緣、貴人之解，或忌神被合有利命局、喜神被合不利命局等論法，「合」本身無吉凶，視命局組合而定。日主是命局的主要討論中心，不管「合」或「合化」自性都存在，但日主被合本身才能、行動能力（命局最後賦予的能力）一樣被減損無法完全發揮，只是不像其他干支一樣幾乎無用處，但影響也不小。這是命局內的問題，若應用到擇日上，「合」的看法又不同，喜事方面的擇日，「合」一般是需求的條件之一，但不會像八字論斷一樣因合而限制到日主。但若用在喪事方面，選三合日為重喪，是大凶。擇日上的「合」仍以用途及需求來取，「合」本身並無一定的吉凶。以下地支之合的解釋適用於六合、三合、三會。

❶ **財合比劫**：如甲乙（木）日主，命局中出現甲己（財星）合，或地支出現卯戌（財星）合。丙丁（火），戊己（土），庚辛（金），壬癸（水），以此類推。若是只合不化，意謂，兄弟朋友來意在財，朋友來借錢，或兄弟爭產，或錢財供養兄弟姊妹，錢財與朋友花天酒地匪類掉了。若是合化成功——

- 甲乙日主者，命局或流年有甲己合土，合化之神仍為命主之財星，意為與朋友合作而得財。地支卯戌合而不化，財被比劫合走了，地支因都只合不化，只有負面影響，後文不再解釋。
- 丙丁（火）日主者，若丙辛（財星）化為水，為「財化為水」，必失財，且水是丙丁日主之官星，小心破財還惹口舌是非或官司，尤其身弱官星為忌者，更要小心。
- 戊己（土）日主者，若戊癸（財）合化為火（印），財化為印，與兄弟或朋友合作失敗換取經驗（印）。
- 庚辛（金）日主者，乙（財星）庚合金，財變成朋友，即是為了朋友義氣兩肋插刀，花光積蓄在所不惜，最後錢沒了，朋友情義仍在。
- 壬癸（水）日主者，丁（財星）壬合木，木為食傷是才華、技藝、財源，即財變成生產工具，可能是技能、專業知識，或生產工具，但在未來仍可能用來生財，因此，還是可與朋友合夥的。

由以上可知，甲乙（木）及壬癸（水）日主者，命局中有比劫合財者，合夥或與兄弟朋友合作，仍有利可圖。其他火、土、木日主者皆不宜，若只合而不化，基本上五行已受制，無法發揮原有之功能，就算甲己合，本質上仍有甲剋己土之意在，財力已大減。反之若財星為忌，忌神被合就反而有利，總體上仍應以八字全局論斷才能得出最後輸贏。若財是合日主，在男性而言，得妻緣，妻子體貼順從，夫妻關係佳。若財合比劫，表示妻心向外，可能有婚外情。

❷ **食傷合比劫：**即重視兄弟朋友之情，易受朋友影響，丙丁日主者地支午未合火，午火（比劫）加重了未（食傷）的力量，火氣（比劫）也增強。比劫加強食傷，食傷加強比劫，算是極度重視朋友了；食傷增加則會增加財源增強創意，是得力於夥伴之助。戊己日主地支辰酉合金及壬癸日主地支寅亥合木，皆加強了食傷之力，就是加強了財源。但若比劫為喜，財、食傷為忌（身弱），喜神被合，加強了忌神，就可能思慮不周，思想偏差，追求不義之財或得財卻留不住。

❸ **官合比劫：**甲乙（木）日主者，命局或流年有乙庚合，丙丁（火）日主者丁壬合，戊己（土）日主者甲己合，庚辛（金）日主者丙辛合，壬癸（水）日主者戊癸合。（若合化成功者，剋應事項參考第 1 點財合比劫之文）官合比劫用在工作上是上司較欣賞同事更勝於我。若官合日主，則是上司欣賞我，對我很照顧。若出現爭合妒合，就是我和同事在爭寵，以此概念推論至其他事項。女命而言，官合日主，代表丈夫喜歡太太，處處遷就太太，女命主很有夫緣；若有爭合或妒合，可能老公在外有小三。假若官合比劫，婚姻就危險了，丈夫可能另結新歡；但並非絕對（且要看合在哪個限柱），修行、行善積福，都可能改變這個軌跡。有的只顯示丈夫女人緣好，不見得一定出軌。通常已婚者要夫妻八字一起看，有時丈夫八字的問題，太太的八字可以制化掉，兩人相安無事。

❹ **印合比劫：**甲乙日主地支寅亥合，戊己日主地支午未合，庚辛日主地支辰酉合，此表示家中長輩（因位於地支）較疼愛其他兄弟姊妹甚於我，或與兄弟姊妹一起再進修，或一起旅行增長見聞，一起修行追求形而上之真理，在家裡與兄弟姐妹會有很多拜拜、祭祀、祈福活動的安排。若是身弱者需印、比劫幫身，此兩喜神合住無功用，對命主而言是大忌，但

合出來的是印或比劫之氣也不無小補。

❺ **食傷合印**：甲乙（木）日主丁（食傷）壬（比劫）合，丙丁日主甲己合，戊己日主丙辛合，庚辛日主戊癸合，壬癸日主乙庚合。食傷為智慧、才能之星。食傷被合，則才華無法發揮，思慮受阻，無法開竅，讀書不成，判斷失常。其原因可能是來自家長壓力，使命主產生反抗之心故意背父母之意而行，或情緒管控不佳造成才智蒙蔽，成績低落。對財運而言，身強者食傷（財源）被合，身弱者印（扶身）被合，皆不利財運。食傷合印另一面向，為命主有意思要求取學歷、證明、文憑，或想要買房子、分祖產。所合之十神氣若有利於命主，對命主而言還是有些補救作用（所有地支之合皆同此理，不再述）。

❻ **食傷合官**：甲乙（木）日主者丙（食傷）辛（官煞）合，丙丁日主戊癸合。食傷是思想，官煞為上司、事業，女命之丈夫、情人。意即一心想要做事業當老闆；女命則還有可能一心想著男人，想要戀愛。值此時其女命會想懷孕，也容易受孕。

❼ **食傷合財**：甲乙（木）日主地支午未合，丙丁（火）日主地支辰酉合，庚辛（金）日主地支寅亥合。食傷生財得大財，食傷合財兩神皆無力，心中一直想賺錢，卻賺不到。食傷被合又會動歪腦，就算用盡各種手段賺到了錢，因財被合，也留不住財，不是花掉就是賺到一筆又損失一筆大的。總之財被合就是破財。對男性而言，除了滿腦子想賺錢、想當老闆之外，也有滿腦子想女人、想著性等風花雪月事之意。

❽ **財合印**：甲乙（木）日主戊癸合，丙丁日主乙庚合，戊己日主丁壬合，庚辛日主甲己合，壬癸日主丙辛合。一般人汲汲營營的就是一生都在追求富貴，財被合會破財，印被合會失權柄，人生何其不幸。產生的現象如花錢學習（印），買房子（印），買經驗（印）都算是好的，長輩借錢或拿錢回家養父母，算是盡孝道。花錢看醫生吃藥（印）或花錢在長輩看病上，再不願也是命。印也代表宗教、醫療、教育方面之事，因此也可能是花錢蓋醫院、診所、辦教育蓋學校、推廣宗教事業、蓋佛寺、開闢宗教電台……等。若合化成立——

- 甲乙日主之戊癸合化成火（食傷），為花錢買知識、經驗，用來再生財，屬於投資的破財，放眼在未來回報更多，是吉利的破財。
- 丙丁日主之乙庚合金（財），用錢直接去賺錢，花小錢賺大錢更吉。
- 戊己日主之丁壬合木（官），若官為忌為花錢買罪受，花錢不當反生口舌、是非；若身強官星為喜，就可能花錢學習得文憑之後又得名聲，由喜忌定吉凶。
- 庚辛日主之甲己合土（印），錢花在學習上，且不停地追求知識、真理，不斷進修，或將錢奉獻在宗教、醫療、教育事業。
- 壬癸日主之丙辛合水（比劫），花錢上課學習而交到朋友，或錢花在長輩、父母身上，而得到兄弟姊妹的尊重。

身強者喜財忌印，身弱者喜印忌財，不管喜財或忌財都以財星論財富，只看命主能不能任財（身強者可任，身弱者命局地支有比劫或逢比劫、印之歲運可任）。財星被合，對任何人而言都是破財、失財，只看在失財的同時能不能撈一些「回饋」回來。

以上十神剋應都只是舉例，現實上十神的剋應可多方延伸，只要了解各十神的意義及原理，如食傷為日主（身體、心理、思想……各方面）所生的各種事項，官煞為所有讓日主感到壓力、不如意、恐懼、不想面對……各種事項。其他十神的事項依其生剋原理自行類推，有些事不親自碰到是列舉不出來的，或幫人解釋命理時遇到了，再順著原理原則歸納，只要原則清楚了，就可解釋得七七八八了。

十五 先天命卦與職業、陽宅選擇

由八字推算出五行的喜忌，除了八字本身的治病及行運吉凶推算之外，一個很大的重點是職業的選擇；五行所喜，就是選擇行業的依據。若是公職人員或私人公司固定薪水者，在八字中可看出會不會升官，何時升官；適合文職或武職，基本上只有升職與加薪與否之別，都有一份固定的收入。但自行創業、與人合夥需自負盈虧者，從事的行業類別就很重要，所憑依的八字就有不足之處。所謂「落土時，八字命」，一落地出生命的格局已定，一生行運也在其中，在未做任何正向改變努力，或負向為惡之前，基本上是路線已定。除了八字之外，出生時，當年的九星由何星曜入中宮統率，即為本人的先天命卦（當年星曜屬男命，女命另有算法）。八字是「治病」之用，陽宅及事業的應用就要以易經及先天命卦為主，八字為輔。

九星指的是：一白貪狼星居北，五行屬水。二黑巨門星居西南，五行屬土。三碧祿存星居東，五行屬木。四綠文曲星居東南，五行屬木。五黃廉貞星居中宮，五行屬土。六白武曲星居西北，五行屬金。七赤破軍星居西，五行屬金。八白左輔星居東北，五行屬土。九紫右弼星居南，五行屬火。

用本命卦選擇適當的陽宅也是改命造運的方法之一，且吉凶應驗更快，但福地福人居，有時福分不到，就是得不到好地理，陰陽宅皆同。未來再另書探討。

先天命卦由出生年份即可推算出來，男女不同，因本書講八字，所以不作解釋。附上對照表，由年次可看出自己的先天命卦為何，要注意年的交界以「立春」為準，在每年二月三、四日左右，與八字命理用法相同。立春以前可能已經過了新年到了正月，但命卦仍屬上一年的，要到立春以後才是新的命卦。每一命卦都有一個五行的屬性，每個人的八字日干五行與先天命卦五行不一定相同，八字的喜用五行較多且多與先天命卦不同。九星是天體運行之氣，當出生年為何種氣在運行，你就是命帶何種氣，除了每年由不同星曜統率之外，（玄空飛星有三元、九運，每二十年為一運。

二〇〇四年至二〇二三年處下元八運之中，由八白星掌運，二〇二四（甲辰）立春至二〇四三（癸亥）年由九紫星掌運）甚至每月、每日也有不同星曜統率。九星是變動的，由時、日、月、年，二十年都在變，八卦方位每卦可排出二個九星盤，應用上較八字在方位的使用上靈活。陰陽宅能得旺氣可大發富貴，工作選擇上能符合先天給自己的命卦之氣，才是自己能完全發揮的方向。

八字與先天命卦

在出生的那個時間點，有兩個與個人一生有關且不因時間而改變的氣數；一為八字，二為先天命卦。有了八字一生的運就可排列出來。每年流年干支可一年一年排定，只要去比較八字、流年、大運所有干支的生、剋、合、會、沖、刑，一生的行運，會遇什麼事，身體會如何，基本上都可預測。出生的時間點是個人化的，用來代表個人的一生。但人不可能自己一個人待在家裏過一輩子；小時候要上學，長大要外出就業……，所遇到的都是相對的事，是與外界有關、人與自然之間的事，這就牽涉到九星的運作。出生時除了八字個人化的時間點外，還有天體運行九星的氣，這是個人與自然界來往的「氣」，稱為先天命卦，在一坎水（九星見附表）當令的年出生就是一坎命卦，八艮土當令的年出生就是八艮命卦，有九星但只有八種命卦（五中宮命的男性寄為二坤卦，女性寄為八艮卦），人就以這個命卦的氣與自然界交互作用（九星是大自然的氣運，發展成易經、八卦、玄空飛星、奇門遁甲……等學問運算，後面敘述用九星代表），時代流行甚麼，哪個區域較有發展……以致個人的氣與某種行業氣的作用合適或不合適來決定成不成功，都是九星的氣在影響。若一個人的八字上命運有危機，是本身先天命格上帶來的危機，當他用先天命卦（氣）能找到適合的陽宅居住（風水），用後天九星的氣場化解他先天命格上的危機，這就是住對陽宅可以改命造運之理。先天的八字經由先天命卦來運作後天九星之氣（氣場、風水）轉化而化解危機，是用吉（九星氣場、風水）化凶（八字），八字的凶仍然存在並不會消失，一旦離開這個吉的氣場（風水），沖煞剋應一到，八字上凶的剋應就會再度顯現。同樣的，當好的八字、行運，住對好的陽宅，是吉上加吉，就有速發、大發富貴之機。因命卦也是出生那一刻即確定了，屬先天帶來的，氣的性質與後天運行的九星的氣相同，所以可以互為運作，八字雖也是因先天的氣而定（出生那一個時間點的氣），只是八字只用來表述個人的一切，無法與後天九星自然之氣一起運作，這就是為什麼選行業、陰陽宅要以先天命卦為主。先天命卦代表你和外界交流的能量（與自然界交互作用的介面），八字只代表個人本身的能量（個人能量、吉凶的承載；如個人優缺點、長處為何，個人行運如何……），兩者是不同的，兩者都要參考是因為八字告知我本身的優勢何在，先天命卦告知我適合做何類型的工作，兩者相合才能做出成功的事業。

選擇陽宅坐向若以八字喜忌為準，此坐向的磁場是適合個人的，不參雜外界影響，只純為當事人之所需，但不見得是適合個人與大自然天地之間的磁場交流。陽宅風水是大自然的磁場，也就是九星運行與陽宅外六事的磁場綜合影響，當然要以先天命卦為考量準則而非是八字之喜忌，只要有關於大自然納氣相關的運作，一律要以先天命卦為決定標準，八字喜忌五行不適於納大自然之氣、九星運行之用。若陽宅座向不合命卦，再好的風水地理、格局，命主也接收不到吉氣納不到福。

應用方法

行業的選擇以先天命卦為主。此處不列行運考量。喜用次序為：

❶ 行業的五行屬性（附表）來生旺命卦五行為大吉，可輕鬆地賺錢。

❷ 命卦五行剋行業五行——中吉。會賺錢但較辛苦。

❸ 行業的五行屬性與先天命卦相同，為相旺，還算吉利，只是名大於利，得名不得財，可用理財方法改善。

❹ 命卦五行生行業五行——凶。此種工作愈做，愈洩命卦五行（本命）之氣，只能圖個溫飽，

且做愈久愈不利。

❺ 行業五行剋命卦五行——大凶。命卦五行之氣被剋無法發揮，做什麼都會失敗，一事無成。

將八字喜用與命卦喜用結合，找出兩者皆符合，依命卦喜用順序來選取。如命卦屬水，第一吉為五行屬金行業，金（行業）生水（本命卦），若八字金也為喜用，則為最佳選擇。

例一

壬子	乙巳	癸卯	癸亥
		日元	

乾造六十一年次，一坎命——屬水。

❶ 先天命卦行業喜用順序為金、火、水（依應用方法順序）。

❷ 八字：日主癸水生夏季，調候為先，喜用神金、水。

命卦一坎屬水，若職業屬金則大吉，輕鬆賺錢。八字喜用金、水。實際上命主行業為冷氣、風管線路工程，屬金。符合第一項為大吉。查其自行創業數年，事業成功，短短數年財富累積數千萬。

例二

		日元	
庚午	戊寅	戊辰	庚申

乾造七十九年次，一坎命——屬水。

❶ 先天命卦行業喜用順序為金、火、水。

❷ 八字身弱喜火、土。

由其條件可看出，先天命卦第一選擇為金（金生水），但八字並不喜用，只能選第二選擇火（水剋火），所以最佳選擇為屬火的行業，符合第二項為中吉，賺錢但辛苦。若此造以八字為唯一條件選取，做土的行業則符合第五項，行業剋命卦，一事無成。若以命卦為唯一選擇，做金的行業，又為八字之忌神，仍一事無成。

較常碰到依八字選擇行業，行運佳卻做不起來，問題即在此。命卦擇業較少被應用，但卻是佔最重要的位置！

行業選對了，成不成功還未定，還要看行運，若行背運也是無可奈何。若行吉運，成功可期。另一個考量在該合夥或獨資？適合合夥的可以獨資，可得朋友、部屬之助。若不適合合夥卻與人合夥，則工作上小人浮現，破財敗業犯官司皆有可能。適合合夥的，最簡單的原則是比肩、劫財為喜用神的命造。最好仍要八字詳細論斷較準。比、劫為喜用，原則上朋友有助益，部屬有助益，合夥人有助益（有流年的變數）。比、劫為忌，比較容易交到酒肉朋友，部屬不得力，比、劫會來劫你的財，事業上就不適合合夥。自行創業輸贏大，合不合夥與行業類別的選擇一定要仔細，不是每個人都有重來的機會，有時大運只有一、兩柱，知道行運，有為有守，成功了可吃一輩子，無運後就退守。若歷經失敗再找到原因，有大運在仍有機會，若想重來卻已無運可用，只能徒乎負負！

八宅法

「人合厝，厝合地，厝體蔭財，以厝設局」。陽宅選擇第一要件，看屋主先天命卦與房子命卦（坐山）合不合？若不合，再好的寶地也無法納福。（內、外六事等為風水學範疇）最簡單最基本的要符合八宅原理，東四命住東四宅（震、巽、坎、離宅）；西四命住西四宅（乾、坤、艮、兌宅），即震、巽、坎、離命卦人可住震、巽、坎、離宅；乾、坤、艮、兌命卦人可住乾、坤、艮、兌宅。「八宅」法不是最精確最準，但卻是最基本原理，尚有許多理論可進一步選取更適合、更有利的坐向。而且坐山的選取也要避開本命三煞方及三元九運玄空飛星煞星飛到的不利的坐向。原則上就是以東西四命、宅為選擇標準，就不會有大錯誤（最基本的入門法）。但若用八字喜用方位就常會出大問題，譬如六乾命人，八字喜火，若以八字原則選取坐南向北（離宅），屋的卦為九離卦，與命主六乾命人成絕命配（六乾與九離互為絕命），或選擇坐北向南（一坎宅），開南方卦大門，納絕命氣，則住此陽宅，對事業、財運、家庭運、身體健康、子嗣都不利。（「絕命」字義上已訴盡所有意涵）。選擇陽宅若不能幫助命主至少也要無傷，依八字喜忌選擇常會有失誤的情況，要謹慎！

	東四命	西四命
命卦數	三 四 一 九	六 二 八 七
八卦	震 巽 坎 離	乾 坤 艮 兌
五行	木 木 水 火	金 土 土 金
	東四宅	西四宅
坐向	震宅—坐東朝西 巽宅—坐東南朝西北 坎宅—坐北朝南 離宅—坐南朝北	乾宅—坐西北朝東南 坤宅—坐西南朝東北 艮宅—坐東北朝西南 兌宅—坐西朝東

東四宅

震宅——坐東朝西
巽宅——坐東南朝西北
坎宅——坐北朝南
離宅——坐南朝北

西四宅

乾宅——坐西北朝東南
坤宅——坐西南朝東北
艮宅——坐東北朝西南
兌宅——坐西朝東

註：以向來確定坐山。公寓以落地窗或最大採光面為向！

附表：九星對照表

西元年	民國	四運	男	女
一九二四	十三	甲子	四	二
一九二五	十四	乙丑	三	三
一九二六	十五	丙寅	二	四
一九二七	十六	丁卯	一	五
一九二八	十七	戊辰	九	六
一九二九	十八	己巳	八	七
一九三〇	十九	庚午	七	八
一九三一	二〇	辛未	六	九
一九三二	二一	壬申	五	一
一九三三	二二	癸酉	四	二
一九三四	二三	甲戌	三	三
一九三五	二四	乙亥	二	四
一九三六	二五	丙子	一	五
一九三七	二六	丁丑	九	六
一九三八	二七	戊寅	八	七
一九三九	二八	己卯	七	八
一九四〇	二九	庚辰	六	九
一九四一	三〇	辛巳	五	一
一九四二	三一	壬午	四	二
一九四三	三二	癸未	三	三

西元年	民國	五運	男	女
一九四四	三三	甲申	二	四
一九四五	三四	乙酉	一	五
一九四六	三五	丙戌	九	六
一九四七	三六	丁亥	八	七
一九四八	三七	戊子	七	八
一九四九	三八	己丑	六	九
一九五〇	三九	庚寅	五	一
一九五一	四〇	辛卯	四	二
一九五二	四一	壬辰	三	三
一九五三	四二	癸巳	二	四
一九五四	四三	甲午	一	五
一九五五	四四	乙未	九	六
一九五六	四五	丙申	八	七
一九五七	四六	丁酉	七	八
一九五八	四七	戊戌	六	九
一九五九	四八	己亥	五	一
一九六〇	四九	庚子	四	二
一九六一	五〇	辛丑	三	三
一九六二	五一	壬寅	二	四
一九六三	五二	癸卯	一	五

西元年	民國	六運	男	女
一九六四	五三	甲辰	九	六
一九六五	五四	乙巳	八	七
一九六六	五五	丙午	七	八
一九六七	五六	丁未	六	九
一九六八	五七	戊申	五	一
一九六九	五八	己酉	四	二
一九七〇	五九	庚戌	三	三
一九七一	六〇	辛亥	二	四
一九七二	六一	壬子	一	五
一九七三	六二	癸丑	九	六
一九七四	六三	甲寅	八	七
一九七五	六四	乙卯	七	八
一九七六	六五	丙辰	六	九
一九七七	六六	丁巳	五	一
一九七八	六七	戊午	四	二
一九七九	六八	己未	三	三
一九八〇	六九	庚申	二	四
一九八一	七〇	辛酉	一	五
一九八二	七一	壬戌	九	六
一九八三	七二	癸亥	八	七

附表：五命卦：男寄二坤，女寄八艮

西元年	民國	七運	男	女
一九八四	七三	甲子	七	八
一九八五	七四	乙丑	六	九
一九八六	七五	丙寅	五	一
一九八七	七六	丁卯	四	二
一九八八	七七	戊辰	三	三
一九八九	七八	己巳	二	四
一九九〇	七九	庚午	一	五
一九九一	八〇	辛未	九	六
一九九二	八一	壬申	八	七
一九九三	八二	癸酉	七	八
一九九四	八三	甲戌	六	九
一九九五	八四	乙亥	五	一
一九九六	八五	丙子	四	二
一九九七	八六	丁丑	三	三
一九九八	八七	戊寅	二	四
一九九九	八八	己卯	一	五
二〇〇〇	八九	庚辰	九	六
二〇〇一	九〇	辛巳	八	七
二〇〇二	九一	壬午	七	八
二〇〇三	九二	癸未	六	九

西元年	民國	八運	男	女
二〇〇四	九三	甲申	五	一
二〇〇五	九四	乙酉	四	二
二〇〇六	九五	丙戌	三	三
二〇〇七	九六	丁亥	二	四
二〇〇八	九七	戊子	一	五
二〇〇九	九八	己丑	九	六
二〇一〇	九九	庚寅	八	七
二〇一一	一〇〇	辛卯	七	八
二〇一二	一〇一	壬辰	六	九
二〇一三	一〇二	癸巳	五	一
二〇一四	一〇三	甲午	四	二
二〇一五	一〇四	乙未	三	三
二〇一六	一〇五	丙申	二	四
二〇一七	一〇六	丁酉	一	五
二〇一八	一〇七	戊戌	九	六
二〇一九	一〇八	己亥	八	七
二〇二〇	一〇九	庚子	七	八
二〇二一	一一〇	辛丑	六	九
二〇二二	一一一	壬寅	五	一
二〇二三	一一二	癸卯	四	二

西元年	民國	九運	男	女
二〇二四	一一三	甲辰	三	三
二〇二五	一一四	乙巳	二	四
二〇二六	一一五	丙午	一	五
二〇二七	一一六	丁未	九	六
二〇二八	一一七	戊申	八	七
二〇二九	一一八	己酉	七	八
二〇三〇	一一九	庚戌	六	九
二〇三一	一二〇	辛亥	五	一
二〇三二	一二一	壬子	四	二
二〇三三	一二二	癸丑	三	三
二〇三四	一二三	甲寅	二	四
二〇三五	一二四	乙卯	一	五
二〇三六	一二五	丙辰	九	六
二〇三七	一二六	丁巳	八	七
二〇三八	一二七	戊午	七	八
二〇三九	一二八	己未	六	九
二〇四〇	一二九	庚申	五	一
二〇四一	一三〇	辛酉	四	二
二〇四二	一三一	壬戌	三	三
二〇四三	一三二	癸亥	二	四

喜用五行				
金	木	水	火	土
顏色：金、白、米白 方位：西、西北 職業：金飾、武器、決斷性行業、行政級、金融、採礦、經理、挖掘、武術、管理人員、汽車、法官、警察、管家、紀律部隊、五金、機械、金屬、律師、公務員、交通、珠寶、車輛、銀樓、當鋪、電子、電器、電腦、電材、電鍍、工具、刀器、儀器、鋸木業、鑑定、礦冶、科學 數目：四、九 物質：金屬物品 形狀：圓形	顏色：青、綠、粉綠 方位：東、東南 職業：花店、種植、紙業、木製品、製衣、藝術、文化專業、出版業、傢俱、生果、藥物、素食、音樂、醫生、護士、醫療、布疋、衣服、宗教、社工、會計、藝員、演員、繪圖、畫家、藥材、印刷、文具、文職、裝潢、建材、竹器、布、紙、敬神品、體育運品 數目：三、八 物質：植物、木材製成品 形狀：長形、長方形	顏色：黑、藍、灰、粉藍 方位：北 職業：海員、貿易、飲食、旅遊、流動行業、水產、液體、養魚、急凍食品、運輸、推銷行業、司機、飲品、投資、船務、凍肉、術數、航海、海產、冷飲、冰果、冰品、玩具、音響、釣魚、滅火器、消防器材、清潔業、旅遊業、旅行社、徵信社、搬運業、化學品 數目：一、六 物質：鹹水、淡水 形狀：波浪形	顏色：紅、紫、橙、粉紅、粉紫、粉橙 形狀：尖形如三角 職業：溫泉業、與熱有關之行業、爐具、廣告行業、爆破、光學行業、燃料、燈飾、易燃物品、酒類、化妝、裝飾品、化學品、化工原料、修理、飾物、心理醫生、演說家、眼鏡、光學、工廠、電器、電子、美容、美髮、玩具、加工、代工、製造業、成衣、百貨、衣帽、手工藝品、雕刻、食品業、自助店、便當、快餐、飯館、照明、油、酒 數目：二、七 方位：南 物質：火、爐、灶	顏色：黃、啡色、深杏色、粉黃 方位：西南、東北 職業：玉器、瓷像、印石、房屋、園藝、耕種、瓦製品、填土、土地、建築業、顧問、皮革、建築材料、領導性行業、地產、瓷製、土產品、農產品、農畜牧業、農牧百貨、飼料、石灰、水泥、磚瓦、代書、仲介業、土地買賣、房地產業、土木建築、中間商、代理商、經銷商、設計、喪葬業、防水業、雨具、容水器 數目：五、十 物質：泥土、瓷器、玉石 形狀：四方形

十六 論疾病

五行中和為貴，太強、太弱、偏枯、受剋皆為病，命局中某五行過多、過少，或沒有都是身體上會顯現出來的病症。有病因不一定會發作，如同染上感冒病毒，有些人抵抗力強，症狀輕微甚至只有潛伏而毫無症狀，有人卻須入院治療，甚至病至命危。若是因歲運流年而來的病症，看八字那個干支被流年剋受傷，或某種五行蜂擁而至就可知。原命局八字論斷後可知命中身體病症，歲運流年來改變這個平衡帶來新的病症，稱為「流年病」。流年病通常很難醫，好了又犯，原因在受流年之氣影響還在，只要流年一過就不藥而癒。若是在命局八字的病症則會一輩子跟隨，就算醫好也會留下記號在身上（手術痕跡、體內有鋼釘、少了某個器官……），多數是如慢性病般不時發作，通常以當時年紀所在之限運所犯之剋應最重，若流年又沖剋此五行，則重上加重。流年而來的還有一個問題，通常排流年只會排到月，沒人那麼閒每天去排，但就有那麼巧合的事，命局大運、流年、流月排定都沒事，但流日、流時再進來，就造成傷害，這種傷害通常是短時間的，比較屬於意外受傷、車禍、猛暴性疾病……等。造成的傷害可大可小，也可能沒事。也可能不會喪命但會終生難忘。如車禍斷腿、用刀不慎切斷手指……等。

剋應部位

・天干

（一）身軀

甲頭乙項丙肩求，丁心戊脅己屬腹，庚是臍輪心屬股，壬脛癸足一身由。

（二）臟腑

甲膽乙肝丙小腸，丁心戊胃己脾、庚大腸、辛肺、壬膀胱、癸腎。

・地支

（一）身軀

午頭巳未兩肩均，左右二膊是辰申，卯酉雙肋寅戌腿，丑亥屬腳子為陰。

（二）臟腑

肺寅大（大腸）卯，胃辰宮，脾巳心午小（小腸）未中，申膀酉腎心包戌，亥焦子膽丑肝通。

剋應部分，干支雖分陰陽，實則以五行來分為主，地支又可以其中的藏干來判斷，比較容易記憶。天干剋應部位可互換判斷，如地支寅、戌是腿的剋應，其本氣為天干甲及戊，即天干中、戊受剋，腿也可能會有事。

以五行分類

天干	五行	受剋、受傷、過強、過弱之剋應
甲乙	木	膽、肝、頭、頸、四肢、骨頭、筋脈（痠痛）、痛風、白髮、金髮、禿頭。
丙丁	火	肩、心臟、小腸、眼睛、血液系統、經血、面、齒、舌。
戊己	土	胃、肌肉、子宮（長瘤）、糖尿病、脾、腹、脇。
庚辛	金	大腸、肺、神經系統、痔瘡、青春痘（體內毒素）、皮膚問題、氣管、咳痰。
壬癸	水	腎、膀胱、脛、足、泌尿系統、婦女病（內分泌失調）、耳朵問題、高血壓、陰部、腰部。

有很多疾病，目前醫學上找不出原因，醫生一律以「基因變異」來回答，多數發生在十歲以下的小孩，舉凡血癌、肝母細胞瘤……，很多名稱又臭又長又難念，字也難懂。查其家族並無遺傳之病因，其實是前世帶來的，過得了關的，大概今世負有任務；有的過不了關，今世是來「了緣」或「過水」再去別處的，小孩子的病，盡人事聽天命。緣分兮！因果兮！

例一

正官	己卯
劫財	癸酉
日元	壬戌
劫財	癸卯

坤造氣管有結一小塊狀，皮膚從小異位性皮膚炎，一直治不好，為酉（辛金）受沖之症狀。

例二、坤造八十六年次

傷官	丁丑	正財
食神	丙午	傷官
日元	甲辰	偏財
食神	丙寅	比肩

大運：2—11丁未

甲日元，生於午月，命局中火勢強烈，九十年辛巳年，大運走丁運，流年干辛被大運丁剋無作用，大運丁火來，甲木被丙、丁火無情的燒，大運支未、流年支巳與命局月支午形成三會火局，又有時支寅木生助火勢強烈。日主甲木耗、洩太過，到午月午火加入命局，發病腹部腫大，經診斷為惡性肝母細胞瘤，一周內腫瘤由乒乓球大小腫大到如排球般大小。幸其格局入假從勢格，耗、洩太過之下仍挺得住，且命局地支中有丑、辰濕土存有可生扶日元甲木的水氣，保存了命主的一線生機。先以化療縮小肝腫瘤再切除肝腫瘤（膽一併切除），三分之二肝切掉，再後續化療，期間小腸破裂，割除八十公分。甲木受傷嚴重，丙火強烈，剋應肝、膽、小腸，化療後頭髮掉光成小光頭，又是一種木受傷剋應，若其命局為正格，必定小命不保。

例三：乾造六十六年次

		日元	
丁巳	戊申	丙申	丁酉

大運34—38甲辰
甲午年
庚午月
戊申日

乾造甲午年六月六日喝醉酒被車撞斷腿，首先看流年午來遇到時支酉，「午酉逢而江湖花酒」，此年較有花天酒地的機會。大運甲及流年干甲進到命局有丙、丁火通關化解，月干戊可平安。到了庚午月時流月干庚一到年干甲即受剋，此時尚有另大運甲比助可擋庚之力，當流日戊一到，戊自投羅網被沒事的大運干甲剋，流年干甲少了比助，弱掉了，被庚剋得更重，此時甲、戊皆受傷，剋應到寅、戌腿，一天的效應造成車禍須鋸斷腿，是一輩子的傷痛。

十七 論婚姻

古代中國女人以三從四德為婦德之標準，在男性社會下，女人是男人的附屬品，女子無才便是德，女人不受教育，主要工作是服侍公婆相夫教子、晚睡早起洗手做羹湯。因此女人相命就與男人不同，要分成三個階段，分別是「在家從父，出嫁從夫，夫死從子」，看女人的早、中、晚年。現代女性意識抬頭，這一套已不符時代，職場上女強人多得是，以前女命局中有「傷官剋正官」為剋夫，如今八字傷官是女命事業的財源，不論才能、表達、名聲、勇於追求的狠勁，都藉由傷官發揮出來，要以正常五行及十神配置論命，男女一律對等看待。唯有得必有失，男性的傷官若直接傷害正官，對事業、升遷有礙；女性傷官對夫緣，對婚姻有損。

夫妻是共同體，因果上「夫妻是共業」，夫妻各自的行為彼此要互相承担，沒有願不願意的問題，只要合法結為夫妻，就產生彼此共業之影響，要躲也躲不掉。但也有好處，若是夫妻一方八字有缺陷，配偶的八字可互補，讓八字缺陷的一方避掉或減輕不幸的發生。看一個人的八字，在其未婚前多半隨著自身的八字走，婚後八字的行運軌跡就會與配偶的八字產生交互作用。若已婚者八字斷不很準，通常要再看配偶的八字才能知道為何有誤差。這也是古代中國兩家在談親事時，一定要先合八字，再決定這門親事成不成。婚姻程序分成一、問名。二、訂盟。三、納采。四、納幣。五、請期。六、迎親。此為第一關「問名」。雙方八字不合是否就一定不能成婚？未必！可用「結婚擇日」來破解，以入洞房的時辰最為重要。每對夫妻每年最多有四個月的時間是可結婚的月份，其他的月份會沖父母、沖姑、妨夫、妨婦……，擇錯日會帶來某方面的不幸。可用的四個月中又要避開月破日、三煞日、貢殺日、三刑日、箭刃日……等，多採三合、六合或貴人日……等。其實每對夫妻一年中能選擇的結婚日不多，現代男女不以舊法擇取，而以商業炒作的日子或圖方便擇親朋好友有空閒的假日完成婚事，實在是兒戲也是冒險，無怪乎現代離婚率高。

姻緣最佳的時期（戀愛、交往、結婚）是本人之異性星值事之歲運，流年若更逢三合、五合、六合日柱夫妻宮更佳。（日柱天干被合有本身才能受到拘束，無法完全發揮的缺點。對財運、事業運、官運皆有損，以天干五合情況論斷），若來的是刑沖日柱之歲運流年，反而造成夫妻宮動搖不安，將婚者多阻逆，已婚者夫妻衝突，唯對一直交不到對象者有利；因其夫妻宮不動，如一灘死水，異性緣差，遇夫妻宮逢沖反而有機會認識交往對象。

另一種狀況，當歲運流年異性星值事，不合日柱（夫妻宮）而去和他柱干支，代表所交往對象結婚新郎（新娘）不是我，或有第三者介入而分離，或交往中的對象劈腿。

男命的異性星是正偏財（財星），女命的異性星是正偏官（官煞星），有幾種狀況是較不佳的：

（一）八字中異性星不現——會有晚婚、擇偶困難的傾向。夫妻緣較淡薄，夫妻間不易溝通。

（二）異性星太多——配偶所屬之星在命中太多，雖異性緣佳，太多反而易成仇，易有感情之糾葛。且若異性星太強且為忌神會有懼夫、懼內的現象。

（三）夫妻宮逢刑沖——日支被刑沖乃夫妻宮動搖之象。夫妻間多有爭執、衝突之事，最嚴重有離婚、喪偶之事，若刑沖之外又有合來解救，表示「床頭吵床尾和」，吵完架仍和氣收場。

（四）夫妻宮逢合——地支中有六合、三合、三會，其中日支有參與其中，表示夫妻宮穩定，夫妻感情融洽、和睦相處，或夫妻八字之地支合論有三合、六合、三會，或夫妻之日干為天干五合皆為夫妻緣佳之示。

（五）夫妻宮逢剋——日支五行被鄰支所剋，主婚姻動搖，夫妻多爭執、衝突之事。剋應事項與沖差不多，但若日支逢剋，而剋日支之地支又被近剋，則日支有解救。所謂解救也如同前述逢刑沖又逢合，是夫妻間感情不穩事項會發生，之後又會和睦收場之意。

（六）夫妻宮逢空亡——四柱中以日柱（夫妻宮）逢空亡最不利。夫妻宮代表命主家庭生涯，與另一伴攜手到老，若逢空亡表示會有破婚、離異或喪偶之預示。最忌再逢月、時支來沖、刑，使夫妻宮更不穩。最喜有貴人、月德、天德或三合、六合、三會來解空亡。如前述一樣會有夫妻不穩過程再終化解而穩定下來。

以上是男女共同現象，因男女配偶星不同又可分成：

男命：

（一）日支為忌神——妻之助力不大

（二）正財之喜忌——正財為忌時，太太無助力，且可能因妻招禍。正財為喜，可得妻助。歲運流年加臨可能改變現狀，吉變凶，凶變吉。

（三）正財在月令——太太影響力大，家中由太太發號司令。

（四）正財合日柱（五合日主，地支三合、六合、三會日支）——太太對先生照顧有加，體貼命造，太太助力多。但若正財為忌，太太則是幫倒忙或易因妻惹災禍。

（五）正財空亡又合日主——離婚再娶，多離多娶之象。

（六）正財合他柱——正財不論喜忌，皆代表妻心向外，太太易受他人誘惑，夫妻感情易生變。正財為忌時更嚴重。

（七）正財爭合日柱——異性緣佳，妻緣佳，命主多有感情上的選擇與糾葛；自己情不專之示。

（八）比肩爭合正財——命主與他人爭妻，妻情不專，一男爭一女之意，表示妻子異性緣佳，夫妻間易因男女問題而產生衝突。

（九）財星空亡（配偶星空亡）——早喪偶、離婚、失婚之兆。貴人同柱，逢合會可解。

女命：

（一）日支為忌神——夫之助力不大。

（二）正官之喜忌——正官為忌時，先生無助力，且可能因夫招禍。正官為喜，可得夫助。歲運流年加臨可能改變現狀，吉變凶，凶變吉。

（三）正官在月令——先生影響力大，家中由先生發號司令。

（四）正官合日柱（五合日主，地支三合、六合、三會日支）——先生對太太照顧有加，體貼命造，先生助力多。但若正官為忌，先生則是幫倒忙，易因夫惹災禍。

（五）正官空亡又合日主——離婚再嫁，多離多嫁之象。

（六）正官合他柱——正官不論喜忌，皆代表夫心向外，先生易受他人誘惑，夫妻感情易生變。正官為忌時更嚴重。

（七）正官爭合日柱——異性緣佳，夫緣佳，命主多有感情上的選擇與糾葛；自己情不專之示。

（八）比肩爭合正官——命主與他人爭夫，夫情不專，二女爭一男之意，表示先生異性緣佳，夫妻間易因男女問題而產生衝突。

（九）官星空亡（配偶星空亡）——早喪偶、離婚、失婚之兆。貴人同柱，逢合會可解。

「百年修行同船渡，千年修得共枕眠」，人們常說子女不是來討債，就是來報恩的，而夫妻是前世相欠債。曾聽某知名法師講述一個他聽到的真實故事：大陸有位法官每週六下班後都會到住家附近山上寺廟禪修，週日再回家與太太共進晚餐，週一從家中去上班。有一次週日，他與該寺院住持討論佛法，到了他平常下山時間，住持仍滔滔不絕，他也不好意思打斷，只好繼續參詳；到了晚上寺院的就寢時間，他想只好摸黑下山了，住持卻挽留他過一夜，且告訴他，今天留宿以後太太必定對他特別好。以前住持從沒如此要求過，又如此對他說，他想必定是有原因，又不方便問，之後就一直埋藏在心裡。當晚他留宿寺廟中，隔天一早直接由寺廟到法院去上班。下班回家後，果然太太對他噓寒問暖，之後都百依百順照顧無微不至。他覺得住持真是神準，怎麼那麼厲害。每週末他仍如往常上山修禪，有幾次他忍不住問住持當天之事，住持一直告訴他時機未到。匆匆數年後，他在佛法上有了領悟，心境已然不同，他也已經忘了此事，有日反而是住持主動與他談及為何那時要留他下來過夜，他才又憶起此事。住持對他說了一個故事，以前某海邊漁村的沙灘上，有天出現一具女屍，引起村人騷動，爭相查看，查訪她是否是村中村民，從早上到了中午都沒人指認，有一個年輕人覺得女屍如此曝曬太殘忍，就脫下衣服為她蓋上，到了下午還沒有人認屍，村中就有另一位村民買了口棺材為她下葬。

法官聽完了之後仍不知這與那天住持留宿他有何關係。住持喝了口茶看了他一眼，繼續說，將他留宿當天，恰巧有位法院同事到他家中拜訪，因他每週日回家時間都差不多固定，所以他太太就請他同事坐下來等待，數次這位同事因等待太久，又法官家中只有法官太太在，怕孤男寡女不方便，想告辭離開；法官太太因先生從未不回家吃飯過夜的，總告訴來客先生快回來了，來客就勉為其難地留下來等。吃過晚飯，法官太太收拾碗盤後，覺得有點累，就洗個澡在床上小憩，心想先生應該快回來了，又怕來客有事找她，睡覺時房間門稍微打開，以便可以聽到外面動靜。客人久等覺得太晚了想告辭回家，到主人家房門口，見女主人睡覺姿勢太……，一時衝動就進到房間與女主人有了一夜情，事情發生之後兩人說好以後此事永不再提，也不再見面。隔天法官回到家，太太心中有愧，從此對他溫柔體貼，百依百順。住持接著說，前世法官太太就是那個女屍，他同事就是脫下衣服蓋住女屍的那個年輕人，因這一舉動，女屍今世人身有此一情債要還。而法官就是為女屍收殮的村民，因女屍欠其大恩情，今世作為他妻子照顧其一生。以前一直不講是因為法官的心境尚無法接受此事實，所以隱住不說，如今住持覺得法官的修為已可淡然處之才說此因果。

法官聽了之後，才恍然，難怪太太對他比以前更好，難怪那位同事在那段時間一直避著他，沒多久就請調他處不再聯絡。法官聽完嘆了一口氣，說道，若是當天知道，一定原諒不了太太及同事的背叛；如今深信因果，也知定業之力量，心境上已能平靜看待事情，反而覺得太太前世原來經歷過這麼不幸的經歷，往後一定會更愛惜她，對已無聯絡的同事也無責怪之意。

夫妻間的緣分通常不只一世，這只是他們累世業中其中一世的歷程。一般人結為夫妻後也不見得白頭偕老。有的夫妻因互欠恩情，轉世之後結為夫妻；當報恩報完，還債還完之後緣分盡了兩人即仳離。旁人看了會很驚訝，之前夫妻感情很好，某一方會特別照顧另一方，怎麼忽然就看他們翻臉離婚。有時從流年中可以預測出某些歲運夫妻會有婚姻上的狀況，但不一定會發生。前面說過夫妻是共業，當結為夫妻之後，很多方面兩人會趨於相似，如作息、長相、習慣、觀念……。不一定每對夫妻都會如此，但都會共同承擔某些業報（指夫妻中一方行為、態度對事、對外人、對家族內為惡，另一方知情不阻止、不勸諫或共同參與。若已盡力而阻止不了則不算），若夫妻同時都有修行或只有其中一方修行、修心，這樣就會有機會可度過共同的婚姻關卡。夫妻共修共同轉念是最好，若有一方修行，對對方的行為、不當念頭，都能包容，仍可牽手走一世，只是苦了修行的一方。但看似今世我受欺，怎知前世不是我負人呢？若有婚姻關係存在的男女，想要與第三者發展肉體關係或另組家庭最好要三思，不管相信不相信，拜不拜佛，都是犯淫誡，未來都會有因果之報。夫妻之間的關係若生變，責任會在主動提出的那一方，若法院判決（以無某一方虧欠另一方為前提）或雙方都和平靜心協議離婚，就無此方面的顧慮。欠的終究要還，只是何時還、如何還的問題而已。

由歲運來看，當異性星值事的歲運，即命主異性緣、配偶緣最強旺的時期，有助於戀愛、結婚，尤其八字中無異性星者更要珍惜把握這段期間。若在行運中太早出現，還不到適婚期就沒用處了；若太晚出現會有擇偶困難、晚婚的傾向；若到了五、六十歲才出現，通常也無啥作用了。相對的，若異性星值事歲運太長，對已婚者反而因異性緣佳，時間又長，長期處在受異性歡迎的狀態下，婚姻難免會觸礁。命局中若異性星空亡，或異性星逢近剋（上下左右皆算），或日柱夫妻宮空亡，都代表著婚姻危機（男性比肩強旺、女性傷官強旺也是一種，是屬於爭吵型、意氣之爭，屬意識形態的非生離死別的），是破婚或早喪偶，或夫妻感情不佳形同陌路，或夫妻如牛郎織女般聚少離多都有可能。因此選擇對象最好對方的八字與本身的八字相配，婚姻比較能長久。如：

（一）女命正官未明現者，對象男命找正財星未明現者（同無配偶星）。

（二）女命正官星逢空亡者，對象男命找正財星空亡者（配偶星同空亡）。

（三）女命日柱夫妻宮空亡者，對象男命找日柱夫妻宮空亡者（雙方皆日柱空亡）。

（四）女命正官星有刑沖、近剋者，對象男命找對應位置亦刑沖、近剋者（雙方配偶星同近剋刑沖）。

（五）女命食傷旺者，對象男命找比劫星旺者。

以上是在不吉的狀況下用以煞制煞的對應辦法，但現代男女交往大概不會先看八字再決定交往與否。「有色情沒友情」、「愛到卡慘死」、「情人眼裡出西施」是朋友圈中，有人開始戀愛就會出現戲謔的語詞。也說明了愛情是盲目的，有對象先交往再說。其實是有解決之道的。若真心相愛，雙方八字不合的缺點可由結婚擇日來破解，無異性星可找兩人八字加結婚日干支（年、月、日、時）有三合、五合、六合、貴人……等日。通常結婚興頭來了，會在當年辦婚禮以免夜長夢多，如此年干支就有了，但無法挑，最多因計畫時程的關係選下一年，有意結婚者不會拖太久。月只有四個月可選擇（每對新人皆同，是「剋擇」的範疇，一定要知道）。再來擇日，一般都要假日可讓較多親友參加，但假日有限，且日干支不一定合新人雙方八字，就算不是吉也要注意不犯沖（月破、三煞、貢煞……），最後擇時，「時」用在何處？要在「入洞房」儀式的時間上，「時」是結婚當天最重要的。「時」是「佔床」之意，對女方未來得不得丈夫疼愛、夫家人員疼愛關係很大（三元、三合皆要看）可補救年、月、日及雙方八字的不足，關係一生的幸福之事，千萬不可兒戲。先擇出對雙方未來最有利的日子及時辰（因雙方八字配合的不同，有的重點在「緣」，有的重點在「祿」，有的重點在「貴人」或「化煞」……）。其他的婚宴、迎娶……任何項目都要以此「時辰」，日子為中心來調配安排，才能「成家」之後立業，夫妻能長長久久攜手共度一生；但歲運流年仍有破壞性，不要忘了夫妻共修的重要性。

第三部

改造命運。

所謂「知命順命，知運掌運」，學八字重點就是了解自己此生的優缺點、長處為何？適合行業、行運為何？若請命理師算，不見得我們的疑惑都能得到解答，也不見得解得對，自己能算是最好。但八字真的不易學精，要花很大的心力，也要有五術方面的慧根，否則看到子、丑、寅、卯就昏昏欲睡，三合、五合、六沖、地支藏干就可以背上一年還背不起來。假如真的學會了，知命知運了，有人好命好運，有人好命背運，歹命背運。知道了又如何？最基本的是順命而行，但太消極了，積極一點要知運掌運，好命好運的就算不求更好，也要求健康平順及改變命運，今世改不到至少能改來世也算成功了。

《了凡四訓》就是古人改造命運之後紀錄下來勸世的勵志書。大意是明朝萬曆年間進士袁了凡，年輕時在慈雲寺遇見一位算命仙人孔志人，將他何年、何種考試、名次第幾，都算準而且正確，不只如此，更將他今生只能到貢生支領多少廩生米，在何處任官，何時退休何時壽終及子嗣如何全算出來了。當他領完廩生米確定升為貢生時，反而從此對人生心灰意冷，因為未來已定！「生死由命，富貴在天」，他毫無動力上進了。直到在棲霞山上與雲谷禪師對談才豁然開朗，雲谷云：「人若不能達到無心、明心之境，難免被陰陽氣數所控制，當然就有定數，但也只有凡夫俗子才有定數，極善之人命運約束不了他，極惡之人命運也約束不了他。」「命由己作，相由心生，禍福無門，惟人自召。佛教經典也說：求富貴得富貴，求男女得男女，求長壽得長壽，都不是亂講的。說謊是釋迦的大戒，諸佛豈敢騙人。」讓了凡省悟的對話內容，值得深思：

（一）了凡問：「孟子提過，求起來能夠得到，必須是自己做得到的；道德仁義能夠力行自求，功名富貴須待他人賞賜，如何求得到？」

雲谷回：「孟子的話沒錯，是未能深入了解。六祖慧能禪師說過：一切福田，不離方寸，從心而覓，感無不通。意即人只要從內心自求，力行仁義道德，自然就能夠贏得他人敬重而引來身外的功名富貴。為人若不知反躬內省，從心而來，而只好高騖遠，祈求身外的名利，就算用盡心機，也是兩頭空。」

（二）了凡問：「官場中的人都有福相，而我相貌輕薄又未能積德以造福，加以不耐煩重、度量狹窄、縱情任性、輕言妄談、自尊自大，這些都是無福之相，怎麼當得了官？」

雲谷答：「世界上的人是享千、百金銀財富或者應餓死，是取決於『各人心性』所造成。天只不過因材施教，因勢利導而已，並未加絲毫力量。就像人體的輕重，是決定在本身的份量，而非磅稱厚此薄彼，是一樣的道理。血肉物質之身，假若必受生滅運的影響，則重生的道德精神之體必能感動天地而獲福。古云：『天作孽猶可違，自作孽不可活。』《詩經》也說：『人若能了悟立命之道，順天之理，自然就能求得厚福。』《易經坤卦》有言：『積善之家，必有餘慶。福及了孫。』」

了凡因孔老人算出他官只能做知縣十二年半，五十三歲壽終正寢而無子，因而有此一問；雲谷禪師引經據典的提點，他當不了大官沒有兒子，是天作之孽還可避免，只要擴充德行，廣積陰德，多作善事，自己所造的福，那有不應驗的道理。

了凡聽聞後，猛然頓悟，而將往日之過失，在佛前盡情表白懺悔，先求登科。誓作三千善事，以報答天地祖宗養育之恩德，並經雲谷禪師指點，每日所行的善事記在功過簿上，如有過失則須功過相抵，並每日持——準提咒：「南摩颯哆喃．三藐三勃陀．俱胝喃．怛姪他．唵．折隸．主隸．準提．梭哈。」以期有所應驗。不習慣念咒者，可持較短的：「唵．折隸．主隸．準提．梭哈。」

符籙家說過：「不會畫符鬼神笑。」畫符跟念咒有異曲同工之妙。畫符時，必須心不動意念，靜得一塵不染。在此時心如止水，如晴空之刻，開筆一點叫「混沌開基」，由此一氣呵成，一揮而就，心無雜念，則此符必靈。為人處世祈禱天地，改造命運的道理也一樣，須時刻處在此無思無慮的狀態中，則人心即天心，必能感動天地而得福。還未達到此「無心」之境的人，要時時刻刻持念「**準提咒**」，念到滾瓜爛熟，有持如無持，無持似有持，連持咒之念頭自己都沒有感覺，類似畫符之時，空靈難言之境則道必可得，心靈而福至矣。

到了第二年參加考試，孔老人算定了凡會得到第三名，卻考取第一名；秋天舉人考試也出乎孔老人的意料之外而考中了，孔老人的預言開始失靈了。待了凡用十多年完成三千善事之舉，回家鄉在佛堂還願，並再發求子之願，許下再行三千善事，以贖此身之過，隔年就生下一男孩。這次只二年時間，三千善事即完滿達成，他亦即刻在佛堂還願，並再求中進士之願，並許下再行一萬件善事。經過三年，就考中進士（孔老人算他只能到貢生）。孔老人算出了凡只能活到五十三歲，他並未發願添壽命，寫了凡四訓時已六十九歲了，最後享年七十四歲。亦即他改變心態積極面對命運的定數後，他的命運也隨之改變了。

了凡所做的就是修行「改命造運原理」，日常生活中的修行最難，每日人事物的接觸，六根難清淨，心中掛念太多太雜；手拿清香拜佛菩薩、神時還想著「下雨了，衣服還沒收……」、「等一下去吃火鍋好了……」、「剛才那個妹好漂亮……」、「買水果好像少找了十塊錢……」，你的所有意念都跟著清香裊裊上升了，神佛全收到，到底你求的是什麼？是請佛菩薩、神幫你收衣服？還是請祂們幫你把妹？不清不楚，神佛想滿你的願也無從滿起。

修行即修身、修心，最好的修行是每天行三業供養——**身供養：做好事；口供養：說好話；意供養：存好心**。《易經》：「吉凶悔吝生乎動」，也是風水使用上的原則，當你的心轉變了，你的行為也會跟著改變，命運也隨之改變，這是改命造運的原理。我們每天無時無刻不在作惡造業——說話傷人、騎車開車不守法嚇到路人、看到帥哥美女起了邪念、看到新聞隨便評論兩句、踩傷螞蟻、破壞一草一木、打架傷人、不敬長上、侵佔偷竊……大大小小、有意無意都種下惡因。當然你也可能做了不少善事，有功德有福報，但算總帳時，功過都有報，功是不能抵過的。了凡的功過相抵做三千善事是他的發願，有一過要一功來抵，淨善才算是善的數目，是自己精進之舉。佛陀前世敲了魚頭三下，頭就痛了三天，以佛陀之能也不能化解，仍要承受因果業報帶來的苦處。因果關係不能等閒視之，所謂「菩薩畏因，凡人畏果」，凡人總是不見黃河心不死，沒看過地獄不信有地獄，沒看到「因」結成的「果」，只要一時意氣，什麼都敢做。菩薩是行事前會注意有什麼「果」會結成，再決定出不出手，如何出手，出手多重。連講話都有玄機，在《無畏王子經》中佛陀開釋如何談事動機：

（一）倘若此話不真實，亦無利益，別人也不愛聽時，如來絕不會講。

（二）倘若此話是真實，但無利益，別人也不愛聽時，如來也不會講。

（三）倘若此話是真實，也有利益，可惜別人不愛聽時，如來知道何時該講，何時不該講。

（四）如果此話不是實情，亦無好處，縱使別人愛聽，如來也絕不會講。

（五）此話當真，但無好處，縱使別人喜歡，如來也不會講。

（六）此話屬實，也有利益，別人也愛聽時，如來認為講話適得其時矣。

如來是以慈悲心對待天下蒼生，我們凡人依此原則是可以避掉我們的一些原本不屬於我們的因果，尤其對命理有興趣之人，學會了之後喜歡在親朋好友中現功夫，容易揹上因果。若我們知道某些事或依自己之見，說了造成對方心中罣礙，可能使對方心中惶恐不安不可終日或朋友反目、兄弟失和、父子決裂或夫妻因而吵架，產生隔閡，甚至離異，或為對方做了某些化解致他的冤親債主無法求償，足以改變對方原本一生行運、行事軌跡，不知不覺中，我們就造業，担到了別人的因果。心急或心想炫耀講出口造成口業而担業，這就要修心與修口，修心讓心沈穩，出口前先思考一下後果，若非造業而是讓別人有了自信，對未來充滿希望與鬥志，等於拯救了一個人，若此人未來是國家棟樑，或對眾生、人民、社會做出大貢獻，你的功德更是大，福報更大，這就是現世「一言興邦，一言喪邦」的體現。

修行是修心與修身。六根清淨，一般人難以做到。消極的做法是不要造業，積極的做法是行善積德。造業常會犯的是口業與殺業，口業如前所述只是一部分，嘴巴不該亂罵人，不清楚事實隨便批評別人，不管背地或當面都一樣。你所認識的人當中，應該很少人不犯的。甚至意念一生起，只要是歹念、邪念、惡念都是業，我們每日接觸那麼多人，犯戒難免，知過要認錯改過，每天睡前向天懺悔；有佛堂向佛菩薩懺悔，慢慢修正，不知不覺，你的修養就進步了。再說到殺業，平常家中殺蟑螂、螞蟻、老鼠，三餐肉食都是殺生。要不犯也真的很難。

時刻超渡

（一）若是不得已為了環境除害蟲，他們也是有靈魂的，我們可以對其超渡，減輕他們的怨念。

做法是：左手持法印（食指、小指伸直，中指、無名指內彎與姆指相接成圈。如圖一），右手持五色印（超渡印、無畏印。如圖二），五指併攏伸直，大姆指稍微內扣。左手法印置胸前，右手五色印掌心對著打死的害蟲，念——

超渡咒三次：唵．嘎貝拉嘎目．梭哈．唵．貝瑪．達瑞．吽。

念完三次之後再念：**唵．啊．吽**。

心中觀想右手掌放出五色光（紅、黃、白、綠、藍）照射。若五色光觀不出來，也可只觀想明亮的白光就好。平常在路上見載豬車，載雞車（準備送到屠宰場宰殺）或有死貓、死狗……等，都可用此方法超渡。

圖一：印法（梁鈺嫻　恭繪）

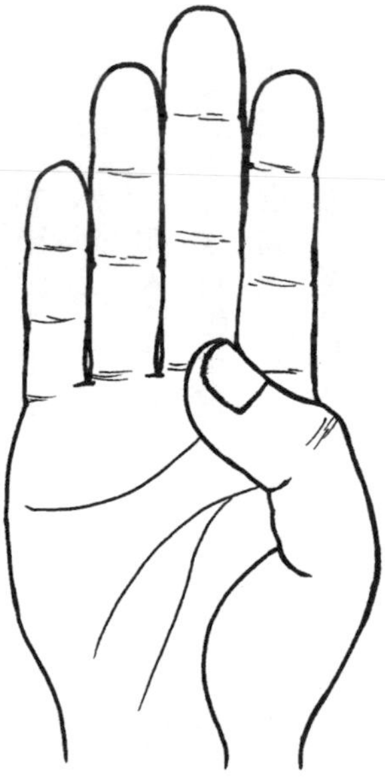

圖二：無畏印（梁鈺嫻　恭繪）

（二）葷食者盡量避開靈性高的牛、羊肉，此也是十靈日出生者忌食。有四種情形的肉也最好不要食用1.自養者不食。2.見殺者不食。3.聞殺者不食。4.專為我而殺者不食。是為四不食的修養。平常飲食也最好養成先對食物超渡再食用的習慣。做法一樣是左手法印，右手五色印放光，只是咒語不同：

A.**唵・嘛呢唄美吽・唵啞唅吽・哇・阿夏沙瑪哈**。（三次）

B.**唵・班札・阿彌大・袞札利・哈那哈那吽呸・瑪哈班札・阿彌大卡西・唵・阿目佳・不惹目隸・皮那莫・付日隸**。（三次）

A、B各念三次之後，再念**唵・啊・吽**（一次）。

如此對其超渡可化解你所吃動物的怨氣，也可培養慈悲心。

第二個咒包含了甘露咒及供養咒與超渡咒。是升級版，其實用第二個比第一個如法，只是第一個較短易背誦。但第二個使用層次較高。若到市場買菜或途經殯儀館或墳墓區或任何地方，可以雙手都持五色印，手掌向前放在兩腿旁或雙手張開，想像整個空間都被你放光覆蓋。念第二點的二段咒語（A、B）各三次，再念一次唵・啊・吽。放光淨化該地。既培養慈悲心，也造福眾生。

順便提一下，當我們供奉供品、點香拜拜、燒金紙給仙佛、菩薩、神明、及祖先，這些香、金紙、供品在製造、包裝、運送到買回家的過程中，原料及成品經過許多人的手，很多的地方，或許經手的人家有喪事不潔或有經腳踩過或屁股坐過或經過陰氣重之地，或放在胯下運送……等，使得供品（水果、餅乾……）、香、金紙等拜拜用品已處於不潔狀態。若用此來供佛、供祖先，我們也會覺得不好意思，要祭拜當然要獻上我們最大的心意，最好先淨化所有祭品。而且金紙、疏文最好先哈氣、蓋章再化，證明由何人供奉。尤其在廟拜拜，這麼多人燒金紙，如何證明你有燒化金紙？或一家數人，只化一份金紙算誰的？最好做法如下：

香的淨化程序

❶ 左手持香，右手金剛指（手握拳頭，只伸直無名指。如圖三）對著香寫「吽」字，邊寫邊念加持咒：**「唵・阿米利得・吽帕多。」**寫三次念三次。寫完用金剛指點三下，點第一下念**「唵」**，第二下念**「啊」**，第三下念**「吽」**。

❷ 右手改用蓮花指（食指、無名指、小指伸直，中指內彎與大姆指接觸成圓圈。圖四）對著香上下來回移動放光，一面念咒：

唵・嘛呢唄美吽・笛A・哈特・曼安特拉・唵・哇乏佳拉・打兒嘛・嘿利。（三次）

唵・班札・阿彌大・衰札利・哈那哈那吽呸・瑪哈班札・阿彌大・卡西・唵・阿目佳・布惹目隸・皮那莫・付日隸。（三次）

各三次唸完再：**唵・啊・吽。**（再一次點三下，用蓮花指）

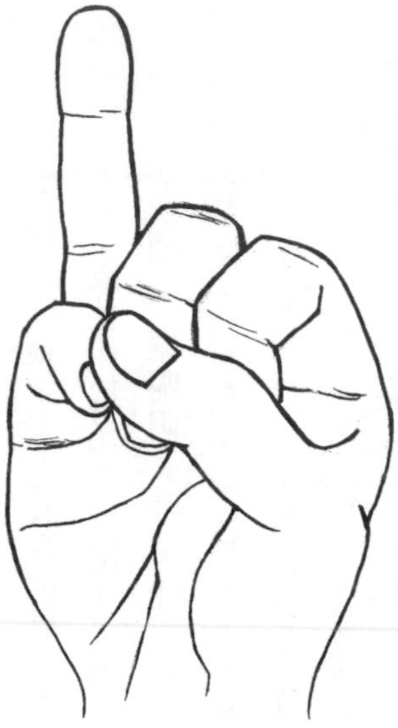

圖三：金剛指（梁鈺嫻　恭繪）

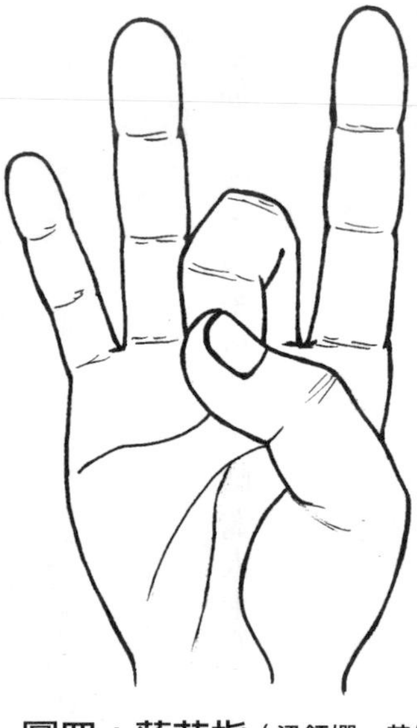

圖四：蓮花指（梁鈺嫻　恭繪）

供品、敬茶、金紙的淨化程序（先金剛指寫「吽」字）

❶ 左手法印（如前述）置於胸前，右手金剛指對著供品或金紙或全部一起施行也可以，寫「吽」字念咒，如加持香一樣，此處只有左手不同，其餘相同。

❷ 左手法印，右手蓮花指對著加持物念咒（與香 2 同），同時右手在加持物上方順時鐘方向繞圓圈，觀想放光直到念完咒（各念三次）。蓮花指點三下念**唵**、**啊**、**吽**即完成。

金紙、疏文的哈氣蓋章

兩手攤開，手掌向著自己的臉，哈一口氣在兩手掌上，哈完後將手掌蓋在金紙、疏文上，一蓋完馬上用兩姆指再蓋一次即完成。

一 行善積德

佛教教義中修行的基本有六波羅蜜為「佈施、持戒、忍辱、精進、禪定、般若」。一般人修行要遵此原則或許做不到，但我們日常生活中碰到這六項事由的情況還真不少，只是知不不知道怎麼做才是對？

（一）**佈施**：台灣人很有愛心，那裏有難就往那裏捐物資，平常路上見人行乞也會施捨愛心，直到詐騙行為多了才開始變少。佈施有分三種：1.財物佈施（財佈施）2.佛法的傳持（法佈施）3.信心的給予（無畏佈施）。一般人最多能做到財佈施而已，有做總是有福報，但佈施錯誤也會招災的（後面會提到）。佈施也有分兩種回報，通常人都是有目的、有對象的做，回饋的是個人的福報，要能成仙成佛蔭子孫的要做到「三輪體空」，所謂「三輪體空」回饋的是「功德」，是「施空」、「受空」、「施物空」，即佈施的人沒有即定的對象、沒有佈施的物品、甚至沒有佈施的人。意即下意識不經思考（無我）而做的佈施，舉手而為，無對象無目的性（無人），所佈施的物品無任何價值性、愛欲性的考量。不在乎或不注意到底幫了別人什麼（無物），一個心念只是想解除別人的不安、不幸與困苦，心有眾生而無自我，這真的很難，機會很難得，機會來了出手時機只有一瞬間，一有考量就破功了！知道概念在心裏種下了根之後，就看個人了。

（二）**持戒**：不殺生、不偷盜、不邪淫、不妄語、不飲酒（不酗酒）。不殺生前面提到了吃肉要會超渡。不妄語即口業部分。不飲酒的重點在不酗酒而非滴酒不沾。不偷盜、不邪淫字意已很清楚，只是意念犯戒也算，要小心，少胡思亂想。「戒律」很多，凡是會直接或間接傷害他人的或損自己陰德的都是「戒律」的範圍。

（三）忍辱：是我們最有機會的修行，而且不花錢，要把握。佛家的忍有三種，生忍、法忍、無生法忍。忍是忍耐、忍受，更進一步解釋為認識、接受、擔當、處理、消除。

❶ **生忍**：生活周遭會碰到的任何事，如早起上課上班、吃飯時間趕、囫圇吞棗食不知味、開車遇大塞車、與同事不合、看電影有人在講電話、買票被插隊……都得忍。

❷ **法忍**：天氣的冷、熱、寒、躁，地震、颱風等天災，生老病死、功名利祿、身體上飢渴等無情之法都能忍。

❸ **無生法忍**：一切法不生不滅。有生有滅都是我們妄想分別出來的，一切境緣轉眼就過去了，不起妄想就能自在。

無生法忍是菩薩境界了，法忍是無法抗拒的忍，最能讓我們從中修的是生忍。

例如人與人來往交流之間常有彼此誤解之事，有人會反擊回去，甚至加倍奉還，彼此互傷，流彈波及還死傷旁人一堆，就算後來澄清了，也造了不少業，算盤一打，還真賠大了！有時造成的效應是眼下看不到的，如同「蝴蝶效應」，後續傷害多大，担的業就有多大。今天被人誤會了，來世是他欠你，他要加倍還你，今世你又得到修行的成績，「忍辱」的好處真不小，只是人爭一口氣，誰吞得下，知道道理，應用在個人！

前三項是一般人有機會的修行方式，後三項是修行者的修行，程度已很高，就不再敘述。

二 積極行善

行善積德有行善妙方十味：（一）與人為善（二）敬愛存心（三）成人之美（四）勸人為善（五）救人危急（六）興建大利（七）捨財作福（八）護持正法（九）敬重尊長（十）愛惜物命。這些方式，可選擇自己做得到的積極去做，但重點是不要去違背（如在家中不孝順父母），否則其他你能做到很多項也是枉然。先求不違背，再求能行多少善。至於善的分別就要特別留意，譬如捐款給某師父蓋寺廟，結果被不良師父拿去喝花酒，做傷天害理之事，就算你出於善心而捐款並不知道錢的用法，仍要共同承受不良師父造業的果。因此特別列舉善的分類，不能做到「三輪體空」至少要做對的善。

❶ **真善與假善**：有利有益於人群，打人罵人也算善。若為自己私利，則尊敬別人，禮讓別人是假善。利人之善為真善，利己之善是假善。發自內心行善是真善，裝給別人看的善行是假善，無所求而為之是真善，有所謀而為之善是假善。

❷ **端正與歪曲之善**：不為媚世，純為愛人助人才是端正之善，若有一絲媚世之心或憤事玩世之心，是虛偽歪曲之善。

❸ **陰善與陽善**：為善而為人知是陽善。行善而不為人知是陰德。陽善只能享受博得名譽之福報。有陰德者，天必賜以厚福。世人名譽超過了實質，必有奇禍。有名望之人若只是浪得虛名，缺少實際功德，雖名望之家，橫逆之事也特別多。人若毫無過失，而被橫加惡名，又能逆來順受（忍辱），必是大有道德修養之人，子孫往往能突破而大發達。因此俗眼所見的善或惡未必全是實相。陽善與陰德其差別就在明與暗之分而已。

❹ **是善與非善**：若行善其結果足以害人，則似善而實非善。若現行雖然不善，而其結果有益於大眾，則非善而實是善。凡人行事，不可只看行為，必須看造成的流弊，不是只看現在，

必須看事情的結果。不可只論個人的得失，須看對大眾的影響。

❺**偏善與正善**：人人皆知善是正，惡是偏。若行善心而使事成惡是偏善。若行惡而使事成善，則是正。如前舉例捐款給不良師父建廟而遭挪他用為惡。

❻**半善與滿善**：為善發乎真誠自然，事後不牢記在心，則雖是小善，也能達成功果。若懷有企圖行善，施恩望報，就是終身行持，還只半善。

❼**大善與小善**：志在天下，善達萬民，則善雖小而功德大（如減稅）。若志在一身，善及一人，善雖多也小。

❽**難善與易善**：如傾囊相助，體諒別人，為別人著想之善舉，作人所不願做，忍別人所不能忍，難能可貴之善。這種難為之善，才最可貴，而天降之福也必豐厚。有錢有勢之人，行善積德太容易了。容易行善而不為，即為自暴自棄，富而不仁。

把善細分，就知行善之難，更何況不經思考的「三輪體空」，功德之難。平常就要有正確的觀念，心要正，養成習慣之後，自然而然的反應在行為上才能行真正的善，甚至功德。

當我們年紀愈來愈大，要回溯今生做過什麼劣事造什麼業？除非那件勾當真的很壞或很大，要細數出來真難。人又歷經不斷輪迴，累世做過什麼事根本無法得知。有這麼多業在身上的狀況，行善的福報功德有辦法讓我們在今世改造命運嗎？從兩方面說：

（一）命劣運背者或命、運其一劣者，想脫離惡劣的宿命，總不能什麼都不做，不去改變。就算行了善，無法改變今世的命運，至少求得來生命貴、運佳。不在乎會得到什麼，付出什麼，而只在乎我做了什麼，這種心態及信念，不正符合比福報更大的「三輪體空」之功德嗎？只要合乎天理，則福報不是不報，只是時機未到。

（二）如何讓福報更能適時適量地回饋——先對過去曾犯的過錯真心懺悔。懺悔後再對累世冤親債主、七世父母做超渡，讓無形干擾降到最低，福報更能顯現。不能說是功利主義，要改變一個人先要有誘因使他做對的事，養成習慣之後，他從此行正路，這是做事的方法技巧。要想讓福報適切地顯現，先要「清自己的身」，意即累世及今世我們累積了多少業，有的我們知道，絕大多數都是不知的。有業表示我們曾做錯事，不管曾為將軍殺人無數或為盜匪搶劫無數或為官不正陷害忠良……。累世為我們所傷害的人都是冤親債主，有些今世一直跟在身邊刻意干擾我們的生活，包括健康、事業、家庭……，這是讓好的八字行運無法發揮，壞的八字行運更糟糕的原因之一，必須將這些冤親債主等超渡走，才不會對我們造成不良干擾。

超渡的原理是藉由超渡儀式及其中念誦經文，讓冤親債主、歷代祖先、七世父母等經由經文及我們的誠心感化，自願原諒我們而離開我們身邊，到該去的地方。寺廟也有超渡法會，通常效果不佳，一般人只報名出錢供養法會，這些陰靈會去法會領受，法會結束，他們又回到你身邊，因他們感受不到你的誠意，改變不了什麼。對這些跟我們累世有關的陰靈，仙佛、菩薩、神明並不能也不會要求他們要離開或要他們如何，菩薩等是旁觀者、見證者，靜靜地在一旁，當有陰靈受感化要離開，菩薩等會處理，陰靈要繼續留下來危害的，菩薩等也不會理會。這是我們和陰靈之間的累世關係，也就是最前面談的因果關係，佛菩薩等是不會處理也無力處理的。要處理這個問題最好的方式是自已去做。最有誠意又不用花錢。

三 懺悔

這是超渡的入門票。一個人傷害了別人，若他沒有道歉，別人就不會談原諒不原諒的問題。但我們對累世的事又不知，如何懺悔？向天懺悔！冤親債主、歷代祖先等無時不在我們身邊，當我們向天懺悔時，他們都看得到，也感受得到你誠意有幾分。方式是連續一〇八天（子時至亥時之間完成），每日手抄一份「大悲咒」及「心經」，每日都要寫，多寫無用，一日沒寫就算中斷，中斷就要重來，用紅色簽字筆，抄在黃色疏文紙上，最有誠意的是用毛筆沾紅硃砂墨汁抄，要全神貫注，專心一意，意念在筆尖上，抄完之後用金紙及蓮花紙化掉。（詳細用品及步驟在後）

開始的第一天要簡單擇日，不能是月破日、四離、四絕日，最好選擇仙佛生日、宜祈福之日。每天要向天稟報（站室內面對外面見到天）。香不可拿到屋外，切記！拜完插回家中主神香爐。無安神明者，可用一米杯外貼紅紙當香爐，在家內門口附近，擺一小桌子或椅子放在上面。完成後收起來隔日再用即可。黃色疏文紙可在連鎖書局買到全開一張約八至十元，全開分割成十六張大小，或依自己字體大小及使用的筆之差異，自行分割適當大小，大小無規定，恰當就好。或宗教用品店有售A4大小的黃色疏文紙。

懺悔文—連續一〇八天懺悔

A. **手抄大悲咒程序：**擇日開始，第一天先向天向玉帝稟報要做一〇八天的懺悔。之後逐日稟報次數。

準備：1.黃色疏文紙。2.大悲咒經文。3.紅色簽字筆。4.大公金七張。5.大悲咒蓮花含座一朵。6.壽金一只（一小只約一．五公分厚）。7.四方金一只（一小只約一．二公分厚）。8.以上為每天所須準備的供品，請自行乘上一〇八。9.每天三柱或五柱香（立香）及米杯（插香用）。

（一）清淨加持供品、金紙（如前所述）

❶加持咒（三次）——**唵・阿米利得・吽帕都**。

左手結法印，右手金剛指（寫「吽」字，邊寫邊持咒，念一遍寫一個「吽」字，共三遍）。

❷六字大明咒＋大悲心咒（三次）——蓮花手印。

唵・嘛呢貝咩吽・笛A・哈特・曼安特拉・唵・哇乏佳拉・打而嘛・嘿利。

❸甘露咒＋供養咒（三次）——蓮花手印。

唵・班札・阿彌大・袞札利・哈那哈那吽呸・瑪哈班札・阿彌大・卡西・唵・阿慕迦・布惹摩尼・紱納摩・付日隸。

❹**唵・啊・吽**。

（二）香點著後，清淨加持。

（三）拿香向天三拜（在室內向天）。口念——天在上地在下，恭請玉皇上帝作主，弟子〇〇〇寫大悲咒第〇遍，向天懺悔。天運歲次〇〇（如乙未年）年〇〇月〇〇日（農曆）。如家有佛堂將香插在香爐，如沒有就插在米杯中（米杯放在屋內桌上）。之後就開始寫懺悔文。

（四）步驟

❶寫時請專心，不可中斷，意念在筆尖上。

❷見疏文範例。

❸寫完後，記得在手上哈口氣，蓋在疏文上。

❹將天公金七張，含座蓮花一朵，壽金一只，四方金一只，疊在一起哈氣蓋手印，接著持咒清淨加持以上供品。

（五）將天公金，疏文（折成三等份，先正面對折再反折即成三等份，字向外面，燒化時，天公金快著完時再放，字腳向下），含座蓮花，壽金，四方金，依序火化掉。最後對金爐念「**唵・啊・吽**」。

（六）於每天晚上十一點前完成，過了十一點即算隔日，一〇八天不可中斷。

大悲咒疏文範例

懺悔文

大悲咒第〇遍。

南無喝囉怛那哆囉夜耶　南無阿唎耶　婆盧羯帝爍缽囉耶　菩提薩埵婆耶　摩訶薩埵婆耶　摩訶迦盧尼迦耶　唵　薩皤囉罰曳　數怛那怛寫　南無悉吉栗埵伊蒙阿唎耶　婆盧吉帝室佛囉楞馱婆　南無那囉謹墀　醯利摩訶皤哆沙咩　薩婆阿他豆輸朋阿逝孕　薩婆薩哆那摩婆薩哆　那摩婆伽　摩罰特豆　怛姪他　唵　阿婆盧醯　盧迦帝　迦羅帝　夷醯唎　摩訶菩提薩埵　薩婆薩婆　摩囉摩囉　摩醯摩醯　唎馱孕　俱盧俱盧羯蒙　度盧度盧罰闍耶帝　摩訶罰闍耶帝　陀囉陀囉　地唎尼　室佛囉耶　遮囉遮囉　摩麼罰摩囉　穆帝隸　伊醯伊醯　室那室那　阿囉嘇佛囉舍利　罰沙罰嘇　佛囉舍耶　呼嚧呼嚧摩囉　呼嚧呼嚧醯唎　娑囉娑囉　悉唎悉唎　蘇盧蘇盧　菩提夜菩提夜　菩馱夜菩馱夜　彌帝唎夜　那囉謹墀　地唎瑟尼那　波夜摩那　娑婆訶　悉陀夜　娑婆訶　摩訶悉陀夜　娑婆訶　悉陀喻藝　室皤囉耶　娑婆訶　那囉謹墀　娑婆訶　摩囉那囉　娑婆訶　悉囉僧阿穆佉耶　娑婆訶　娑婆摩訶阿悉陀夜　娑婆訶

者吉囉阿悉陀夜　娑婆訶　波陀摩羯悉陀夜　娑婆訶　那囉謹墀　皤伽囉耶　娑婆訶
摩婆利勝羯囉夜　娑婆訶　南無喝囉怛那哆囉夜耶　南無阿唎耶　婆盧吉帝　爍皤
囉夜　娑婆訶　唵　悉殿都　漫哆囉　跋馱耶　娑婆訶
金剛勝　莊嚴娑婆訶　魔羯勝　莊嚴娑婆訶　聲聞勝　莊嚴娑婆訶　唵　跋闍囉
唎曳　娑婆訶

弟子〇〇〇叩恩

住址：

天運歲次〇〇年〇〇月〇〇日

B. **手抄心經程序**：「擇日開始，第一天先向天向玉帝稟報要做一〇八天的懺悔，之後逐日稟報次數。」

準備：1.黃色疏文紙。2.心經經文。3.紅色簽字筆。4.天公金 7 張。5.大悲咒蓮花（不含座）一朵。6.壽金一只（一小只約一・五公分厚）。7.四方金一只（一小只約一・二公分厚）。8.以上為每天所須準備的供品，請自行乘上一〇八。9.每天三柱或五柱香（立香）及米杯（插香用）。

（一）清淨加持供品、金紙

❶ 加持咒（三次）——**唵・阿米利得・吽帕都**

左手結法印，右手金剛指（右手握拳無名指伸直寫「吽」字，邊寫邊持咒，念一遍寫一個「吽」字，共三遍）。

❷ 六字大明咒＋大悲心咒（三次）——蓮花手印。

唵．嘛呢貝咩吽．笛Ａ．哈特．曼安特拉．唵．哇乏佳拉．打而嘛．嘿利。

❸ 甘露咒＋供養咒（三次）—蓮花手印。

唵．班札．阿彌大．衰札利．哈那哈那吽呸．瑪哈班札．阿彌大．卡西．唵．阿慕迦．布惹摩尼．紱納摩．付日隸。

❹ **唵．啊．吽。**

（二）香點著後，清淨加持。

（三）拿香向天三拜（在室內向天）。口念——天在上地在下，恭請玉皇上帝、準提佛母作主，弟子〇〇〇寫心經第〇遍，向天懺悔。天運歲次〇〇年（如乙未年）〇〇月〇〇日（農曆）。如家有佛堂將香插在香爐，如沒有就插在米杯中（米杯放在屋內桌上）。之後就開始寫懺悔文。

（四）步驟——

❶ 寫時請專心，不可中斷，意念在筆尖上。

❷ 見疏文範例。

❸ 寫完後，記得在手上哈口氣，蓋在疏文上。

❹ 將天公金七張，無座蓮花一朵，壽金一只，四方金一只，疊在一起哈氣蓋手印，接著持咒清淨加持供品。

（五）將天公金，疏文（折成三等份，先正面對折再反折即成三等份，字向外面，燒化時，天公金快著完時再放，字腳向下），蓮花，壽金，四方金，依序火化掉。最後對金爐念「唵．啊．吽」。

（六）於每天晚上十一點前完成，過了十一點即算隔日，一〇八天不可中斷。

心經疏文範例

般若波羅蜜多心經

觀自在菩薩。行深般若波羅蜜多時。照見五蘊皆空。度一切苦厄。舍利子。色不異空。空不異色。色即是空。空即是色。受想行識。亦復如是。舍利子。是諸法空相。不生不滅。不垢不淨。不增不減。是故空中無色。無受想行識。無眼耳鼻舌身意。無色身香味觸法。無眼界。乃至無意識界。無無明。亦無無明盡。乃至無老死。亦無老死盡。無苦集滅道。無智。亦無得。以無所得得故。菩提薩埵。依般若波羅蜜多故。心無罣礙。無罣礙故。無有恐怖。遠離顛倒夢想。究竟涅槃。三世諸佛。依般若波羅蜜多故。得阿耨多羅三藐三菩提。故知般若波羅蜜多。是大神咒。是大明咒。是無上咒。是無等等咒。能除一切苦。真實不虛。故說般若波羅蜜多咒。即說咒曰。揭諦揭諦。波羅揭諦。波羅僧揭諦。菩提薩婆訶

迴向累世冤親債主及十方法界一切眾生

住址：

天運歲次○○年○○月○○日

弟子○○○叩恩

大悲咒、心經抄寫完成後才能進入到超渡的階段。此部分是有難度的，如左表：

懺悔文：大悲咒、心經　108天

飲食	法	天數	對象及內容
不限	超渡法	49天	35佛懺罪——罪業
不限	超渡法	49天	累世殺業——病業
不限	超渡法	49天	七世業障——親戚緣、父母緣、夫妻緣
素食	超渡法	49天	因果——冤親債主
素食	滴天臺	7天	祖先

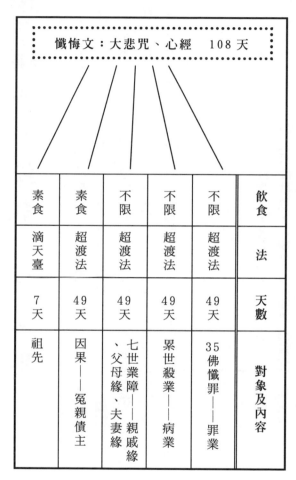

一般人要上班工作，超渡要自己做有困難，但經過懺悔程序再到寺廟超渡祖先、冤親債主等，才容易有效果。已完成懺悔程序有心自己要做超渡者，再與本書聯絡處聯絡教授。

當我們一方面在淨化自己的同時，也要加強自身的體魄與靈力。遇到機會來臨時能夠把握住也要有足夠的「氣」去運作，以下介紹幾種練氣養身及自己保健的方法，分成練身體的自發功，打通任督二脈的自發功及靜坐運氣逆轉經路法，提升元氣的三脈五輪、六氣法三種。

四 練身、練氣、練未來

（一）自發功

一般氣功都是以身體的動作來引發體內之氣，自發功則是讓體內的氣先行來引導身體的動作，既簡單效果又好，有趣又有成就感。但練氣功跟練肌肉道理一樣，有練才有，停練就沒有了。長久不練，功效會退掉。

作法：找個空曠的地方，身體站立挺直，雙腳打開與肩同寬，閉上雙眼，全身放鬆，進入半睡眠狀態（要睡又不能睡著），第一次發功比較需要時間，有人五分，有人十分，有人三十分鐘不等。頭腦放空，感覺身體的律動。剛開始會感覺前後、左右　晃，動作由小變大，不要起心動念阻止（這點很重要，通常人都會習慣性地阻止（出力），怕跌倒而進入不了氣功態）。當你覺得會跌倒時順勢腳跨出去，跟著身體的感覺動，注意感覺雙腳的律動，一開始的感覺都很微弱。每次做一小時以上最好，第一週動作會比較大，會往前跑，往後跑，原地跑，繞圈路，每一個動作都在你的意料之外，也都是在通你身上的氣脈，最辛苦的是進展到原地繞圈圈通「螺旋脈」時，每人通的時間也不一定，有人一天，有人一週才完成，會繞得暈頭轉向，甚至狂吐，尤其不能刻意阻止或停止；讓身體自動停止或換動作，後面就輕鬆了，每個動作都會對稱性地進行，有向右繞就會向左繞。

當第一次進入氣功態之後，第二次以後就很快，三到四次後，只要一閉眼就可以進入，甚至不閉眼想進入氣功態都隨時可以。動作有手部分，腳部分，身體全身部分都有，有時會打拳，跳啦啦隊舞……等，動作很多。之後會拍打自己的身體，進入治療身體病痛的階段，此時任督兩脈應已打通，氣在氣脈中運行，哪個地方有阻塞，就會引導手去拍那處，通了就換下一處，直到手碰得到的地方全處理完。所有動作都不用經過思考，身體自動會帶著你運作。治完病就可能進入採氣、打坐階段，由於每個人的身體狀況及原本修為不同，時程上並不會每人相同。每次做完要記得收功（五分鐘以上）：1.用手搓臉 2.雙手拍頭頂，順勢雙手由頭頂抹向後頸，到前胸、肚子、雙腿往下抹去 3.雙手在丹田（肚臍下一寸三分）至胸口間畫圈。每次練習最少四十五分鐘以上才有效果，當然二小時優於一小時，每日做最好。自發功流傳已很久，近年有央大教授林孝宗整理出書，詳細介紹練功時會發生的情況，並解釋原理，有興趣練自發功而有疑問者可自行參考。

（二）三脈五輪

人體全身所有的脈以中脈為中心，最為重要。中脈是由頂輪（頭頂中央，百會穴，亦稱輪臺）一條中空淡藍色的氣脈，裡面充滿小氣泡，通到密輪（會陰——肛門與生殖器之間）位處，位於全身的正中央，脈裡面的氣只進不出，進去後一輩子不流失，就是往後元氣的來源，但很難進。進氣口只有幾處，分別為頂輪、眉間輪、喉輪、心輪、臍輪、密輪。

三脈：為中、左、右脈。

‧中脈為淡藍色，直，像芭蕉的樹幹，內部紅潤如鮮血，純淨像燭焰一般透明，柔軟而有彈性，像蓮花瓣一樣，其中佈滿了小氣泡，為氣之所在，五輪進氣也以氣泡型態進入中脈（左右兩脈進氣入中脈先忽略不觀，以簡單化觀想）。

- 左脈為白色，在中脈左邊貼著中脈。
- 右脈為紅色，在中脈右邊貼著中脈。

三脈、五輪可分開觀想，只作三脈或只作五輪，也可三脈五輪同時觀，依個人能力而為。

五輪：

- 頂輪（白色，三十二片脈瓣）——在頭頂中央百會穴，像張開雨傘的傘骨一樣向下彎曲，脈輪中心呈三角形。
- 喉輪（紅色，十六片脈瓣）——在喉頭後方，像張開雨傘的傘骨一樣向上彎曲，脈輪中心呈環形。
- 心輪（白色，八片脈瓣）——在肚臍與喉頭之間，身體中線，左右兩邊肋骨交接下凹處的位置。
- 臍輪（紅色，六十四片脈瓣）——即丹田，在肚臍下方一寸三分處（三指寬度）。像張開雨傘的傘骨一樣向上彎曲，脈輪中心呈三角形。
- 密輪（紅色，三十二片脈瓣）——即會陰處，像傘骨一樣向上彎曲，脈輪中心呈三角形。

五輪觀法：

打坐時觀想，中脈及五輪在體內顯現（此時左右兩脈先忽略不觀），一輪一輪個別觀，不用每脈瓣都清楚觀出來只要觀個大概，在旁顯現數字即可。如頂輪，觀中脈有白色脈瓣在頂輪，密度約三十二之譜；只集中觀想其中一個脈瓣，在旁顯現三十二的數字即可，氣泡由脈瓣口進入，經由脈瓣進到中脈，雖只觀一脈瓣，三十二脈瓣會同時將氣泡送入中脈。頂輪觀完，往下觀喉輪……等五輪都觀完後，五輪同時顯現，同時氣泡由五輪進入中脈。剛開始不熟悉，個別觀無妨，等駕輕就熟了再一次觀五輪。氣入中脈後，氣就永遠在裏面不會再出來。五輪同時也可以治病，若長期喉嚨不舒服，一直觀喉輪氣入中脈，喉嚨的症狀會得到改善，其他部位問題，看屬於那一脈就可觀那一脈來治療。

三脈觀法：

相關位置而言，從鼻樑正中間而下是中脈，身體右邊貼著中脈，右鼻孔以下為右脈（紅色），左鼻孔而下的位置是左脈（白色）。三脈位處身體正中間，練習時用腹部呼吸，吸一口氣，觀想氣從鼻子入左右兩脈，一路向下到會陰處三脈交接，憋氣（愈久愈好），觀氣由左右兩脈進入中脈（氣為小氣泡形態進入），憋不住了就慢慢放掉氣（愈慢愈好），此時觀有一股藍色靈力流由會陰而上經由鼻孔出去。

觀五輪時，只觀中脈即可。未來熟悉之後，三脈五輪合觀最佳，但五輪仍由中脈分出來即可，不用去想像五輪與左右脈之關係，以免困擾，只要將兩種觀法同時觀想即可。

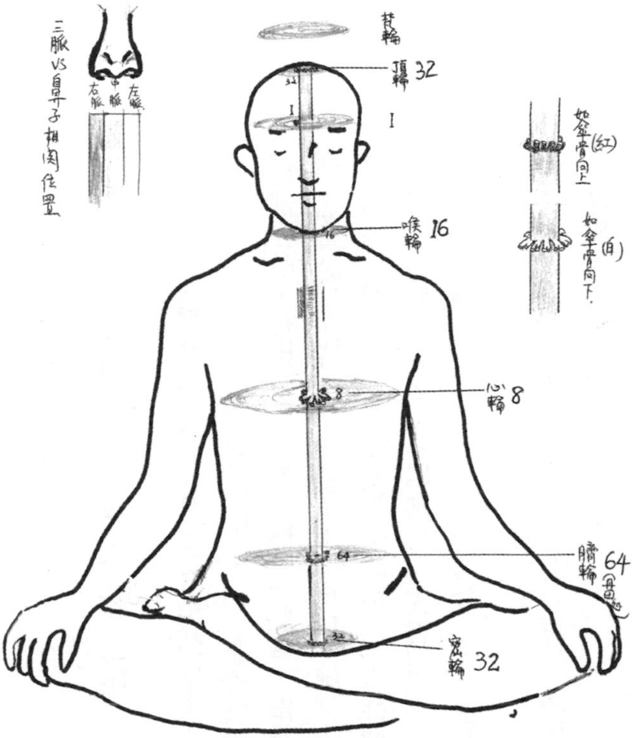

三脈五輪

（三）靜坐運氣逆轉經路法：（打通任督二脈）

打通任督二脈後，全身的脈會跟著通，就不會有酸痛問題，而且更能接收大自然的靈氣。練通了之後，就可不用再練。用丹田呼吸（腹部呼吸法），吸氣時腹部鼓起，呼氣時腹部內縮，修行都應將肺部呼吸改成腹部呼吸，丹田吸一口氣，觀有一股氣，由丹田↓陰蹻穴↓肛門↓下鵲橋↓尾閭關↓夾脊關↓玉枕關↓泥丸宮↓印堂↓上鵲橋↓十二重樓↓絳宮↓丹田，如此循環一次為一周天。

相關位置：①丹田——臍下一寸三分之位 ②陰蹻穴——肛門與生殖器之間 ③下鵲橋——肛門透背後尾冬骨 ④尾閭關——尾冬骨之位（尾椎）⑤夾脊關——兩腎之間 ⑥玉枕關——首項之後面（後頸）⑦泥凡宮——頭上腦間 ⑧印堂——兩眉之間 ⑨上鵲橋——鼻、口之間的人中 ⑩十二重樓——喉管十二節 ⑪絳宮——心神之位。

人在出生後，任督兩脈已被中斷，氣無法做周天運行，連接任督兩脈之通道稱「鵲橋」。任脈在身體前方，督脈在身體後方脊椎內部行走。

靜坐運氣逆轉經路圖

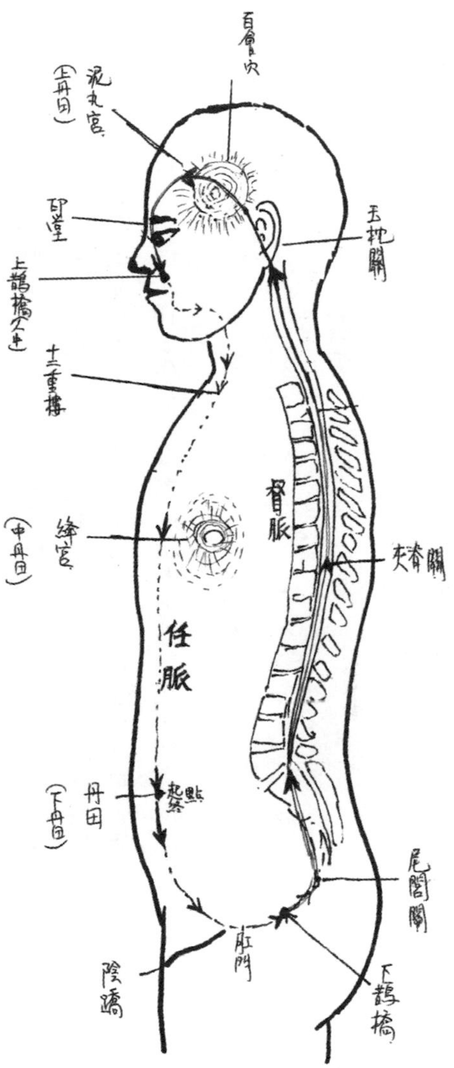

（四）六氣法

乃元氣法，是先天玉虛仙法。主要在練拙火，進度依個人的修為及體質不同而異。練六氣法會使氣存中脈。氣入中脈就不再逸失，一輩子為己所用，增加元氣，讓自己精、氣、神十足。六氣為噓、呵、呬、吹、呼、嘻。以此嘴形呼出氣，要在上午一時至十時之間，面向東方靜坐下來，身體放鬆，心裡極平靜中去做，每次做六遍，以腹部呼吸。

❶ 噓（屬肝臟）——集中精神於肝臟部位，緩慢吸氣，利用噓的方法吐氣，嘴巴要圓圓張開，而緩慢地吐出氣來。

❷ **呵**（屬心臟）——集中精神於心臟吸氣，張開嘴巴，啊……地吐出氣來，時兩手指接起來，手掌對向天空，兩手臂伸長。

❸ **呬**（屬肺）——靜靜緩慢地由鼻子吸氣，輕輕咬住牙齒，通過牙縫及嘴唇間吐出氣來。

❹ **吹**（屬腎臟）——吹要縮小嘴巴，使勁的吹著氣而吐出來，這時抱著雙膝，緊縮腹部，上半身向前傾斜，頭部降下來。

❺ **呼**（屬脾臟）——像狗長叫一般吐出氣，嘴巴要向左右張開，自然有股真氣由肚內發出熱量。

❻ **嘻**（屬三焦火氣）——要像笑的時候嘴形吐出氣。

當身體那個部位較弱或有病症時，可專攻六氣法所屬的那個方法。

八字身強可以任財、任官、用食傷。不管行運八字如何，若身心靈元氣十足，可氣旺健康的過日子。健康的身體，強旺的元氣，不管富、貴、貧、賤的人都是需要的，而且有錢也買不到，當運到來時，才有足夠的能量可以發揮。修行是修心修身，心存善念，身體力行，積極而為。懺悔清淨累世罪業，讓行善的力量提升，除了改造命運之外，身心靈元氣的加強，也是重點，方法很多，可選擇自己喜歡，適合自己工作、生活及身體狀況的方法為之，持之以恆必見功效。

參考書目

❶《玄空八字姓名學》，玄空上人著。
❷《命理探源》，袁樹珊編著。
❸《八字洩天機（上、中、下）》，司螢居士著。
❹《八字命學寶鑑》，李鐵筆著。
❺《生辰八字推命數》，鄭富升編著。
❻《四柱八字推命沒這麼難啦》，林秀靜著。

天地道（15）

八字流年與修行人生

建議售價・380元

白象文化｜印書小舖

網　址：www.ElephantWhite.com.tw

電　郵：press.store@msa.hinet.net

設計編印

作　　者：謨言居士
校　　對：吳姿心、梁研菁、梁宜欣
插圖製表：梁鈺嫻、梁宜欣
專案主編：陳逸儒
出版經紀：徐錦淳、黃麗穎、林榮威、吳適意、林孟侃、陳逸儒
設計創意：張禮南、何佳諠
經銷推廣：何思頓、莊博亞、劉育姍、王堉瑞
行銷企劃：張輝潭、劉承薇、莊淑靜、林金郎、蔡晴如
營運管理：黃姿虹、李莉吟、曾千熏
發 行 人：張輝潭
出版發行：白象文化事業有限公司
402台中市南區美村路二段392號
出版、購書專線：（04）2265-2939
傳真：（04）2265-1171
印　　刷：基盛印刷工場
版　　次：2015年（民104）九月初版一刷

國家圖書館出版品預行編目資料

八字流年與修行人生／謨言居士著．--初版.—
臺中市：白象文化，2015.09
面：　公分.——（天地道；15）
ISBN 978-986-358-187-1（平裝）
1.命書　2.生辰八字
293.12　　104008967

文昌筆

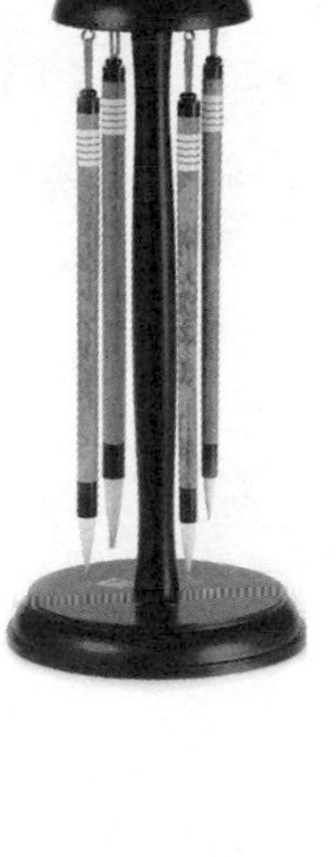

上蓋直徑 83mm/ 下座直徑 126mm/ 座高 280mm

上蓋直徑 70mm/ 下座直徑 83mm/ 座高 175mm

中華民國新型專利第 M460786 號

售價　大組：NT720 元／小組：NT390 元

採郵局貨到付款（運費外加 80 元）

吳慧芳：0934-027868/E-mail:fly3458@yahoo.com.tw

謨言居士服務項目（一至四郵件批示）	費用	備註
一、八字論命	一五〇〇元	適合行業、住宅坐向、居家及工作區域。
二、批流年	一五〇〇元	近十二個月詳批。
三、命名、改名	二〇〇〇元	一～四項，請註明正確出生年、月、日、時（陽曆或陰曆）、姓名、性別。
四、玄空飛星判陽宅吉凶	一〇〇〇元	自繪陽宅格局圖及自量坐向度數。（比例尺要正確）
五、陽宅鑑定	三〇〇〇元起	台中市以外酌收車馬費。
郵局劃撥帳號：22793197 戶名：吳慧芳 現金袋及郵寄地址： 台中市北屯區敦化路一段 450 巷 7 號 9 樓		電話：04-24256928 傳真：04-24250928 手機：0934-027868 E-mai:fly3458@yahoo.com.tw

八字流年與修行人生